増補新装

【カラー版】
世界デザイン史
The Concise History of Modern Design

阿部公正　Kosei Abe

神田昭夫　Akio Kanda

高見堅志郎　Kenshiro Takami

羽原粛郎　Shukuro Habara

向井周太郎　Shutaro Mukai

森啓　Kei Mori

美術出版社

はじめに

　デザインという言葉は，今日では日常語となっている．だが，この語を通して一般にどのようなことが理解されているのか，ふと立ち止まって考えてみると，デザインをめぐる解釈は決して一様ではない．デザインは，あるときはモノづくりの重要な契機と見なされるかと思うと，あるときは商品の販売のための商業主義的策略にすぎないものと見なされる．商品にしろ情報にしろ，大量に生産され，大量に消費されてゆく社会では，デザインは，ともすると浪費をすすめる単なる手段になりかねない．だが，私たちが今日直面している経済状況の変化のなかで気づいているとおり，あまりにも多くの工業製品の生産の意義があらためて問われるようになっており，また生産と環境との関係の問題がクローズアップされるようになっている．そうした問題にデザインが深いかかわりをもっていることは，いうまでもない．

　そういった，デザインをめぐる諸問題は，機械生産の発達とともに生じてきたものである．それゆえ，デザインの歴史は，近代における技術，経済，社会の状況の変化に対応して近代生活をどのように営むか，という問題の解決へ向かっての歩みを反映するものだ，といってよい．したがって，デザイン史の記述には若干の理論が伴う．製品の形態形成や情報の伝達のための視覚的表現の背後にある思想や理論の考察をぬきにしてデザインを深く理解することはできないからである．私たちは，近代におけるデザインの展開の状況を考察することによって，今日における，新たな技術的，社会的状況のなかでのデザインの役割について示唆を得ることになるだろう．

　本書は，ヴィジュアル・デザイン，インダストリアル・デザイン，デザイン史，デザイン理論等を専門とするものの共同作業として出来たものである．執筆者は，それぞれの専門分野を通じてそれぞれのデザイン観をもっているとはいえ，デザインがこれからの社会のなかできわめて重要な意味をもつものと見ている点では，全く同一である．

　本書が，デザインの正当な理解のための一助となることを願うと同時に，本書を契機としてさまざまな視点からのデザイン史やデザイン理論の記述が活発になることを願う．

阿部公正

目次

The Concise History of Modern Design

3 ……… はじめに

1章
7 ……… **デザイン史を理解するために** | Introduction to History of Modern Design
9 ……… デザイン史と美術史
14 ……… 近代デザインの兆し
『ルドゥーからル・コルビュジエ』まで＋技術の発達と造形意識の変化

2章
23 ……… **近代デザインの鼓動** | The Beginning of Modern Design
24 ……… イギリスの伝統と革新
モリスと中世＋モリス商会の実践＋モリスの理想＋理想の書物＋モリスを継いで＋クラフトからインダストリーへ＋グラスゴー派の波紋
35 ……… アール・ヌーヴォーの世界
命名者ビング＋1900年のパリ＋ネオ・ロココ、ナンシー派＋ポスターの世紀＋ユーゲントシュティールの動力学
47 ……… ウィーンの風土
分離派結成＋ホフマンとウィーン工房＋装飾と罪悪
52 ……… 市民社会のグラフィック・デザイン
グラフィック・メディアの成長＋ヴィクトリア時代のグラフィック・デザイン＋写真の発明とグラフィック・デザインへの応用＋世紀末から第一次世界大戦まで＋日本の伝統と欧米化への道

3章
71 ……… **デザインの実験と総合** | Modern Design in the Experimental Stage
72 ……… 芸術と産業
ベーレンスとAEG＋ドイツ工作連盟
78 ……… バウハウス──芸術と技術の統一
ワイマール文化とバウハウス＋グロピウスとバウハウス創立宣言＋バウハウスの教育＋最初の転機＋芸術と技術の統一へ＋デザインの展開＋マイヤーとその変革＋バウハウス「生」の全体性
93 ……… 都市感覚とデザイン
1925展をめぐって＋アール・デコの諸相
99 ……… オランダの近代運動
デ・ステイル派の結束＋国際的な広がりへ＋地域を基盤に＋『ウェンディンヘン』誌
106 ……… ロシアのユートピア
ゼロの地点から＋広場をパレットに＋タトリンの構成＋エル・リシツキーと新芸術の確立＋「5×5＝25」展＋生活様式の改変
113 ……… 近代の視覚的イメージ
印刷技術の形成と時代のイメージ＋イタリア未来派＋バウハウスのタイポグラフィ＋作家たちの相互交流＋ロシア構成主義の影響＋大衆社会の中の絵画＋新活版印刷術＋統計図表と啓蒙主義＋新しい文明の登場：アメリカのデザイン＋ヨーロッパの伝統＋近代日本の印刷デザイン：タイポグラフィを中心に

4章
アメリカのインダストリアル・デザイン | Modern Age of America
133

135　**インダストリアル・デザインの背景**
　　　グリーノウからサリヴァンへ

137　**ビジネスとしてのインダストリアル・デザイン**
　　　インダストリアル・デザインのパイオニアたち＋経済恐慌とデザイン

142　**ヨーロッパの影響を受けて**
　　　亡命したバウハウスの人びと＋ニューヨーク近代美術館の啓蒙活動＋インダストリアル・デザインの新たな展開

5章
現代のデザイン | Contemporary Design in the World
145

147　**ヨーロッパの現代デザイン**
　　　イギリス：正統の見識と先端性＋スウェーデン：精緻な工業＋デンマーク：家具とクラフトの王国＋フィンランド：工芸の工業化＋ポーランド：民衆の個性＋ドイツ：厳正な質と機能の形＋オランダとベルギー：健全な歩み＋フランス：機智と合理のデザイン＋スイス：精巧と粋のデザイン＋イタリア：創造形態の異才たち＋ポスト・モダン

163　**アメリカの現代デザイン**
　　　デザイン・ポリシーの確立からCIへ＋アート・ディレクター・システム＋写真とイラストレーション

167　**日本の現代デザイン**
　　　大戦後のインダストリアル・デザイン＋大戦後のグラフィック・デザイン＋世界デザイン会議と東京オリンピック＋60・70年代のインダストリアル・デザイン＋60・70年代のグラフィック・デザイン

附章
現代デザインの諸相 | The Various Aspects of the Present Design
177

178　**中欧の復活——近代（モデルネ）の検証と21世紀への問い**
　　　デザイン—近代のプロジェクト＋中欧の復活と新たな鉱脈の発見＋東西ドイツの統一と中欧デザイン会議＋アヴァンギャルドと全的な構想力の知＋21世紀のデザインを問う—ダルムシュタット芸術家コロニーで

187　**印刷文字生成技術に合わせたデザイナーの作業の変遷**
　　　電子メディアの文字も印刷文字と共通のデジタル・フォーマット＋コンピューター化された新聞の編集印刷統合システム＋印刷のシステムの変化＋新しい書体設計の仕事

コラム
環境形成としての詩 Open Book City〈11〉＋インダストリアル・デザインの定義〈13〉＋過飾を排したシンプルなデザイン〈22〉＋ジョン・ラスキンの思想の再考〈24〉＋レッド・ハウス〈27〉＋ダルムシュタット芸術家コロニー〈49〉＋ガウディ〈51〉＋活字の書体〈54〉＋立体写真〈61〉＋チェコの立体派〈98〉＋イタリア未来派〈105〉＋メルツ(MERZ)〈110〉＋マヴォ〈112〉＋スイス派タイポグラフィと日本〈127〉＋ニュー・バウハウス〈141〉＋ウルム造形大学〈155〉＋世界に花開いた日本のデザイン〈176〉＋ハンガリー・アヴァンギャルド〈179〉＋MAの創設者ラヨシュ・カシャーク〈184〉＋ポエティズムを提唱したカレル・タイゲ〈185〉＋ダルムシュタット 芸術家コロニーのいま〈186〉

付録
年表
193　掲載作品データ
201　参考文献
206　人名索引
212　奥付

凡例
1｜本文中の作品名の指示には［　］を、書名・雑誌名の指示には『　』を用いた。
2｜本文中の図版番号は《　》で囲んだ。
3｜姓名は一般に、ヴァルター・グロピウスのように中黒(・)でつないだが、
　　László Moholy-Nagy のような場合には、ラースロー・モホリ=ナギとした。
4｜人名・地名の片仮名表記はできるだけその国の呼び方に従った。
　　ただし、慣用的につかわれているものについては、それに従った。
5｜巻末に人名索引、および掲載図版のデータを付した。人名索引は50音順、
　　掲載図版データの作品サイズは縦×横、ないしは縦(高さ)×横×奥行きの順で示してある。

The Concise History of Modern Design

1章
デザイン史を理解するために
Introduction to History of Modern Design

阿部公正

1｜デザイン史を理解するために

■1-1

　デザインの理論と歴史についての系統的な記述は，それぞれハーバート・リードとニコラウス・ペヴスナーによって始められた．リード著，勝見・前田訳『インダストリアル・デザイン』（みすず書房）とペヴスナー著，白石訳『モダン・デザインの展開』（みすず書房）がそれである．前者の原書は1934年に発行されており，後者の原書は1949年に発行されているが，このペヴスナーの本は，すでに1936年に発行されていた『モダン・ムーヴメントの開拓者たち』の改訂版とも見られる．デザインを考えるうえでこの2つの本のもっている意義は決して否定できない．
　しかし，デザインと呼ばれる仕事は，これらの本が発行されて以来今日に至るまでの間に，生産技術のいちじるしい発展と社会状況の急激な変化とともに，かなりその様相を変えてきている．大量生産と大量消費の進展する工業化社会のなかで，いわば工業製品の美学として発展したデザインは，やがて大量消費の極度に進展する社会では，モノから離れた，商品の表層での多様なたわむれ，ないし過剰な機能のつめ込みといった操作となり，浪費のすすめに巧みにこたえてゆくこととなる．
　しかし，今日では，あらためてモノづくりの意義が問われるようになってきており，それに関連して，これからのデザインの方向づけが探られることとなっている．そうした状況のなかで，混沌からの出口を見いだすためには，デザインの歴史的過程を振り返ってみることが必要だろう．
　第3章において詳しく説明されるように，バウハウスは，「純粋」美術と「応用」美術の区別を超えて，両者の交流から新たな造形（ゲシュタルトゥング）の領域——デザイン——を展開させようとしたユニークな教育機関であった．そこでの仕事は，近代デザインの典型として広く知られている．今日，ベルリンには，ヴァルター・グロピウス設計のバウハウス資料館（アルヒーフ）が建っている《1-1》．かつて

■1-1｜ヴァルター・グロピウス Walter Gropius 設計 バウハウス資料館外観 1976-78 ベルリン 向井周太郎撮影

のバウハウスの人びとの仕事に対して，今日どのような解釈を与えるべきだろうか？

なお，本書では，デザインを大別した場合の呼び名としては，ヴィジュアル・デザインとインダストリアル・デザインという語を使うこととした．この2つの分野は，それぞれマスコミュニケーションとマスプロダクションを原理とするものである．これらが，相互に関連し合いながら，近代生活を営むうえでの重要な手段になっていることは，あらためていうまでもない．

■1-2

デザイン史と美術史

デザイン史は美術史と密接な関係をもっている．とりわけヴィジュアル・デザインを思い浮かべると，そのように思われてくる．たとえば，すぐれた画家がすぐれたポスターを制作している例に出会うと，デザイン史は美術史の一部分を形づくるものではないかとさえ思われてくる．ピエール・ボナールの制作したポスターはその好例である《1-2》．

だが，デザインは美術と異なる面をもつものである以上，デザイン史は，美術史の単なる応用部門として記述，理解されるわけにはいかない．

次章以下で詳しく説明されるように，19世紀末には，画家によるポスター制作と並行して，たとえばジュール・シェレのようなポスター専門の作家も出てくる．そうして1920年代には，モダン・アートの表現方法と印刷技術を踏まえながら，ポスター独自の表現を実現するデザイナーを多く生み出すに至る．そのような流れは，ポスターがヴィジュアル・デザインとしての独自の機能——実際の情報を伝達するという機能——をもつものとして自覚されてくる過程でもある．

また，デザイン史は「近代」デザイン史として記述される．われわれの主要な関心は，近代の生産方式——機械生産——がモノづくりのうえにどのような影響を与えるか，にあるからである．そのような問題に答えるために，ヨーロッパではしばしば「芸術と産業」というキーワードが掲げられた．前述のハーバート・リードの『インダストリアル・デザイン』も，原著のタイトルは『芸術と産業——インダストリアル・デザインの原理』であり，また1907年に始まったドイツ工作連盟

■1-2｜ピエール・ボナール Pierre Bonnard ポスター『ラ・ルヴュ・ブランシュ』誌 1894
サントリー・グランヴィルコレクション

■1-3　　　　　　　　　　　　　　　■1-4

では，結成以来今日に至るまでこのキーワードが使われている．つまり，ここでは，生産方式の変化に対応して工芸（アート・アンド・クラフト）をどのように脱皮，変容させるか，がまず問われているのである．それゆえ，この取り組み方を工芸からデザインへ，といいかえてもよいだろう．

このようなヨーロッパの主要な傾向に対して，アメリカでは，19世紀に形成された有機体思想と機能主義という背景をもちつつ，デザインはもっぱら20世紀特有のひとつのビジネスとして展開された．こうした2つの状況の間に，もちろん，文化的価値の上下があるわけではない．そうではなくて，このことは，デザインが，国際的に共通する面をもつと同時に，地域の経済的，社会的，文化的特性にいちじるしく影響されるものであることを示しているのである．

デザインが現実の生活のうえに大きな影響を与えるものであることが，多くの人びとにも理解されるようになると，デザインと生活環境といった問題があらわになってくる．たとえば，もともと絵画との類似から「叫ぶ絵」といわれたポスターも，商業的要求が強まるにつれて，ますます声高に叫ぶこととなり，よりいっそう刺激的なものとなってゆく．

ヨーロッパでは，そのような都市環境の混乱を排除するためにいくつかの試みがなされたが，ここではチューリヒで行われた街の美化のためのキャンペーンを一例として挙げておこう．それは，1961年にスイスの異色のデザイナーであるカール・ゲルストナーの発案で開かれた街頭のポスター展である．彼の狙いは，街頭の掲示板がギャラリーを形づくることであり，この企てにリヒャルト・P.ローゼ，マックス・ビル，その他の作家が共同した．ゲルストナーを含めて全体で6人の作家の非具象の作品が展示されることとなり，印刷業者その他の企業の賛同により実施された《1-3,4》．それらの作品は商品の宣伝のためのものではなく，それぞれのポスターは2週間展示され，したがって展覧会全体は12週間続いた．ゲルストナーの意図は，街頭で道行く人びとに芸術を伝えるということだった．

今日では，世界の各地のポスターは，その表現形式の点で高いレベルに達しているばかりでなく，それらが街頭に置かれる状況も，かなり秩序あるものとなりつつある《1-5,6,7》．また，グラフィック・デザインの遊びは，都市の無表情なビルディングの装飾にまで広が

■1-3｜リヒャルト・P.ローゼ　Richard P.Lohse［街頭のギャラリー］チューリヒ 1961
■1-4｜マックス・ビル　Max Bill［街頭のギャラリー］チューリヒ 1961

■1-5

■1-6

■1-7

■環境形成としての詩 Open Book City

1940－50年代にマックス・ビルが推進したスイス派の造形原理ともいえるコンクリート・アート（具体芸術）の概念を詩の領域に導入し，コンクリート・ポエトリー（具体詩）というタイポグラフィ重視の新詩運動を提唱（1955年）した詩人のオイゲン・ゴムリンガーは，ビルの環境形成論に立脚したデザイン観と連携して「環境形成の手段としてのポエジー」という論考を1969年に提起した．

こうしたコンクリート・ポエトリーとデザインの環境形成運動との文脈で，今日では，ドイツ・ヒュンフェルト市のような「Open Book」と名づけられた「詩集としての都市」というプロジェクトも生まれている．この企画・推進者は同市の近代美術館館長で具体芸術家のユルゲン・ブルム．世界中の詩人から寄せられたさまざまな詩が家々の壁に描かれ，樹々，光や風，小鳥のさえずりなどと共鳴している．2000年フランクフルト国際書籍見本市でグランプリ受賞．

Mukai

■1-8-a

■1-8-b

■1-5｜街頭のポスター，フランクフルト
■1-6｜スーパーグラフィック（ビルディングへのグラフィック），シカゴ
■1-7｜街頭のポスター，ヘルシンキ
■1-8-a, b｜ユルゲン・ブルム Jürgen Blum 企画制作「Open Book」，このプロジェクトは1990年代に始まり，現在も続く．
■1-8-a｜キラ・ハヌシュ Kira Hanusch 「みんな」と「ひとり」の混成ことば 向井周太郎撮影
■1-8-b｜ピエル・ガルニエ Pierre Garnier 母音「aeiou」で小鳥たちのさえずりを表象 向井周太郎撮影

■1-9-a

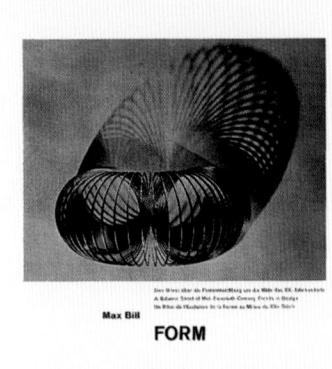

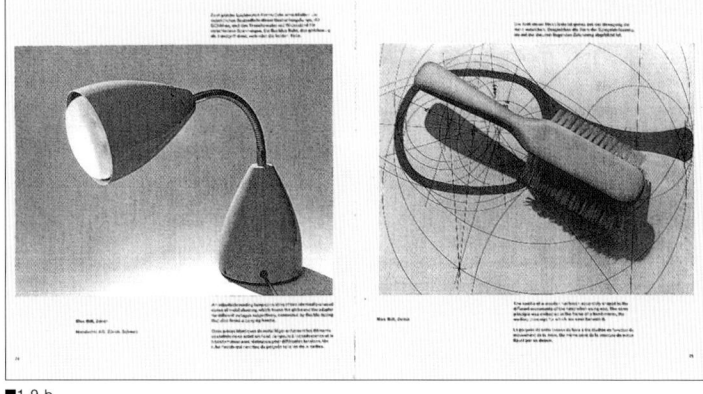

■1-9-b

っている《1-8》.

インダストリアル・デザインの分野でも, 良い商品についての啓蒙活動が世界の各地で行われてきた. アメリカでは, ニューヨークの近代美術館が中心となり, 早くから啓蒙活動を進めていたが, エドガー・カウフマンJr. によって提案された「近代デザインの12の定理」(143頁参照)はグッド・デザインの指標とされた. 同美術館のイニシアチブで開かれた巡回展は, 生活用品のデザインの向上に寄与したものといえよう《1-10》.

また, スイスのマックス・ビルは, 日用品のデザインを重視する立場から「日用品は将来, ひとつの文化のレベルを測る尺度となるだろう」と語った. 環境形成論の主張者であるマックス・ビルは,「きわめて小さなものから都市に至るまで」すべての対象に彼のいわゆる「良い形態(グーテ・フォルム)」を実現することを目指した.「良い形態」の巡回展は, 工業製品の造形の問題を, 芸術や自然の形態との関連のうえで理解させようとするユニークな試みであった《1-9-a》. そして『フォルム(FORM)』を出版《1-9-b》.

また, ハンガリー生まれのモホリ＝ナギ(モホイ＝ナジ)は, 意欲的なデザイン教育を進

■1-9-a｜[グーテ・フォルム展] バーゼル 1949
■1-9-b｜マックス・ビル Max Bill 著『フォルム』表紙と作品頁 1952

めるなかで，形態や空間について新しい眼を養うことの必要を説いた．典型的なモダニストであったモホリ＝ナギは，構成主義の画家として出発したのち，バウハウスにおいて教育活動と制作活動を広げながら，油絵としてのペインティングばかりでなく，さらに光の芸術，空間構成の芸術を展開させた．［ライト＝スペース・モデュレーター］《1-11》は，その代表的な作例である．このような，絵画や彫刻といった既成のジャンルを超えた造形活動には，人間の諸感覚の全体性を尊重する彼の強い姿勢がうかがわれる．デザイン史の理解のためには，そうした新しい眼が要求されるだろう．

■1-11

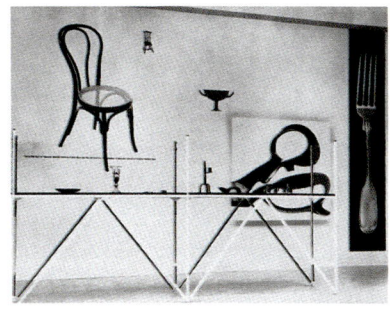
■1-10

■インダストリアル・デザインの定義

　工業製品の美学をめぐって，インダストリアル・デザインについてはいろいろな定義付けがなされてきた。最も広く知られているのは，1960年代にトーマス・マルドナードによってなされた次のものだろう。「インダストリアル・デザインとは，工業製品の形の質を決定することを究極の目標とするひとつの活動である。ここで形の質というのは，外面的な特徴を指すのではなく，ひとつのモノを生産者並びにユーザーから見て，首尾一貫性のある統一体へと変えるような，構造的，機能的諸関係のことをいうのである。単なる外面的な特徴というものは，しばしばモノをうわべだけいっそう魅力的にしようとしたり，あるいは，構造上の欠陥を偽り隠そうとする意図の結果であるにすぎず，したがってそれは，モノと共に生まれ，モノと共に成長した現実をあらわすのではなく，偶然的な現実をあらわすにすぎない。これに反して，ここでいうモノの形の質というのは，常になんらかの仕方で形態形成のプロセスに関与する諸要素，つまり機能的，文化的，技術的，経済的諸要素の調整および統合の結果である。形の質は，内部の組織に対応する現実，つまりモノと共に成長した現実を形づくることなのである。」

■1-10｜［グッド・デザイン展］シカゴ 1950
■1-11｜モホリ＝ナギ László Moholy-Nagy［ライト＝スペース・モデュレーター］1922-30 向井周太郎撮影

■1-12

近代デザインの兆し

　第2章以下に見られるとおり,「近代」デザインは, 19世紀末から1920年代ないし30年代にかけて, ひとつのタイプを示すようになる. いうまでもなく, ここでいう「近代」は, 単に「現在に近いところ」を指し示すために使われる時代区分としての「近代」ではない. 近代建築, 近代音楽, 近代科学といった言葉が示しているように, それはひとつの価値概念であり, そこには, 近代以前のあり方とは全く違った新しいあり方を創造しようというねがいがある. だからこそ, 今日では「反・近代」とか「ポスト・モダン」(後・近代, または脱・近代) が, ひとつの文化の様相を示す言葉として使われることとなるのである.

　そのような「近代」デザインをどう評価するにせよ, その兆しは18世紀末までさかのぼるものと思われる. その事情を考えるために, ここでは, 古くからモノづくりを設計(デザイン)という操作を通じて行ってきた分野(建築ないし土木の分野)について,「近代」の兆しと見られる際立った試みを挙げておくこととする. ひとつは, 18世紀末のフランスに現れた空想的建築の問題であり, いまひとつは, 技術の進歩が構造物の形態にどのような影響を与えたか, という問題である.

■1-12│エティエンヌ=ルイ・ブレ　E.-L. Boullée［ニュートン記念碑案］1784
Bibliothèque Nationale, Paris

『ルドゥーから ル・コルビュジエまで』

　1933年に，ウィーン学派美術史家エーミール・カウフマンは『ルドゥーからル・コルビュジエまで』という魅力的な論文を発表した（邦訳は白井訳，中央公論美術出版）．ルドゥーは，今日ではときおりポストモダニズムの論のなかでとり上げられているとはいえ，あまり広く知られている建築家とはいえない．ル・コルビュジエは，いうまでもなく20世紀の代表的な建築家であり，デザイナーである．それゆえ，カウフマンのこの本のタイトルは，ルドゥーを18世紀末におけるル・コルビュジエと見た，あるいはルドゥーを近代建築の先駆者と見た，ということを意味している．

　カウフマンは，18世紀末のフランスの建築理論を詳しく研究し，その後の多くの研究への道を開いてくれた学者であるが，彼によれば，18世紀末のフランス革命の前後に現れた建築の計画案や構想のなかには，古典主義とはいえ，通常のそれとはかなり異なり，いちじるしく豊かな空想ないし幻想によって支えられたものがいくつか見られる．そうした傾向を最も大胆に押し進めたのは，エティエンヌ＝ルイ・ブレとクロード＝ニコラ・ルドゥーであった．ブレは，古代建築の要素を採用しながら，明快で壮大な幾何学的形態を提示する．［ニュートン記念碑案］《1-12》は，完全な球体をそのまま建築形態としたものである．ニュートンのモニュメントという目的

■1-13｜クロード＝ニコラ・ルドゥー　C.-N. Ledoux［河川監視人の家］1773–79
Bibliothèque Nationale, Paris
■1-14｜クロード＝ニコラ・ルドゥー　C.- N. Ledoux［農地管理人の家］1780頃
Bibliothèque Nationale, Paris

に合わせて、宇宙なり天体のイメージを具体化したものであるが、そこには形態や空間の飛躍的発展が認められる。ルドゥーの計画案としては、［河川監視人の家］《1-13》と［農地管理人の家］《1-14》を挙げるだけにとどめておこう。前者は横たえられた円筒形を、後者は完全な球形を基本形式としたものである。いまここでは2人だけを挙げたが、この種の構想のヴァリエーションは多く、またエピゴーネンも多い。

カウフマンのタイトルにももどれば、いったいルドゥーたちの試みは、近代の建築デザインの先取りなのか、それとも単なる空想の所産なのか？　カウフマン自身は、建築体の再構成を意図したルドゥーの試みを画期的な出来事と見、それを啓蒙思想の表現と見る。すなわち、哲学者のカントが倫理学においてなしとげたのと同様に、建築における「自律性」をつかまえたものと見る。さらに進んで、ルドゥーの時代と20世紀の近代には新たな理想主義が認められると考え、この2人の建築家のうちには、芸術と生活の内的結合への強い姿勢が感じとられる、というのである。

18世紀末のこの現象については、その後多くの解釈が与えられてきた。形式的には、幾何学的形態の愛好にほかならないのだが、その視点で見れば、1917年のロシア革命の前後にも相似た構想が見られることとなる（たとえば、レオニードフの「レーニン研究所計画案」）。また、それらの形態を建物の用途との関連で見れば、歴史的様式の部分の結合によって建築体に新たな意味を与えようとした意図がうかがわれる。ルドゥーの構想のうちに見られる機能性と象徴性の統合の問題は、「近代」のひとつの重要な問題であった。

技術の発達と造形意識の変化

産業革命の影響が、日常生活のなかで用いられる品物の形態にまで及ぶようになるのは、19世紀半ば以後のことである。それ以前は、生産方式が手工業から近代的工業（機械生産）へと移ったにもかかわらず、機械生産に適合した形態はなかなか見つけられず、依然として手工作によって出来た形態をまねるというやり方がとられていた。そうしたなかで、注目されるような、形態の変化の兆しは、橋、倉庫、工場、停車場といった、もっぱら実用的であればそれでよいと思われがちな技術的構造物に現れた。

ここでは、鉄構造の橋のなかでも際立った例を見ることとし、次に鉄とガラスによる構造物のなかでも最も有名な「水晶宮」を見ることとしよう。

■鉄の橋

橋の建設にあたって、在来の煉瓦や石に代えて鉄材を使う例は、イギリスにおいてすでに18世紀末に現れた。シュロップシャー州コールブルックデールでセヴァーン川に架けられた橋は、世界で最初の鉄の橋として有名である《1-15》。この地域は、18世紀後半期にはイギリスで最も重要な鉄の産地となっており、そのためセヴァーン川を行き交う船も多く、橋は単一スパンのアーチ構造であることが要求されていた。

橋の設計は建築家のトーマス・ファーノルス・プリッチャードによるものだが、製鉄業者のエイブラハム・ダービー3世が共同したものであるから、チームとしての設計、実施といった方がよい。1775年10月に最初の案がプリッチャードにより提案されていたが、その後、案は若干変更され、最終的にはスパン100フィート6インチ（約30.6メートル）迫高45フィート（約13.7メートル）の単一スパンのアーチ構造で実施されることとなった。工事は1777年11月に始められ、1779年11月に概略完成、最終的には1781年に橋は開通した（1972年以後、補強、復原されて現存）。

この橋を、もうひとつの別の橋と比べてみよう。それは、トーマス・テルフォードが設計した鉄の橋であるが、計画だけで実施され

■1-15

■1-16

なかったものである。テルフォードは土木技師であり、とりわけ橋の建築家として有名であったが、彼はコールブルックデールの鉄の橋から深い感銘を受けたという。1801年にテルフォードは、ロンドンのテムズ川に架かる古い橋を、600フィート（約183メートル）の単一スパンの鋳鉄アーチ構造のものへと架けかえることを提案した《1-16》。6500トンもの鋳鉄が必要と見積もられたものだが、計画は取りやめとなった。

　この2つを並べて見ればすぐにわかるとおり、コールブルックデール橋のアーチが半円アーチであるのに対して、ロンドンのテムズ橋の方は、背の低いアーチでテムズ川をひとまたぎで飛び越えている。ちなみに、このテムズ橋の図の遠景に見える橋は半円アーチの連続として描かれている。

　コールブルックデール橋が、いうまでもなく、在来の石造りのアーチの形を鉄材で模倣しているのに対して、テムズ橋の方は、鉄材の構造上の特徴を生かした新しい形になっている。この形態は「近代」的といってよいだろう。

　これは極端な例ではあるが、この比較は、新しい材料や新しい構造にふさわしい「近代」的形態が、芸術的ないし装飾的処理にあまりにも気を配りすぎている間はなかなか実現されず、かえって、技師の、機能を重視するアプローチによってはじめてつくりだされるものであることを教えている。そのことは、次の「水晶宮」の建築によっていっそう明らかなこととなるだろう。

■1-15｜トーマス・ファーノルス・プリッチャード Thomas Farnolls Pritchard,エイブラハム・ダービー3世 Abraham Darby［鉄の橋］コールブルックデール 1777-81
■1-16｜トーマス・テルフォード T.Telford［テムズ橋の計画］1801

■1-17

■「水晶宮」の出現

　世界で最初の国際的な博覧会（万国博覧会）は，工業化社会への歩みを世界の国々に先んじて進めていたイギリスにおいて実現されることとなった．普通，この博覧会の開催は，ヘンリー・コールがアルバート公に進言したのがきっかけとなったものといわれている．当時ロンドンの公文書館の館長補佐をしていたヘンリー・コールは，産業と芸術を結び合わせることを志向しており，のちにヴィクトリア・アンド・アルバート美術館の初代の館長となった人物である．博覧会を組織するために設けられた王立委員会の長はアルバート公自身であった．展示品を陳列するための建築の設計は，1850年3月に公募に付されたが，233点に及ぶ応募案のうちには採択すべき案はなく，そのため委員会は独自の案を発表した．しかし，それは巨大なドームをもつ煉瓦造りの大建造物であったため，様式の点ばかりでなく工費や工期の点でも難点が多く，評判は良くなかった．

　そうしたとき，ジョーゼフ・パクストンの設計案が委員会に提出された．パクストンは建築家ではなく，当時は温室の設計で知られていた造園家であった．彼の案は7月15日に委員会の承認を得た．

　それは，十字形プラン，3層構成といったキリスト教教会堂の形式を基本としながら，世俗的な展示館へと巧みに構成し直したものである．つまり，全体は東西方向に走る身廊部と，それと直交する袖廊部とから成る．身廊部は長さ1848フィート（563メートル），幅408フィート（124メートル），中央の通路の高さ63フィート（19メートル）．身廊部の中央で直交する袖廊の幅は72フィート（22メートル），長さは身廊部の幅と同じ408フィート（124メートル）．袖廊部には，敷地内の既存のニレの大木3本をそのまま保存するために，一段と高い半円筒形ヴォールトが架けられている．鉄（鋳鉄と練鉄の混用）とガラスによる大規模の建築として注目されるわけであるが，全体は標準化されたユニットで設計されているため，部材はあらかじめ工場で生産することが可能であり，この建築はプレファブリケーションの先駆けとして大きな意義をもっている．工事はロンドンのハイドパークで1850年7月30日に始まり，1851年1月に完成した．

　この建築のもたらす空間効果が，石造りや煉瓦造りの与える重厚な立体効果に慣れてい

■1-17｜ジョーゼフ・パクストン　Joseph Paxton　設計　移築後の［水晶宮］

■1-18

■1-19

■1-18｜ロンドン万国博の展示館［水晶宮］Victoria & Albert Museum, London
■1-19｜オーエン・ジョーンズ Owen Jones［水晶宮の交差部の装飾］Victoria & Albert Museum, London

■1-20

る人びとにとって，異様なもの，「真夏の夜の夢」と思われたのも不思議ではない《1-18》．「水晶宮」（クリスタル・パレス）という呼び名は，建物の完成前に『パンチ』誌によって命名されたものといわれている．

　博覧会は5月1日に開会されたが，それから10月までの141日間に延べ604万人もの入場者があったという．展示品の内容は，原材料，機械，工業製品，美術品，その他の5つの部門に分けられる．内部装飾を担当したオーエン・ジョーンズは，それらの雑多な展示品の背景の色彩処理に工夫をこらし，各柱間に秩序を与えようとつとめた《1-19》．多くの人びとの関心は工業製品にあるのだったが，展示品の多くは，工業技術の進歩にもかかわらず，装飾過多のものであるか，そうでなければ工芸品であった．たとえば，フランスの展示品のセクションでは，セーヴルの磁器やゴブラン織りがその美しさを誇示していた《1-20》．そうしたなかで，アメリカ製の家具や農業機械や工作道具類の機能的な形が一部の人びとに注目される．インダストリアル・デザインの誕生が，おぼろげに予感されたのである．

　「水晶宮」は，博覧会の終了後シデナムへ移築された．そのさい身廊部の屋根も，袖廊部と同じ半円筒形ヴォールトに変更されたが，記念すべきこの建築は，1936年に火事のため倒壊した《1-17》．

　もちろん，この画期的な建築は，すべての人びとによって歓迎されたわけではない．ジョン・ラスキンもウィリアム・モリスも，そこに機械化のあらわれを見て，これを嫌った．機械化の肯定と機械化への抵抗という2つの相反する力の拮抗のなかで，徐々に近代デザインへの意識が芽生えてくることとなるのである．

■1-20｜『ディキンソンの総合絵図録』のうちの1枚［フランスの展示品セクションの部分］1854
Victoria & Albert Museum, London

■1-21

■日用品のデザイン

　生産方式に応じて製品の形態を革新することは，容易ではない．機械生産が進展するなかでは，かえって手仕事による装飾への愛着が強まる傾向が見られるともいえる．19世紀の半ば頃は，機械そのものも，しばしば装飾のあるものとしてつくられた．その例をひとつ挙げておこう《1-21》．この高圧蒸気機関では，単なる支柱である部材が，まるで古典建築に見られるフルーティング（溝彫り）をつけた円柱のように形づくられ，その上部の水平材の部分も，古代神殿建築のファサードの水平帯の模倣としてつくられている．このような例は，今でもヨーロッパの科学博物館でかなりたくさん見られる．

　商品の場合には，形態の革新はいっそうむずかしい．販売という目的があるからである．すなわち，19世紀前半期においては，機械生産は，それ以前には手でつくられていた品物の形や模様を巧みにまねるために使われたのである．この場合，品物に装飾をつけることは，それを「高価らしく見せる」ためにぜひとも必要な手段であった，といってよい．「水晶宮」を出現させたイギリスにおいてさえ，機械製品をめぐって「安かろう，悪かろう」という言葉が流行した，といわれている．

　つまり，さきに見たテルフォードの橋やパクストンの「水晶宮」の場合とは異なり，日常生活に使われる品物の場合には，しばしば装飾過剰のデザインが見られるのである．かつては高価で入手できなかった品物が，機械によって「高価らしく見える」ものへと変換されて多くの人びとの手に渡ってゆく．つまり，依然として豊かにつけ加えられている装飾は，買い手に対してステータスシンボルとして作用することとなるのである．

　一方，「水晶宮」に見られたデザイン傾向は，1889年のパリ万国博覧会のエッフェル塔へとつながってゆく．しかし，もちろん，モノの形態の革新が科学技術的，合理的思考のみによって達せられる，と見る考えには「機械化の神話」がひそんでいる．

　それゆえ，一般に19世紀前半期に見られる二元論的様相——技術的構造物に見られる機能的デザインと，日用品に見られる装飾過剰のデザイン——を通じて，われわれは，ひとつには，「機械化の神話」の問題と，いまひとつにはステータスシンボルとしてのデザインの問題を検討しなければならなくなるだろう．

Abe

■1-21｜［エルンスト・アルバンの高圧蒸気機関］1840 Deutsches Museum, München

1｜デザイン史を理解するために

■1-22
■1-23
■1-24

■過飾を排したシンプルなデザイン

　オーストリアの家具職人ミヒャエル・トーネット（1796-1871）の名前は、「トーネットの曲木家具」の創始者として知られている。彼は、1830年来、生地のプロイセンのボッパルトで曲木製造の技術的改良に取り組んでいたが、1842年にはウィーンに移り、1856年にはブナ材を水蒸気の作用を利用して曲がった棒材とする技術を開発した。曲木構造は、規格化家具の量産への道を開くこととなり、企業としての「トーネット兄弟社」の名は徐々に世界中に広まった。その製品は、いたずらに装飾を加えて美しさを誇示しようとした当時の多くの商品と異なり、シンプルなデザインを特徴としている《1-22,23》。職人によるモノづくりの精神をきびしく推し進めた結果出来たものといえよう．

　また，アメリカで19世紀の半ば頃につくられていたシェーカー教の椅子も，単純で合目的であることを特徴とするものとして注目される《1-24》．特殊なセクトで使われた家具ではあるが、ここでは、平等主義を信条とする教義が支配しているため、普通の商品の生産の場合に見られるような、装飾による差異化は必要でないのである．

　これら2種類の例に見られるシンプルなデザインは、20世紀に入ってからは、メカニズムの複雑な製品のデザインの際にもふたたびよみがえることとなる．

■1-22｜トーネット社［アームチェア］1900頃
Ⓒ1993 The Museum of Modern Art, New York. Philip Johnson Fund
■1-23｜ミヒャエル・トーネット Michael Thonet［ロッキングチェア］1860　埼玉県立近代美術館
■1-24｜［シェーカー教の肘かけロッキング・チェア］1850－60頃

The Concise History of Modern Design

2章
近代デザインの鼓動
The Beginning of Modern Design

高見堅志郎＋神田昭夫

2 近代デザインの鼓動

イギリスの伝統と革新

モリスと中世

近代デザインの出発点には，ウィリアム・モリス《2-1》の業績がいつも中軸にすえられる．しかし，もし〈近代〉が進歩という概念とともに進行し，工業化や効率をめざすことによって成立したとすれば，そしてデザインもまた少なからずそれと歩調を合わせて展開した経緯を考えたとき，モリスの思念はことごとくこれらに相反するものであった．

最初モリスは聖職を志していたが，オックスフォード大学エクセター・カレッジに在学中，熱烈な中世主義者ジョン・ラスキンの思想を知るにおよび，正しくモノがつくられ，そのモノに心からの愛着がこめられていた中世の精神に目を見開いた．モリスがもっとも感銘を覚えたのは，ラスキンの著書『ヴェニスの石』であり，とりわけ「ゴシックの本質」の章であった．ラスキン《2-2》がここで論じているのは芸術家と職人がいまだ未分化の状態にあり，したがって創造と労働が同じ水準におかれていて，人びとが日々の労働に喜びを感じていた理想の時代についてであった．こ

■2-1

■**ジョン・ラスキンの思想の再考**

近代の見直しの観点から世界的にジョン・ラスキンの思想の再考が試みられている．1990年代初めから2010年代の今日にかけて日本で久しく絶えていたラスキンの政治経済理論の再考が始まっているのも，またラスキンの『近代画家論』をはじめ主な芸術論集やラスキン評伝などが訳出刊行されているのも，その表れの一つである．ラスキンの政治経済理論の重要性は単に商品・市場経済を対象とした学ではなく，「生なくして富は存在しない」という「生」の充実を対象とした，あるべき生活世界を形成するための学であり，そのための文化や芸術を支える経済的基盤を明らかにしたことである．しかも，「生」の基盤の根本を自然環境であるとするラスキンの先覚的な環境問題への眼差しも一段と注目されている．これらの動向は現代の市場主導のデザイン状況に照らして，近代デザインの初源的な意味を深く再考する契機となっている．

なお，ラスキンの熱心な研究者であった御木本隆三（1893－1971）のコレクションを基に東京築地に開設されているラスキン文庫は図書資料の公開とともに研究会などの定期的な開催によってラスキン研究に寄与している．

Mukai

■2-1｜ウィリアム・モリス　1880

■2-2

■2-3

の考えが，産業革命にともなって出現した機械文明への，あるいは手づくりにとって替った安易な大量生産の方式への痛烈な異議申し立てを意味していたことはいうまでもない．

モリスは同じく多感であった学友エドワード・バーン＝ジョーンズと語らい，フランスのゴシック建築研究の旅を重ねたあと，聖職者への途を捨て，ラスキンの言説をそのままに実践する決意をかためた．まず建築家ジョージ・エドムンド・ストリートの事務所に弟子入りして建築を学んでから，画家ダンテ・ガブリエル・ロセッティの勧めで絵画の世界に入る．しかしラスキンの理想を実現するには，建築家や画家といった個別の職能ではなくて，いっそう幅広い視野を持つ必要があっ

た．あるいはラスキン同様に，文明に対する姿勢を整えることも要請された．

モリス商会の実践

1861年，モリスはバーン＝ジョーンズを初めとする友人・知人の参加を得て，モリス・マーシャル・フォークナー商会を設立し，壁面装飾からステンドグラス，家具，金工に至る室内装飾の一切と取り組むことになった《2-3》．設立趣意書には〈良き装飾〉を全うする意図が謳われている．それにもとづいて生活の全域が統一されることが商会のモットーだった．

どのような時もモリスが商会のポリシーを

■2-2｜ジョン・ラスキン John Ruskin［カーサ・ロレダン正面の大理石象嵌の習作］1845
■2-3｜エドワード・バーン＝ジョーンズ Edward Coley Burne-Jones, ウィリアム・モリス William Morris
タピストリー［フローラ］1900 The Rector and Fellows of Exeter College

■2-4｜ウィリアム・モリス　William Morris ［壁紙］1884
■2-5｜ウィリアム・モリス　William Morris ［壁紙］1878
■2-6｜ウィリアム・モリス　William Morris ［壁紙］1882

統御したのはもちろんだし，また工芸のあらゆる領域に手を染めたモリスだったが，彼自身がもっとも力を注いだのは壁紙や更紗（チンツ）のためのパターン・ワークであった《2-4,5,6》．それらにはいつも自然を間近にした時の生動感がみなぎり，かつ単なる自然主義に終わらせない様式感情を有していた．良き装飾ということばは，このような際に適用されるものであった．

商会が数多く手がけて成功をおさめた分野では，まずステンドグラスが挙げられる．ここには画家バーン＝ジョーンズの力量が十分に発揮された．古風だが堅実な家具類にも，商会の特色が現れた．この領域は建築家フィリップ・ウェッブが主として担当した．サセックス地方に伝わる伝統的な椅子を時代によみがえらせたのも，商会の大きな仕事だった．サセックス・チェアと呼ばれるこの椅子の製作は1860年代後半から始まり，多くの人気を呼んだ．

サウス・ケンジントン博物館（現在のヴィクトリア・アンド・アルバート美術館）のグリーン・ダイニング・ルームの内装および家具調度類のすべてを依頼されるなど，モリスが目途においた〈総合芸術〉を実現する機会にも恵まれた．この一室はモリスとその工房初期の，輝かしい成果とみなされてよい．1867年の製作である．

商会は1875年にモリス単独の管理となり，モリス商会と改称された．1877年には最初の講演「装飾芸術」を行い，また古建築保存協会を設立するなど，対社会的なアピールが始まる．一方でモリスは1870年に完成した物語詩集『地上の楽園』などによって，詩人としての名声を確保していたのだが，文学の分野での唯美主義的傾向は，工芸家としてのモリスの中世礼讃と交錯し合い，やがては19世紀文明に対する決定的な批判という形をとることになった．

モリスの理想

モリスの批判の対象になった社会とは，産業革命が引き起した愚かしい機械の時代であり，貧富の差が極端になった産業の時代である．1877年の「装飾芸術」に始まって幾度となく行われた講演でモリスが強調したのは，すでに明らかなようにラスキンの路線を引き継ぎ，作る側の喜びを取りあげた機械生産を〈悪〉とみなすことであった．さらに進んで，日々の労働が創造の喜びに包まれたかつての時代を復興するため，モリスは社会変革にとりかかる必要に迫られ，社会主義者を宣言して，政治活動に身を投じる一時期さえがあった．この時期の文学作品に『ユートピア便り』がある．

■レッド・ハウス

1859年に結婚したモリスのために，モリスの友人フィリップ・ウェッブが設計した．漆喰塗を行わず，赤煉瓦の質感をそのまま見せたために，この名がある《2-7,8,9》．生活用品のすべてはウェッブらモリスの知友によって整えられ，生活を健全な工芸で満たそうというモリスの理想が実現された．この体験がモリスの工芸運動の発端となる．

■2-7

■2-7／フィリップ・ウェッブ Philip Webb レッド・ハウス外観 1860

■2-8

■2-9

モリスの理想は遠大だった．モリスは一面で良き装飾を愛する一途な工芸家だったのだが，そうしたモノを通じて豊かな共同体を再編したいという理想に燃えたのであった．この場合，かえりみられることの少なくなっていた日常周辺のモノたちが，にわかに意味合いを強めた点も特筆される．絵画や彫刻を崇高な存在だとするヒエラルキーを打ち崩し，良き装飾や身のまわりの〈小芸術〉にむしろ創造の拠点をとろうという姿勢が貫かれたのだった．

しかし当初から，モリスの意図は多くの矛盾をはらんでいた．万人に分つことのできる美的環境形成をめざした意義は十分に正しくとも，その美が中世風の手仕事にもとづいた入念な作業によってしか生みだせないとすれば，モリスの理想とは裏腹に，それはふたたび一部好事家の手に入るという運命をたどることとなる．モリスが夢見たモノによる生活全般の変革は，こうしたところからついに果たしえぬものだったとみなければならない．

理想の書物

晩年のモリスはロンドン郊外ハマースミスにケルムスコット・プレスを設立し，あたかも〈美〉の世界に耽溺するかのように，〈理想の書物〉の刊行に没頭した．

モリスにとっての理想の書物は，当然ながら中世を基盤にすえたものである．資料には事欠かなかった．モリスの手元には若い頃から集めてきた中世写本，初期印刷本の名品が揃い，ケルムスコット・プレスで実際に仕事を始めるようになってからは，その収集熱は一段と高まった．モリスはそれらから，書物がこの上なく豊かだった時代を確認した．あるいは，書物こそをあらゆる手工芸の内でもっとも理想的な産物とみなしたともいえよう．

■2-8｜レッド・ハウス居間 1860
■2-9｜レッド・ハウス居間の暖炉 1860

■2-10

　中世の書物づくりの職人には，装飾への愛と物語への愛の両面が備わっていたと，モリスは述べている．まことにモリスらしい表現である．先に触れたように，日々の労働が芸術創造の名において，喜びに包まれていたというのは，このような場合を指していた．

　しかしだからといって，モリスがケルムスコット・プレスで試みたのは中世の書物そのままの復元であるはずはなかった．ここでは中世主義者モリスには，一転して近代デザインの祖との名称が与えられてよい．モリスが中世の書物から見出したものは，ひたすらデザインの正しさだったといいかえられる．実際ケルムスコット・プレスで印刷された書物のどの頁を開いても，そこに感じられるのはセンチメンタルな回顧趣味ではなくて，むしろ構造的と称していいほどの知的な精神なのである．

　それと同時に，書物はいつも魅惑的でなければならない．モリス最晩年，62歳の年に完成した『チョーサー著作集』(「ケルムスコット・チョーサー」と呼ばれる《2-10》)は，こうしたところからも字義通りに理想の書物と位置づけられる．

　『チョーサー著作集』では，書物がそれ自体で〈総合芸術〉であることを知らされる．タイポグラフィや余白のバランスに構築的な正しさがあるかと思えば，モリスのイニシャルや縁飾りが紙面に活気を与え，モリス終生の友であったバーン＝ジョーンズの木版が頁に同化している．その上，手漉きの紙のしっとりとした質感は，上質の工芸品に特有のものといえる．特装本の表紙は白色豚装である．空押しの装飾パターンに託されているのは，ひとえにモリスのひたむきな装飾愛だと称されることだろう．

■2-10｜ウィリアム・モリス　William Morris　ケルムスコット・プレス『チョーサー著作集』装丁　1896
モリサワコレクション

■2-11

■2-12

モリスを継いで

　ウィリアム・モリスが工芸復興を呼びかけた際，常に基盤に置かれていた中世回帰という一種のユートピア志向が，ヴィクトリア時代の趣味になしくずしにとりこまれる以前に，モリスの真摯な姿勢に共鳴する世代が現れてきた．大半は，モリスを通じて工芸家としての社会的役割が自覚されはじめたことによっている．1880年代に入ると，それらはひとつの潮流とみなされてよいほどの動きとなった．この潮流を指して，広くアーツ・アンド・クラフト運動と呼ばれている．

　新しく台頭した世代は，たちどころにラスキンやモリスの路線を乗りこえたわけではなかった．1882年にアーサー・H・マックマードーを中心に設立された「センチュリー・ギルド」，1884年にウォルター・クレインらが組織した「芸術労働者ギルド」など，工芸家グループの名称に使われた「ギルド」のことがその状況を明らかにしている．ここでは工芸（クラフト）と工業製品はあくまで一線を画さなければならないとする考えが，根強く底流にあったことが知られる．したがって美術（アート）という呼称にこだわり続けた．数多くのギルドや工房が1888年に統合された時も「アーツ・アンド・クラフツ展示協会」の名が選ばれた．これよりしばらくの間，美術と工芸は一体化した名称として使われた．

　アーツ・アンド・クラフツ展示協会の初代会長クレインは，すべての創造の根元を手工芸に求めたという意味で，あるいは良き装飾をその美意識の基本にしたという点からも，全面的にモリスの教えを引き継いだ．モリス同様に数多くの講演を行い，『書物と装飾』など著述活動も盛んだった．挿絵画家，絵本作家としても著名であり，この領域ではのびや

■2-11｜チャールズ・F・アネスリー・ヴォイジー Charles Robert Ashbee Voysey
［ケルムスコット版チョーサーのためのキャビネット］1899 Cheltenham Art Gallery & Museums
■2-12｜チャールズ・R・アシュビー Charles Robert Ashbee［銀器］

かな線描で新生面を切り開いた．

　新生面ということでは，マックマードーは家具調度，壁紙，織物などに先例をみないほどの流動的な線を用いた．1883年に著した『レンのシティ・チャーチ』のタイトル頁は，炎のように大きくゆれる線条が全面を占めた．このタイトル頁は，新しい造形感情のスタートをしるしづけるひとつのポイントとみなされるほどである．センチュリー・ギルトの定期刊行物『ホビー・ホース』《2-13》はまた，印刷という方式をアートに高めたものとして注目される．この雑誌が刊行されたのは，モリスのケルムスコット・プレス設立より6年先立っていた．

クラフトから インダストリーへ

　アーツ・アンド・クラフツ展示協会設立と同じ年，1888年に手工芸ギルド学校を開設したチャールズ・R・アシュビー《2-12》の立場は，これらの動きから一歩前進していた．アシュビーの視界には，すでに工業時代の美学が映っていたらしく，やがて近代文明が機械に依存することを第一原理にかかげるようになった．ここへチャールズ・F・アネスリー・ヴォイジー《2-11》や，さらにクリストファー・ドレッサーの名前を加えれば，アーツ・アンド・クラフツ運動の新局面がいっそう鮮明に浮かび上がってくる．

　さまざまの新機軸がみられたものの，アーツ・アンド・クラフツ運動は基本的にはモリス以来の大きな矛盾をかかえこんで進行した．1911年になってアシュビーは，この運動の健全な発展が誕生の国ではばまれ，ドイツやアメリカでその基本が追求されている事態を嘆いた．事実，アーツ・アンド・クラフツ運動の中から積極的な方向を見てとったのは，ドイツの建築家ヘルマン・ムテージウスであった．1907年に設立されたドイツ工作連盟は，このムテジウスのイギリス調査がもとになっていた．

■2-13

　1888年の結成以来，美術工芸展示協会は20世紀に入っても，引き続き3年ごとに展覧会を開いた．アシュビーのことば通り，イギリスはそのことによって近代化に遅れをとったとする見方がとられるのも自然だった．イギリスにデザイン産業協会（DIA）が設立されたのは1915年になってのこと，これはほとんどドイツ工作連盟からの逆輸入とみなされてよい．DIAが本格的な活動に踏み切るのは1920年代に入ってからであった．1917年に開かれたDIA第3回展は，この年の美術工芸展示協会展会場を一部借りて開かれた程度であり，「芸術労働者ギルド」のユートピアン・クラフツマンからは冷ややかな視線を浴びたといわれる．

　DIAの設立に貢献した有力な人物のひとりに，ウィリアム・リチャード・レサビーの名が挙げられる．レサビーはモリスの信奉者であり，アーツ・アンド・クラフツ運動にも深

■2-13｜アーサー・H・マックマードー　Arthur H.Mackmurdo『ホビー・ホース』表紙　1884

くかかわって，一時期「芸術労働者ギルド」の「マスター」であった．しかし，モリスの思念を断ち切る時代が到来していたことは確かであった．この新たな組織の第一のモットーは「目的への適合」におかれていた．アーツ・アンド・クラフツからデザイン・アンド・インダストリーへと，イギリスはゆるやかな，しかし貴重な足どりをとったのであった．

グラスゴー派の波紋

アーツ・アンド・クラフツ運動のゆるやかな足どりとは，生活環境の一切を〈用と美〉の調和においてとらえようとするものだった．その場合，〈美〉は独り立ちすることが許されない．ましてや美のために美を追う傾向に対して，きびしい批判が寄せられたのも当然の成行きだった．

一方，スコットランドの工業都市グラスゴーの展開には，〈美〉へのいちじるしい傾斜がみられた．この地にグラスゴー派と呼ばれるほどの独創的なグループがまとまったのは，チャールズ・レニー・マッキントッシュの特異な才能によっている．マッキントッシュが建築家として名をなしたのは，母校グラスゴー美術学校改築コンペに入賞した1896年以降のことである．しかしこの頃，マッキントッシュは同じくグラスゴー美術学校出身のヘンリー・マックネア，およびマーガレットとフランシスのマクドナルド姉妹らと結束をかため，日常空間の刷新をめざしていた．

グラスゴー派と称されるのは，この「4人組」が中心となったグループである．グループの特色は幻想的とも思えるほどに入り組んだ曲線装飾にあった．この装飾様式の由来は，ゲルト文明にまでさかのぼることができるのだが，「4人組」の造形の質はそれに世紀末的な妖しさが加味されたものだった．

1896年，「4人組」はこのスタイルをロンドンのアーツ・アンド・クラフツ展示協会展へ送りこんだ．マッキントッシュは家具，ポスター，絵画作品，マクドナルド姉妹は銀細工の時計，装飾パネルなどを出品．しかし〈用〉に仕える立場にあった美術工芸展示協会の側は，これらを〈奇妙な装飾の病い〉とみなした上，その後グラスゴーからの出品を一切認めないという強行策がとられた．

ロンドンの美術工芸雑誌『ステュディオ』誌だけは別の立場をとり，翌1897年に「4人組」を中心に連載でグラスゴー派を紹介した．1893年に創刊されたこの雑誌は，アーツ・アンド・クラフツ運動をひとつの母体としていたことは確かだが，同時代の新傾向にたえず注目を寄せ，時に妖しい美の側につくことがあった．すでに創刊号では，ニュー・イラストレイターとしてオーブリー・ビアズリーを世に送りだしていた．オランダの画家ヤン・トーロップの異常な作品［3人の花嫁］が逸早く掲載されていたことを例示してもよい．

実は「4人組」は『ステュディオ』誌を通じて，このビアズリーとトーロップに全面的に影響されていたのだった．ここへ日本の浮世絵や工芸からの刺激を加えれば，「4人組」の美がおのずから明らかにされる．ところで，1897年に『ステュディオ』誌が連載したグラスゴー派の紹介は，思わぬ波紋を広げた．同年はウィーンに美術家と工芸家の集団として分離派が結成された年に当っている．分離派のメンバーはグラスゴー派に熱狂し，1900年の分離派第8回展ではアーツ・アンド・クラフツ運動を推進していたアシュビーの作品に加えて，このグループの展示を企画した．分離派はマッキントッシュ夫妻（マッキントッシュはマーガレット・マクドナルドと結婚した）をウィーンに招き，展示のレイアウトに直接かかわらせている．

もとより，グラスゴーの地で，マッキントッシュらの活動は華々しかった《2-15》．わけても1896年にブキャナン通りティー・ルームの壁面装飾を手がけて以来，一連のティー・ルームに美を充満させた仕事が注目される《2-14》．ここでは清新な室内計画の中に，テー

■2-14

■2-14 | チャールズ・レニー・マッキントッシュ Charles Rennie Mackintosh
ウィロー・ティールーム グラスゴー 1903

■2-15

■2-16

■2-17

ブルや椅子はむろんのこと，照明器具からナイフ，フォーク，スプーンのすべてが美的な感覚で統一され，総合的空間をつくりだした．
　建築家としてのマッキントッシュの代表作は，先にもふれたグラスゴー美術学校校舎である．とくに第二期工事として増築された西翼部分の図書館では，それまで用いられていた曲線を捨て，垂直と水平の関係が律動的に配されていて，マッキントッシュ独自の詩学を十分に知ることができる《2-16》．これより先，1902年にグラスゴー近郊に建てられたヒル・ハウスもまた，禁欲的とも思える控え目な装飾と配色によって，あらゆる〈逸脱〉からまぬがれている．ベッド・ルームのハイバック・チェア《2-17》は，用をほとんど無視しながらも，垂直と水平の端的な構造を備えた姿がきわめて近代感覚に溢れていることを知らされる．

■2-15｜チャールズ・レニー・マッキントッシュ Charles Rennie Mackintosh ［自邸のキャビネット］1900頃
■2-16｜チャールズ・レニー・マッキントッシュ Charles Rennie Mackintosh
［グラスゴー美術学校図書室照明］1907-09
■2-17｜チャールズ・レニー・マッキントッシュ Charles Rennie Mackintosh
［椅子］（複製）武蔵野美術大学美術資料図書館

■2-18

アール・ヌーヴォーの世界

命名者ビング

　19世紀末から20世紀初頭にかけ，欧米の各都市でしなやかな曲線と曲面をもった装飾が大流行となった．それは装身具，家具調度を覆いつくすだけでなく，ポスターを魅力づけ，室内や建築レベルにまで及んだ．バロックやロココの時代に結びつく要素が幾分かあったにせよ，若芽の成長を思わせるような新鮮な感情を帯びていたため，人びとの目には新時代を表象するスタイルと映ったのであった．この装飾スタイルは〈アール・ヌーヴォー〉と総称される．字義通りに〈新しいアート〉としての内実をはらんだものだった．

　アール・ヌーヴォーの名称は，1895年にハンブルク出身の美術商サミュエル・ビングがパリの一角に開いた美術店名に由来する．ビングは新しいアートということばの中に，相当な意気込みを盛りこんだ．一時期ドイツの陶器工場で働いたあと，1875年には日本へ旅行して多くの日本陶器を持ち帰る．1888年からは月刊誌『芸術的日本』を刊行．この雑誌は1891年までの間に英仏独の3カ国語で36号が刊行され，ヨーロッパの工芸界に新鮮な衝撃を与えた．さらに1891年から94年にかけてはアメリカを訪れ，建築家ルイス・サリヴァンの豊かな装飾とガラス工芸家ルイス・C・ティファニーの流麗な作品《2-18》に注目を寄せた．

■2-18｜ルイス・C・ティファニー Louis Camfort Tiffany ［マムシ草花瓶］1900-12
The Corning Museum of Glass, Corning, New York

■2-19

ッセル近郊に建てられたヴァン・ド・ヴェルドの新居を訪ね，〈アール・ヌーヴォー〉の店の装飾を彼に依頼した．

　1895年の開店の際，すべての条件がつくされていたといえる．ただし，ビングが〈新しい〉という呼び名に持たせた意味は，しばしば曲解されているような奇をてらった逸脱ではなかった．なるほどヴァン・ド・ヴェルドの装飾は，曲線がふんだんに溢れ出て意表を突いた．この動力学を構造の原理に従わせることが，やがてヴァン・ド・ヴェルドの課題となる．むしろビングの真意をもっともよく理解したのは，ジョルジュ・ド・フール，ウジェーヌ・ガイヤール《2-19》，エドワール・コロンナという温厚なタイプの装飾家であったとみてよい．

　ガイヤールはロココ時代ルイ15世様式の趣味を引き継いでいる．ド・フールの好みはルイ16世様式に連なる．フランスにおけるアール・ヌーヴォーの大方の部分は，こうした感情に包まれたものなのだった．ビングは1900年のパリ万国博覧会へ，この優美な趣味を提示した．ド・フールが化粧室と婦人室，ガイヤールが食堂，コロンナが応接間を担当したこの〈アール・ヌーヴォー・パビリオン〉は大好評をおさめ，ついに〈アール・ヌーヴォー〉の呼び名を，様式名に定着させるに至った．

1900年のパリ

　パリにおけるアール・ヌーヴォーの勝利をビングとともに分けもったひとりに，建築家エクトール・ギマールの名が挙げられる．例えば1898年に完成したラ・フォンテーヌ街の集合住宅［カステル・ベランジェ］《2-21》は，流れるような曲線と曲面によって人びとの注目を集めた．入り組み，からまる流線は玄関ホールの門扉にもっともいちじるしいのだが，それはこのホール壁面の陶板やタイルに波及し，清新な視覚効果を生んだ．玄関ホールば

　ビングはブリュッセルの新興運動に着目することを忘れなかった．実際新しいアートは，パリよりブリュッセルが先行していた．早くも1893年に完成したヴィクトール・オルタの多彩な曲線装飾によるタッセル邸を例に挙げるだけでも，このことが明らかである．ちなみにベルギーの前衛グループ「20人組」展は1892年から工芸部門が常設となり，「20人組」が改組されたあとの「自由美学」では，よりいっそうその傾向を強めた．この地にモリスの理念とアーツ・アンド・クラフツ運動が十分に浸透していたこととも，大いに関連する．1894年の「自由美学」第1回展では，ベルギーの画家たちの作品と同等のレベルで，モリスの壁紙とテキスタイル，ケルムスコット・プレスの書籍，アシュビーの銀器が展示された．

　こうした風土の中で，アンリ・ヴァン・ド・ヴェルドの才能は傑出していた．画家を志したヴァン・ド・ヴェルドはこの時，モリスの理想に鼓舞され，また装飾によって生みだされる確かな表現力を自覚して，工芸家へ完全に転身していた．1895年，ビングはブリュ

■2-19｜ウジェーヌ・ガイヤール Eugène Gaillard［飾り棚］1900 Museum of Decorative Art, Copenhagen

■2-20

■2-21

　かりでなく，バルコニーの手すりなど集合住宅のあらゆる要所にこの魅惑の流線を適用し，さらには個々の室内計画や家具，什器の類にまで同質の感情を統一させた．
　ギマールはこの集合住宅の曲拠をブリュッセルのオルタに求めた．オルタについては先に1893年のタッセル邸を例に引いた．相次いでブリュッセルに建てられた数多くの住宅のいずれをとっても，確かにギマールとの近い結びつきが感じられる《2-20》．それは優雅な流線の戯れだけを指しているのではない．オルタとギマールに共通しているのは，それらの装飾が，彫塑的な構造をどこかに備えているように思える点である．オルタは建築のディテールをまず粘土で型どり，その形態性を確かめたことで知られる．オルタの場合，そしてギマールについても，装飾は表面を流れる＜飾り＞なのではなかった．

　さて，［カステル・ベランジェ］の新様式は，パリ市が主催したファサード・コンクールに入賞した．入賞のあと，ギマールは1899年に『フィガロ』紙のサロンで「カステル・ベランジェ」展を開き，ここに収められた家具や装飾類を「スティル・ヌーヴォー（新様式）」として展示した．ギマールの家具はむろんのこと優美な感情が支配的だが，その流動感が家具の構造と一体化し，一面ではオルタ風に力強い形態をもっている．
　ビングの店が大成功をおさめたパリ万国博の年，ギマールもまた主役の座におどりでる．この年ギマールはパリ市からの依頼を受け，市内100以上の地下鉄入口を「スティル・ヌーヴォー」で手がけたのであった．入口両側にしなやかな鋳鉄の柱が植物の成長を思わせるように立ち，地下鉄（メトロ）の表示を支える．枝分れした柱はさらに立ち上って，末

■2-20｜ヴィクトール・オルタ　Victor Horta　設計　自邸　1898-1900
■2-21｜エクトール・ギマール　Hector Guimard　設計　カステル・ベランジェ門扉　1894-98

■2-22

■2-23

端に照明の蕾をつける．地下鉄入口にめぐらされた鋳鉄の柵も，表情が豊かである．柵の単位はメトロのMが意匠のもとになっているのだが，Mの字のカーブが次のカーブを呼び起して増殖を重ねる《2-22》．ここに見られる曲面の渦は，ロココ風なしなやかさよりも，ネオ・バロックと呼ばれるほどの律動感を持っている．

ギマールのアール・ヌーヴォー的な感覚は，今日ポルト・ドーフィーヌ駅《2-23》に残された屋根付タイプの駅舎に一段と発揮されている．蝶の羽のように広がる網入りガラスの屋根が趣深く，腰壁に施された流線はどこまでも優美にうち続けられる．こうした気配こそは，逸脱を知らないパリのアール・ヌーヴォーと同調するところだった．

ここへはたちどころに，魅惑のポスター作家アルフォンス・ミュシャのイメージや，彫刻家出身アレクサンドル・シャルパンティエの流麗な家具装飾が折り重なってくる．ルネ・ラリックの幻想的な宝石細工《2-24》をここへ加えても，何ら支障をきたさない．1900年のパリ万国博は，シャルパンティエやラリックの出品があって，なおいっそうアール・ヌーヴォー色を強めたものであった《2-25》．

世紀が変わって，外見的にはアール・ヌーヴォーは退潮した．しかしギマールの本領は，自邸「ヴィラ・フロール」やメザラ邸で十分に発揮されていた．アール・ヌーヴォーからアール・デコへと装飾の様式名が変わった時でさえ，基本的に受け継がれていたのは，事物を魅惑的にとらえる心情だといえる．

ネオ・ロココ，ナンシー派

魅惑のアール・ヌーヴォーは，フランス・ロレーヌ地方の古都ナンシーにおいても，総合的な規模で展開した．中心人物のガラス工芸家エミール・ガレの父は，ネオ・ロココ様式の家具，陶器制作に当っていた．ガレと共にナンシー派を盛り立てたルイ・マジョレルの父の仕事も，ロココの伝統の中にあった．ナンシー派の大方は，ロココの伝統に連なり，融けあいながら進められたものだった．

もう一点ナンシー派の形式を育んだ大きな要因は，日本の美意識から得た教訓だった．アール・ヌーヴォーの空間感情が日本の美術工芸から多くの啓示を受けたことは，他の多くの例で示されるのだが，とりわけナンシー派についてはこの地の水利森林学校に留学した高島得三からの直接的な影響があった．高島は雅号を北海と称して絵を能くし，また日

■2-22｜エクトール・ギマール Hector Guimard 設計 パリ地下鉄駅入口
■2-23｜エクトール・ギマール Hector Guimard 設計 パリ地下鉄，ポルト・ドーフィーヌ駅 1900頃

■2-24

■2-25

■2-24｜ルネ・ラリック René Lalique［胸元飾り とんぼの精］1897-98頃
Calouste Gulbenkian Museum
■2-25｜モーリス・ブヴァル Maurice Bouval［ブロンズ像］

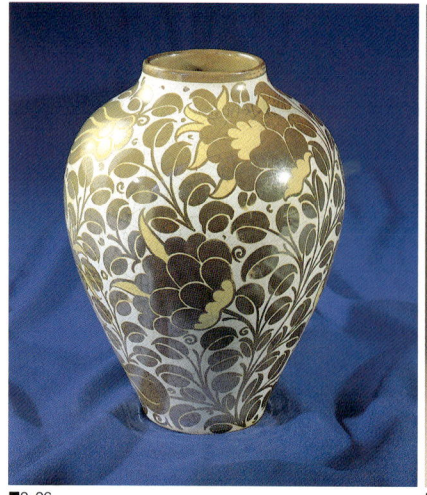

■2-26

■2-27

本美術に対する深い造詣を持ちあわせた人物だった．

　ガレがナンシーに工房を持って本格的な制作に入るのは，アール・ヌーヴォーの開花に先立って1874年のことだった．1878年のパリ万国博へ送ったガラス器では，早くもグラン・プリを獲得．なおこの年の万国博には，ビングが日本陶器のコレクションを出品して話題を集めた．

　続いて，1889年の万国博には，ガレは実にガラス器300点の他，数多くの陶器と家具を出品して数々のグランプリを得，名声を不動のものにした．出品された作品には日本工芸の影響が色濃く，植物や昆虫の装飾モチーフに見られる繊細な流動感によって，ガレ様式を築いた．この様式はおのずから，アール・ヌーヴォーの感情に触れあってくる《2-26》．

　さまざまな技法をこらしたガラス器からの発色は，時には神秘的な深みをたたえた．ガレは，装飾のもつ象徴性を追い払うのは，天空から月を取り去るにも等しいと述べたことがある．仕事場の扉には「我らは森の奥深く，流れの岸，苔の中に根ざしている」というモットーが掲げられたという．この次点でガレは，ロココも日本も超えた別趣の世界をつくりあげている《2-27, 29》．

　反面でガレは，芸術の普及を目論んだ．高度な品質を誇る一品制作品とは別に，量産のシステムをつくり，良質の工房作品を生みだした点が注目される．1900年頃の最盛期には，工房の職人は300名に及んだといわれる．

　ガレの成功に触発されて，オーギュストとアントナンのドーム兄弟《2-28》がナンシーに開いたガラス器工房の仕事を見逃すこともできない．マジョレルもまたガレに鼓舞されるように，ナンシーに家具工房「メゾン・マジョレル」を開き，自在で彫塑的な作品によってナンシー派の中心的な存在となった．パリのアンリ・ソヴァージュの協力を得てナンシーに建てられた異形の自邸も名高い．ナンシーの地には，この他エミール・アンドレ設計の天上へ生育するような住宅などがあり，街ぐるみアール・ヌーヴォーの様相さえがあった．

■2-26｜ウィリアム・ド・モーガン　William de Morgan［花器］1888-89　Birmingham Museums and Art Gallery
■2-27｜エミール・ガレ　Emile Gallé［ひとよ茸ランプ］1900-04　北澤美術館

■2-28

■2-29

ポスターの世紀

　アール・ヌーヴォーの時期は、同時にポスターの黄金時代であった。ポスター専門作家の活躍があっただけでなく、画家が正面からポスター制作に立ち向かった時代は、その後も類例を見ない。

　この時代は、絵画そのものが装飾の可能性をめざしていた。太い輪郭線が画面に導入され、平行や反復によって、あるいは優雅な曲線を描くことによって、装飾的効果が高められた。明快な平塗りの手法もとられた。画家モーリス・ドニは、絵画を「一定の秩序のもとに集められた色面」と定義さえした。

　画家はそうした装飾が引き起こす特殊な感情を追い求めた。もともと自然界には、太い輪郭線や平坦な色画などは見出されるものではない。ここで、絵画はひとつの抽象に他ならないと明言したポール・ゴーギャンの考え方が浮かび上ってくる。ゴーギャンこそは装飾の画家だった。もちろんゴーギャンは、その装飾を手がかりにして、神秘のありかを求めたのであった。装飾は象徴と折り重なった。

　ドニの定義は、そのままでポスターの原理を成立させるものである。もちろん、ポスターがゴーギャンの絵画作品と同じ水準で神秘を語りだすというのではないが、平行し、反復し、優雅に流れる線条が、あるいは一定の秩序をともなった色面が、格別の訴えを起こすのは必定だった。

　ビングが開いた〈アール・ヌーヴォー〉の店での第1回展には、フランスの画家ではドニ、ピエール・ボナール、ポール・ランソンらナビ派が顔を揃えた。アンリ・ド・トゥールーズ＝ロートレックも参加していた。つと

■2-28｜ドーム兄弟 Auguste & Antonin Daum［菫文ガラス器セット］1900頃 北澤美術館
■2-29｜エミール・ガレ Emile Gallé［テーブル 赤とんぼ］Musée de l'Ecole de Nancy

■2-30

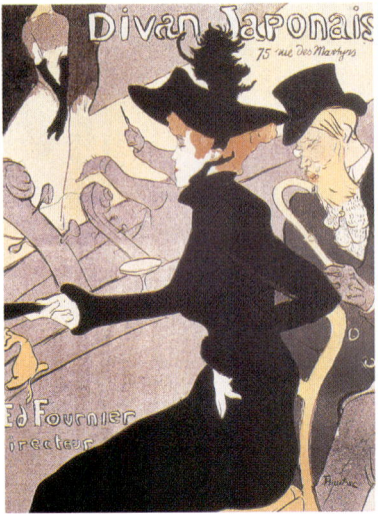

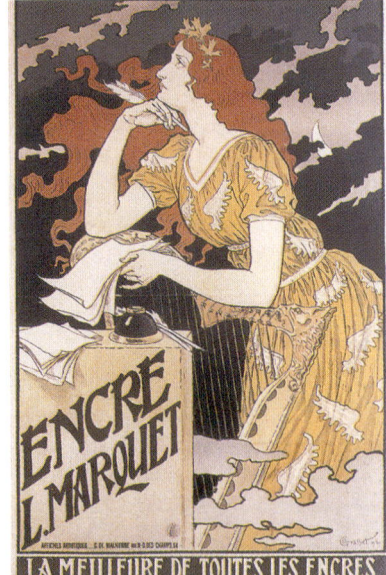

■2-31

■2-32

に知られるように，ナビ派はゴーギャンの〈装飾〉によって啓発されたグループだった．彼らもまた一方では神秘や象徴を求めたが，その一方では装飾を日常周辺の美化にふりむけることに力をつくした．

　ボナールについては，その名が初めて世に出たのはポスター作品［フランス・シャンパーニュ］によってである．当時ボナールは，線がどのようにアレンジされているかによって才能が決められるという美学を持っていた．［フランス・シャンパーニュ］にもっとも共鳴したのがロートレックであった．ボナールに勧められて，ロートレックはポスター［ムーラン・ルージュ］の制作に没頭した．1891年のポスター第1作が，名実共に画家ロートレックのデビュー作であったことに，大きな意味が寄せられる．この時以来ロートレックは，ナビ派の成員ともども，新しいタイプの画家に徹し切った《2-30》．

　もちろん，ボナールやロートレックを含め

■2-30｜アンリ・ド・トゥールーズ＝ロートレック Henri de Toulouse-Lautrec［ディヴァン・ジャポネ］1892
■2-31｜アルフォンス・ミュシャ Alphonse Mucha［サロン・デ・サン第20回展覧会］1896
■2-32｜ウジェーヌ・グラッセ Eugène Grasset［マルケインク どのインクよりも素晴しい］1892

て，この時代のポスターが魅惑の系譜をつづったことはいうまでもない．そうした意味では，ポスター史の冒頭に甘美なロココ趣味を街頭に持ち込んだジュール・シェレが位置づけられる．シェレの最大の功績は，ポスターというジャンルを確実に世に知らしめたことであった．このことはやはり，アートに対する価値観の急激な変化を意味していた．

シェレのポスターがロココに源泉を持つとすれば，ウジェーヌ・グラッセはケルトやゴシックを基盤にし，そこから派生する装飾感情によって魅力的なポスターが生みだされた《2-32》シェレやグラッセらの仕事からは，アール・ヌーヴォーがうわべの流行現象ではなかったことが次第に明らかにされ始める．グラッセが1897年に著した『植物装飾への応用』は，アール・ヌーヴォー様式に深い関連を持った．1905年の大著『装飾的構成の方法』では，グラッセが甘美なだけのポスター作家でなかったことが，あらためて確認される．

アルフォンス・ミュシャには，一途に魅惑のポスター作家の名が与えられる．ポスター作家としてのデビュー作は，1895年，サラ・ベルナールがひきいるルネサンス座のための［ジスモンダ］であった．ビングの〈アール・ヌーヴォー〉開店の年である．ミュシャは建築家ギマールのそれを上まわるようにふんだんな曲線様式の中へ，故郷チェコスロヴァキアの神秘と，絵画の修業地に選んだウィーンの象徴主義を塗りこめた《2-31》ミュシャがゴーギャンと深く交わり，一時期スウェーデンの作家ストリンドベリと接触していたことを知るだけで，一途に魅惑なという意味に加え，この作家が装飾の中へ持ちこもうとしていた象徴性というもうひとつの側面が知られる．

真っ向からポスター制作に乗りだしたロートレックが，批評家のロジェ・マルクスにあてて，一級品のポスターだけを考えている，どうかこのことを心にとどめていただきたいと書き送ったことがある．マルクスは新しいアートに対する多大な関心を示したプロモーターであり，1898年には早くもポスター美術論設立を提唱した．

ポスターの黄金時代は，むろんのことフランスに特有の現象ではなかった．ともあれそれは，新しい都市の時代にふさわしい美意識の誕生であり，それにともなうアートへの姿勢の切り替えを意味していた．

ユーゲントシュティールの動力学

19世紀末から20世紀初頭にかけての曲線様式は，フランスではアール・ヌーヴォーという名称に統一されたのだが，これはイギリスのアーツ・アンド・クラフツ運動が呼び起こした造形の質と重なり合う．すでに触れたようにマックマードーの一連の仕事はアール・ヌーヴォーの源泉と位置づけられるほどだし，装飾の脱をいましめたクレインも，実作では波打つ曲線が基調になっている．ひいてはビアズリーの研ぎ澄まされた感性が，ここに

■2-33

■2-33｜『ユーゲント』表紙

■2-34

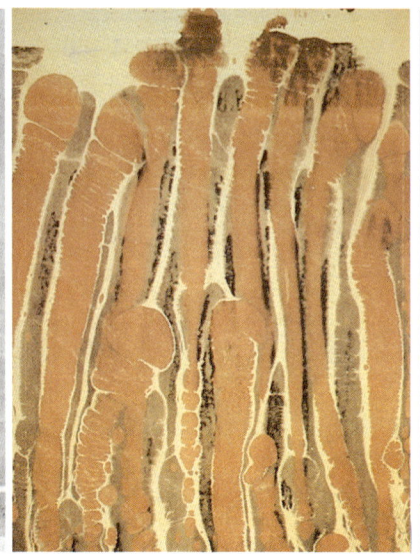

■2-35

加わる．こうした傾向に対して，イギリスでは＜モダン・スタイル＞の様式名があたえられた．

同時期，ドイツに立ち現れた新傾向に対しては，＜ユーゲントシュティール（青春様式）＞との呼び名で総称された．これは1896年にミュンヘンで発刊された雑誌『ユーゲント』《2-33》から，その名がとられている．

ミュンヘンの地での装飾運動は，アウグスト・エンデルによるエルヴィラ写真館ファサードのダイナミズムに象徴される《2-34》．1894年にフィレンツェから自分の刺繡工場をミュンヘンに移し，盛んに制作を進めたヘルマン・オーブリストも，ユーゲントシュティールの中心的な人物だった．オーブリストはその有機的な流線を刺繡作品に用いただけでなく，立体作品にも適用した．1894年に絵画を全面的に放棄し，装飾の世界に立ち向かったオットー・エックマンもまた，この展開に欠くことのできない個性の特主だった．

『ユーゲント』誌の創刊に先立ち，1895年ベルリンでは美術批評家ユリウス・マイヤー＝グレーフェによって『パン』誌が発行されていた．『パン』誌創刊号でエックマンが手がけた流動的な装飾は，ユーゲントシュティルがアール・ヌーヴォーと同義であることを明らかにしている《2-35》．オブリストの有機主義も，『パン』の誌面を活気づけた．

マイヤー＝グレーフェは1897年，ミュンヘンで雑誌『装飾芸術』の創刊にも協力した．ちなみに，この雑誌にマイヤー＝グレーフェはヴァン・ド・ヴェルド論を執筆している．マイヤー＝グレーフェはこの工芸家の力量をビングとともに早くから認めていて，彼自身が1899年にパリに開店した美術店＜ラ・メゾン・モデルヌ＞の内装をヴァン・ド・ヴェルドにゆだねた．

ミュンヘンのユーゲントシュティルは，1897年，この地に＜手工芸芸術共同工房＞が設立された時，実質的な運動体となった．

■2-34｜アウグスト・エンデル August Endell エルヴィラ写真館 1898
■2-35｜オットー・エックマン Otto Eckmann ［見返しデザイン］

■2-36

■2-37

ここにはオーブリストの他，ベルンハルト・パンコク，リヒャルト・リーマーシュミット，それにペーター・ベーレンスらが名を連ねている．この工房がイギリスのアーツ・アンド・クラフツ運動に先例を見出し，その理念を分かちもっていたことはいうまでもない．オブリストはもとよりのこと，パンコクが手がける室内装飾やリーマーシュミットの家具には，いつも有機的な感情が溢れた《2-37》．リーマーシュミットについては，速やかにユーゲントシュティルを離れ，より構造的な家具製作に入ることになる．

ベーレンス《2-36》もリーマーシュミットと同じ経路をたどった．やがてベーレンスの思考はヴァルター・グロピウス，ル・コルビュジエ，ミース・ファン・デル・ローエといった近代主義者の基礎をつくるほどになるのだが，〈手工芸芸術共同工房〉設立時においては全面的にユーゲントシュティルの画家・工芸家であった．1899年，ヘッセン大公エルンスト・

■2-36 | ペーター・ベーレンス Peter Behrens 設計 自邸の門扉 ダルムシュタット 1901
■2-37 | リヒャルト・リーマーシュミット Richard Riemerschmid ［椅子］1900-01 Museum Bellerive, Zürich

■2-38

■2-39

■2-40

ルートヴィヒが計画したダルムシュタット芸術家コロニーに招かれたのも，ベーレンスのこの種の魅惑的な才能によってであった．

　ベーレンスと共にユーゲントシュティルを近代へ橋渡ししたのがヴァン・ド・ヴェルドであった《2-38, 39》．ヴァン・ド・ヴェルドの有機主義に注目したのはひとりマイヤー＝グレーフェだけでなく，すでに1897年のドレスデン工芸展で大成功を博し，その名はドイツで知れわたっていた．ドイツ各地で数多くの仕事をこなし，工芸復興にかかわる講演活動を続けた上，1900年よりはベルリンに移り住み，活動の舞台をドイツに定めた．1902年にはザクセン・ワイマール大公ウィルヘルム・エルンストから，新しい工芸運動の拠点づくりにワイマールに招聘される．同年に開いた「工芸ゼミナール」が母体となって，1907年に工芸学校が開設された．このワイマール工芸学校こそは，1919年に発足するバウハウスの前身なのである．

　建築家ブルーノ・タウトの名も，このラインに見えはじめる．タウトもまたユーゲントシュティルの画家からスタートした《2-40》ユーゲントシュティルから表現主義を経て，それが近代デザインに移行する系譜が，ドイツに特有の大きなうねりなのだった．

■2-38｜アンリ・ヴァン・ド・ヴェルド Henry van de Velde［机］1899
■2-39｜アンリ・ヴァン・ド・ヴェルド Henry van de Velde［ディナーセットより皿］1903頃
■2-40｜ブルーノ・タウト Bruno Taut「アルプス建築」1919

■2-41

ウィーンの風土

分離派結成

「時代には時代固有の芸術を,芸術にはその自由を」——,1897年にウィーンで結成された分離派は,この精神を信条とした.彼らが目途においたのは,分離派のその名の通り過去様式からの＜分離＞であり,新時代を切り開く芸術の創造にあった.

分離派の初代会長は画家グスタフ・クリムトである.もちろんクリムトに関しては,そのままで新時代の画家と規定することはできない.クリムトの中に根深く象徴主義が住まい続けたように,分離派もまたすべてから分離して,いきなり近代に突入したということではなかった.

分離派には画家彫刻家の他に,建築家ヨーゼフ・マリア・オルブリヒとヨーゼフ・ホフマンが加わっていた.二人は建築家オットー・ヴァーグナーの門下生である.建築に対するヴァーグナーの姿勢こそは,過去様式からの分離をめざし,新時代に照応した材料や構造を駆使するところに求められた.早くも1895年の著書『近代建築』でその骨子が提示されたことによって,ヴァーグナーには近代建築の父という名が与えられている《2-42,43》.しかし少なくとも分離派が結成された頃の実作品,たとえばマジョリカ・ハウスやカールスプラッツ駅舎を支配するのは,ヴァーグナーが説く＜必要様式＞以上に,きわめ

■2-41｜ヨーゼフ・マリア・オルブリヒ Joseph Maria Olbrich 設計 分離派館 1898 ウィーン

て上質だが〈必要〉から遊離した装飾だった.

オルブリヒとホフマンの二人は師ヴァーグナーを理念と資質ともどもに引き継いだといえる. 分離派結成の翌1898年, このグループの拠点として建てられたオルブリヒの分離派館《2-41》にも, そのことが明らかである. 基本構造は早や近代建築を思わせるほどにシンプルだが, 中央屋上には葉飾りの球体が金色に輝やき, 純白の壁面にはこれも金色の植物が優雅に生い茂る. アプローチ部分にとりつけられた三面のメデューサの彫刻はやや特殊でこれらは, 分離派に特有の象徴主義を表象するものだった.

合理と非合理が混在する分離派館では, 独特なスタイルが確立された. そこには恣意的な形象は押えられ, だからといって冷たい幾何学が優先するのでもなかった. この種の感情は, コロマン・モーザーやアルフレッド・ロラーらが手がけた一連の分離派展ポスターや, 1898年に創刊された分離派の機関誌『ヴェル・サクルム』などグラフィックの領域にも浸透した. 先に触れたように, グラスゴーのマッキントッシュがこの感情を共有していた. 分離派の成員は, マッキントッシュの美意識をひとつの指標にとったと思われるほど

だった.

分離派館の独特なスタイルによって名をなしたオルブリヒは, ドイツのヘッセン大公エルンスト・ルートヴィヒに招かれ, ダルムシュタットに計画された芸術家コロニーの建設に加わった. 芸術家コロニーのユニークな建築の数々だけでなく, 家具や工芸の分野へオルブリヒが持ち運んだウィーンの感覚は, ドイツのユーゲントシュティルの形成に大きな役割を演じた.

ホフマンとウィーン工房

活動の場をドイツにうつしたオルブリヒに対し, ホフマンはウィーンの地で分離派の伝統を保持し続けた. 1903年には同僚のモーザーと語らって, 工芸家集団「ウィーン工房」を設立. ホフマンらが, ウィーン工房の規範をアーツ・アンド・クラフツ運動を推進させたアシュビーに求めたことは興味深い. アーツ・アンド・クラフツ運動と同じく, ウィーン工房は職人技術の復興を目標にしたものであった.

もとより製品は入念に製作された. その上

■2-42 | アドルフ・ベーム Adolf Boehm ヴィラ・ヴァーグナー1のステンドグラス［ウィーンの森の秋］
■2-43 | オットー・ヴァーグナー Otto Wagner ［郵便貯金局の換気口］1903-12

■2-44

■2-45

■2-46

■2-47

■ダルムシュタット芸術家コロニー

　工業化の進むドイツで，感情の領域を守り抜くため，1899年，ヘッセン大公エルンスト・ルートヴィヒが企画した芸術家村《2-46, 47》，ウィーンから招かれたオルブリヒが，四角錐の展覧会場，パイプオルガン状の大公結婚記念塔，華麗な装飾のあるルートヴィヒ館をはじめ，ほとんどの建物と環境整備を担当した．ドイツの工芸家ペーター・ベーレンスが設計した自邸も，彩りの強い装飾的効果によって，オルブリヒがめざした美的環境に唱和した．

■2-44｜ヨーゼフ・ホフマン　Josef Hoffmann ［ガラス器］1914
■2-45｜ヨーゼフ・ホフマン　Josef Hoffmann ［小型机］1905　Österreichisches Museum für Angewandte Kunst, Wien
■2-46｜ヨーゼフ・マリア・オルブリヒ　Joseph Maria Olbrich 設計　エルンスト・ルードヴィヒ館入口 1890-1901
■2-47｜ダルムシュタット芸術家村 1899

すべての製品に、分離派ゆずりの優雅な感覚が行きわたった。ウィーン工房の優雅さは、アール・ヌーヴォー風に曲線がかもしだすものではなく、直線や方形など単純な幾何学の軽やかな構成によって生みだされた。ここには「方形のホフマン」と呼ばれたほどに四角を好んだホフマンの感覚を見てとることができる《2-44, 45》。

ウィーン工房の代表作は、1905年から長い年月をかけてブリュッセルの地に建てられたストックレー邸《2-48》である。外観はまず「方形のホフマン」らしく角ばった幾何学が目に映るのだが、ホフマンがいつもそうであったようにこの幾何学は合理の所産ではない。壁面はノルウェイ産の白大理石が厳選された。壁面の白い方形を際立たせているのは、入念な細工のある青銅の縁取りである。ウィーン工房のこうした優雅さは、室内大小40余りの部屋を覆いつくした。ウィーン工房のメンバーは、このストックレー邸内部装飾から家具、食器の類に至るまで、総力をあげて美の宮殿に仕上げたのであった。食堂壁面にはクリムトの［生命の樹］が飾られた。クリムトの装飾と象徴主義は、まことによく工房の所産と見合うものだった。

ホフマンとウィーン工房は、1932年までこの種の優雅さを持続させた。それは近代デザインの進行に歩調を合わせることからは、かなり遠ざかった活動だった。時代の本流とは、徹底して機能性や有用性を求める方向に他ならなかった。ここではすべての装飾は逸脱とみなされることになる。

装飾と罪悪

ウィーンの地で、ひとり分離派とウィーン工房を痛烈に批判したのは、建築家アドルフ・ロースであった。1908年に発表した『装飾と罪悪』なる一文では、過激にも装飾は犯罪者や変質者の刺青に例えられた。

■2-48｜ヨーゼフ・ホフマン Josef Hoffmann 設計 ストックレー邸 1905-11 ブリュッセル
■2-49｜アドルフ・ロース Adolf Loos［多角形の吊りランプ］1904-06

ロースが攻撃をしかけたのは，幾分かでも香気を発散させる建築家や工芸家に対してであった．オルブリヒも名指しで攻撃された．ユーゲントシュティルのエックマンやヴァン・ド・ヴェルドも槍玉にあがった．ロースは断を下した．装飾は病いであるのみならず，罪悪だというのであった．

ロースの言説はきわめて過激だが，実際はギリシアの造形理念がもとになっていて，みずからの立場を＜現代文化におけるギリシア人＞としたものだった．彼の装飾に対する闘争は，装飾によって肝要な＜形態＞が隠される傾向に向けてであった．

ロースが建築や家具，照明器具などで示した赤裸々な形態は，しかしながら全くの無表情に終わってはいない《2-49》．たとえばウィーンのミヒャエル広場に面して建てられた商品は徹底して無装飾だが，ファサードの大理石は重厚な気品さえを打ちだしている．大理石の質感をもっとも良く示すことがロースの身上であり，そこへなにゆえに装飾を施すのかという精神をロースは持っていたのだった．

ロースからル・コルビュジエの合理主義へ一筋の軸線が引かれる．もし時代の本流をこの軸線に見てとるのなら，分離派やウィーン工房は一挙に後方へ追いやられる．装飾が虚飾であり，かつ罪悪であるという意味合いは確かなのだが，分離派とウィーン工房の魅惑の部分は，究極的には近代の仕組の中へ手堅く織りなされる要因となるはずである．

Takami

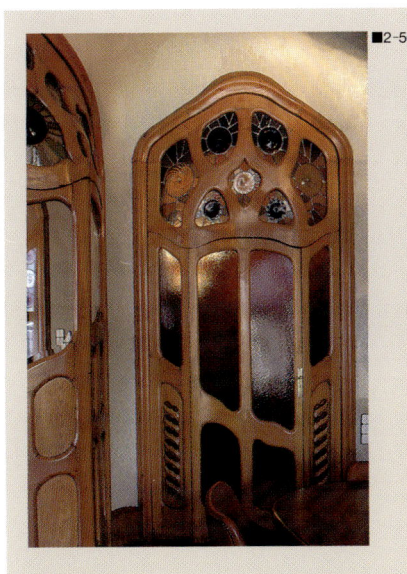

■2-50　　　　■2-51

■ガウディ
イスラム風の多彩なモザイク装飾のあるビセンス邸に始まり，グエル館，バトリョ邸《2-50》，ミラ荘に至るガウディの建築は，細部の造形より構造全体の有機的なうねりを持ち，同時代にヨーロッパをおおったアール・ヌーヴォーの曲線的な装飾様式では律することのできない生命と力学が宿された．ガウディの代表作は，不慮の死に遭遇するまで，一生をそれに捧げた聖家族教会（サグラダ・ファミリア）である．聖家族教会の熱狂に対し，グエル公園の計画では，陶器とガラスのモザイクがふんだんに使用され，夢幻的な環境がつくりだされた．ガウディが手がけた家具類《2-51》にも，きわめて有機的，触角的な感情がこもり，独立した生命体を感じさせるものがある．

■2-50｜アントニオ・ガウディ Antonio Gaudi 設計 カサ・バトリョ 1904-06
■2-51｜アントニオ・ガウディ Antonio Gaudi ［椅子］1902

市民社会のグラフィック・デザイン

ヴィジュアル・デザイン（視覚デザイン），あるいはヴィジュアル・コミュニケーション・デザイン（視覚伝達デザイン）は，人間が社会生活を営むうえで必要な視覚環境や視覚情報を，その目的にそって形づくるデザインである．ヴィジュアル・コミュニケーション・デザインは，テレヴィジョン，新聞，雑誌や都市環境におけるポスター，サインなど，マス・メディアによる，マス・コミュニケーション（大量伝達）にかかわるデザインを多く手掛けるが，第二次世界大戦後にテレヴィジョンが普及するまでは，印刷を媒体とするグラフィック・デザイン（印刷デザイン）が中心的な存在であった．ヴィジュアル・デザインと呼ぶときは，環境の装飾や色彩，展示や工業製品のコミュニケーション処理など，グラフィック・デザインの技術が有効な広い範囲のデザインをさしている．

これら，ヴィジュアル・デザイン，ヴィジュアル・コミュニケーション・デザイン，グラフィック・デザインというデザイン領域を示す用語と，ここまでに述べたその概念は第二次世界大戦以後のものであるが，それまでに至る用語を年代学的にとらえることは難しいので，この章では便宜的に現代の言葉を時代をさかのぼって使用している．

グラフィック・メディアの成長

近世から近代へのヴィジュアル・デザインのひとつの分岐点は，そのデザインによって市民が広く利益を共有できるものとなっているか，どうかということであろう．

15世紀中頃に，ドイツのグーテンベルクが金属活字による活版印刷を発明し，文字印刷は先行する木版印刷より比べものにならない高い水準となった．これは現代のマス・メディアの起点となる画期的なことであったが，印刷部数は少なく，印刷が市民に広く利益するものというには程遠かった．最初期の印刷は，教会と上層社会のものであったのである．

16世紀にオランダ，イギリスに市民層が台頭し，市民社会が少しずつ醸成し始めると，機転のきく出版・印刷人が，言論統制をかいくぐって庶民のための印刷物を刷り始めた．イギリスでは16世紀頃から俗謡や説話などを粗末な紙に片面刷りしたブロードサイドがはやり，つづいてわずかなページ数の小さなチャップ・ブックが現れた．当時，庶民は書物らしい書物は高価で手の届くものではなかったから，このようなもので物語や事件をかいつまんだものを読んだ．17世紀頃に，アルファベットを教える羽子板状のホーンブックが使用され始め，識字率があがって，18世紀の雑誌や日刊新聞の誕生を受け入れる土壌ができた．こうした事情はイギリスのみでなく，ヨーロッパ大陸やアメリカでも，時期を前後しながら進展している．

18, 19世紀の日刊新聞は活字が中心で，1785年に創刊されたロンドンの『タイムズ』も，毎日同じ版が使用できる紙名の装飾を除けば活字のみであった《2-52》．ときに犯罪のイラストレーション（挿絵）が載ることもあったが，日刊新聞が短時間に木版のイラストレーションを製版することは容易なことではなく，新聞の発達は活字の小型化，段数の増大，頁数の増大といった活字量の増大で進んでいった．その背景には18世紀からの産業革命の進展がある．産業革命と海外貿易によって，イギリスでは都市の人口が増え，物流が増大し，それにともなって多くの情報が求められるようになったのである．

このため19世紀に印刷機の改良が促進され，増大した印刷の需要に応えていく経過を見ることができる．1798年に，フランスのニコラ・ルイ・ロベールが発明した製紙機械

■2-52

は，紙の生産量をそれまでの手抄き紙の10倍とし，紙の価格を下げた．1800年に，イギリスのスタンホープはグーテンベルク以来の木製印刷機にかえ，総鉄製の印刷機を製品化した．1814年に『タイムズ』紙で実用化された，フリードリヒ・ケーニヒの円圧印刷機は，それまで平面であった印刷機の圧盤を円筒にすることによって印圧を容易にした．しかも蒸気機関を使用したので印刷速度は一挙に4倍以上となり，1時間に1,100枚の印刷ができた．『タイムズ』社では，その後も改良を重ね，1848年に使用された印刷機では1時間に8,000枚も印刷することができた．1865年に，アメリカのウィリアム・バロックは，連続巻取り紙を使用する輪転両面印刷機を発明した．輪転機は圧盤のみでなく版面までも円筒にして，両者を休みなく回転し，その間に巻取り紙を流して印刷し続けるものである．輪転印刷機の高速大量印刷によって，安価な印刷物が市民に広く即時に提供できるようになったのでマス・コミュニケーションの社会が実現し，印刷はそのもっとも強力なメディアとなった．

■ヴィクトリア時代のグラフィック・デザイン

18世紀にヨーロッパ諸国との植民地争いに勝ったイギリスは世界に君臨し，特にヴィクトリア女王の在位期間（1837－1901年）は国力が最も盛んになった．国の活気にともなって，印刷も世界に先駆けることが多いので，引き続きイギリスを中心に印刷技術の進展と，そのデザインへの影響を眺めてみる．

■ヴィクトリア時代のタイポグラフィ

活版印刷が発明された後，印刷デザインは300年以上も穏やかな変化しか見せなかった．

■2-52 『タイムズ』1805年11月7日号 活版印刷

cum filiis suis simul ac
ascendit sicut virgultum
Quousque tandem abu-
Catilinam furentem
proportion du temps

■2-53

■活字の書体

　活字がヴィジュアル・コミュニケーション・デザインに果した貢献は計り知れないものがある．活字は最初期をのぞけば，いつの時代もその時代の活字書体のみを使っているのではなく，歴史的な書体を引きついでいる．
　ゲルマン語圏では最初，ゴシック様式の筆書体を借りた．イギリスでゴシック体，またはブラック・レターと呼ぶ書体で，ドイツではフラクトゥーア体と呼んでいる（アメリカと日本のゴシック体は意味が転移したもので，サンセリフ体のことである）．ラテン語圏では，人文主義の筆書体からきた縦棒が太く横棒が細い，起筆部と終筆部にセリフと呼ぶ突き出しのあるローマン体が使われた．19世紀までの書体の流れは，読み易さの点で，ローマン体がゴシック体を駆逐していく経過を示している．その過程の中で印刷人，または活字設計家が活字を手直しし，改刻を重ねながら現代の読み易い活字を生んできた．
　ローマン体の書体名に名を残す代表的な印刷人や活字設計家には，次のような人たちがいる．ベネチアの初期印刷人としてローマン体の完成者といわれるニコラ・ジャンソン．16世紀にフランスで活躍したクロード・ガラモン．18世紀，イギリスのウィリアム・カスロンと装飾のない美本造りでも有名なジョン・バスカヴィル．19世紀初頭まで活躍したモダン・ローマン体の完成者，イタリアのジャンバティスタ・ボドニなどである《2-53》．

　しかし，印刷物の大衆化にともなって，18世紀終わり頃から目立った変化が現れはじめる．これは新聞・雑誌・書籍などのみでなく，市民の経済活動から，教養・娯楽に至るさまざまな印刷物が出廻ったためで，なかでも広告は読む（または見る）意志のない人たちを注目させる必要があり，印刷デザインに従来にない工夫が求められるようになった．
　具体的には，広告ビラや，新聞・雑誌の見出しのために活字の大型化と肉太化が始まったことである．その代表的な書体が，ロバート・ソーンが設計したボドニ体の太線のみを肉太く誇張したファット・フェイス体と，ローマン体の太い線と細い線とセリフのすべてを肉太の同じ太さにしたエジプシャン体である．また現代のサンセリフ体（セリフのない書体）の母体も生まれている．バロックやロココ美術の影響による草花と建築の細部を模した装飾も盛んになり，それらに影をつけて文字を立体的に浮き上がったように見せるデ

■2-53｜上より，ニコラ・ジャンソン Nicolas Jenson，クロード・ガラモン Claude Garamond，ウィリアム・カスロン William Caslon，ジョン・バスカヴィル John Baskerville，ジャンバティスタ・ボドニ Gaveliere Giambattista (Giovanni Battista) Bodoni, Daniel Berkeley Updike [Printing Types] Doverより

ザインも急増した．

　広告ビラは大型化して街頭に貼るポスターになったが，ポスターのためには大きな木活字が使用された．装飾的な木活字を数書体も交ぜ組みしたポスター《2-54》は，ヴィクトリアン・タイポグラフィを特徴づけるものとなっている．このスタイルは雑多なもののみが持つ強さがあり，今日も受け入れられているが，一方で脈絡のない書体の組み合わせは，タイポグラフィの美学を放棄するものとして批判する人も多い．

■ヴィクトリア時代のイラストレーション

　大衆的な印刷物にとってイラストレーション（挿絵）は欠くことのできないものである．先に触れた大衆印刷物の先駆けとなったチャップ・ブックの多くには表紙に小さな木版画があしらわれ，ものによっては本文にも挿絵として組み込まれていた．板目木版によるその絵は稚拙なものが多かったが，それでも庶民にとっては印刷物に親しむよりどころであった．18世紀の終わりに，トマス・ビューイックが木口木版を復活させ，チャップ・ブックの木版画の技術を向上させた．そればかりか，木口木版は19世紀を通してイラストレーションを支える重要な印刷技術となった．木口木版は金属活字と一緒に組み込むときに繊維が活字と同じ向きとなって印圧に強く，その後の大量印刷に好都合だったのである．

　1841年に創刊された絵入り週刊誌『パンチ』は，イラストレーションの重要なジャンルである風刺や批判を内容とする戯画を定着させた．『パンチ』誌から，ルイス・キャロルの『不思議な国のアリス』の挿絵を描いたジョン・テニエルや，大型絵本『妖精の国』を描いたリチャード・ドイルら，今日的な意味でのイラストレーターが多く輩出した．1842年に創刊された同じく絵入り週刊誌の『イラストレイテッド・ロンドン・ニューズ』は，絵による報道力の強さを示したが，これは現代の報道写真誌の先駆けとなるものである．この2誌の挿絵も木口木版によっている

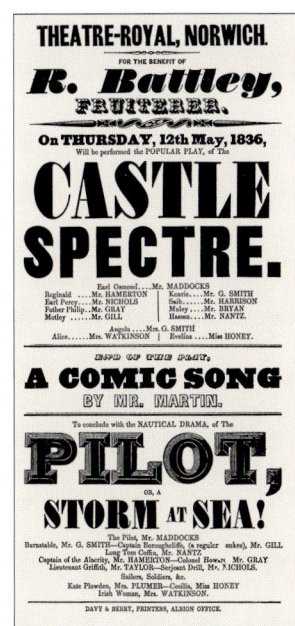

■2-54

が，この2誌に限らず絵入りの定期刊行物が増えたので，ロンドンの彫刻工房は『パンチ』誌が創刊された頃は20ばかりであったものが，ピークの1885年頃には180を越えるほどになっていたという．

　プラハに生まれたアロイス・ゼーネフェルダーは，1798年に水と油の反発性を利用して，同じ平面で画線部にのみ油製インキが附着する石版印刷を発明した．ゼーネフェルダーが，1818年に『石版印刷全書』を刊行したので，石版印刷（リトグラフ）は広く世界で行われるようになり，間もなくカラー・リトグラフも実用化された．1851年のロンドン万国博覧会では，公式の印刷物からスーベニールまで数多くの印刷物が出廻ったが，その中に技術水準の高いカラー・リトグラフが多く含まれている．

　彫版工のエドムンド・エヴァンズは，1858

■2-54　劇場ポスター　1836　活版印刷

年に木口木版によるカラー印刷を始めた．これは主版の黒をのぞくと，日本の浮世絵と異なり赤・黄・青の三原色に近い色とわずかな補色しか使用しない．各版は網点，平行線，交差平行線で階調を作り，そのかけ合わせで使用色以上の色を出したもので，写真製版による三色カラー分解を先取りするものであった．エヴァンズは，このカラー木版印刷を子供向きの絵本に使用し，ウォルター・クレイン《2-55》とランドルフ・コールデコットが中心的なイラストレーターとして活躍した『トイ・ブックス』を取り仕切った．またエヴァンズは，ヴィクトリア時代の母親と子供たちのために，ひとつのユートピアランドを描いたともいえる，ケイト・グリーナウェイ《2-56》の諸作もカラー印刷化している．クレイン，コールデコット，グリーナウェイはヴィクトリア時代の3大絵本作家といわれるが，この3人の活躍は，エヴァンズのカラー木版印刷があってはじめて可能になったものである．

　ウォルター・クレインは，初期印刷本の木版画の強い描線を賞揚し，また浮世絵の影響も強く受けていたが，一方で柔らかな優雅な線を生かすためにはカラー・リトグラフも使用し，内容によって印刷形式を使い分けている．またクレインは，絵本画家がしばしば原画を渡して事足りりとしているのに対して，テキスト・絵・装飾のすべてが見開きを単位にして書物として調和すべきであることを主張した．これはウィリアム・ブレイクの詩画集に啓示を受けたものであるが，書物が諸要素を総合するデザインという概念で理解されたことが注目される．クレインは，後に壁紙・ステンドグラス・工芸品などの装飾・デザインも手がけ，アーツ・アンド・クラフツ運動に参加して，同協会の初代会長をつとめた．

　子供向きのカラー絵本と特別な図譜を除けば，挿絵は19世紀後半も黒1色刷りが普通であったから，イラストレーターは黒と白のコントラストに注意を払った．その中でも際立って黒・白の美しさを発揮したのはオーブリー・ビアズリーである．繊細な曲線と大胆な黒のマッスのコントラストから生まれる耽美的な作風は《2-58》，多くの追随者を出した．ビアズリーは少年時代から病弱で，活動期間

■2-55｜ウォルター・クレイン Walter Crane ［古いお友だちのアルファベット］より 1875 木口木版色刷
■2-56｜ケイト・グリーナウェイ Kate Greenaway ［窓の下で］より 1878 木口木版色刷

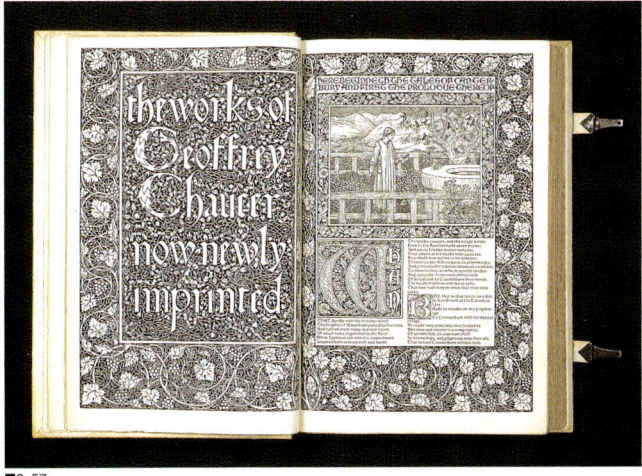

■2-57

が短く26歳で病没した．
■プライベート・プレスとその影響
　アーツ・アンド・クラフツ運動の指導者であったウィリアム・モリスは，一般的には『地上の楽園』の詩人として知られ，若い頃から著作と出版活動になじんでいたから，1891年より晩年の6年間，ケルムスコット・プレスを営んでいる．これはプライベート・プレスで，自己の楽しみのために私家版を作る個人の出版・印刷所である．同時期に一般の出版社から代表作の『地上の楽園』の普及版，『ジョン・ボールの夢』，『ユートピア便り』などが出ているので，私家版を重ねる必要はなかったのだが，モリスは産業革命以後の機械生産化された印刷物に批判的で，小さくなった活字，機械鋳造によって均質化し無性格になった活字，そしてそれらの活字を効率主義で詰め込んだ紙面，こういったものに我慢ができなかったようである．活字の美的な回復を考えていたから，みずから設計した2書体3種の活字を用意し，先にあげた自著のほか，ジョン・ラスキンの著作や，敬愛するイギリス文学を選んで，実に53点67冊の本を

■2-58

■2-57｜ウィリアム・モリス William Morrie（活字・装飾）エドワード・バーン＝ジョーンズ Edward Coly Burne-Jones（挿絵）『チョーサー著作集』より巻頭見開きページ 1896 活版印刷 モリサワコレクション
■2-58｜オーブリー・ビアズリー Aubrey Beadsley［黒肩衣］「サロメ」（オスカー・ワイルド作）1894

■2-59

刊行した．そのうちの大型本『チョーサー著作集』《2-57》は，これもモリス自身によるイニシャル文字や装飾罫に加え，エドワード・バーン＝ジョーンズの挿絵を得て，書物印刷史上，比類のない視覚効果を見せている．

ケルムスコット・プレス本のデザイン・フォーマットは，中世の彩飾写本と初期印刷本を美の規範としたので，活字面（テキスト）は充分な余白（マージン）に守られ，その余白はのど（とじる側），天，小口（開く側），地と順を追って広くなり，活字面は全見開きで同じ位置にある．イラストレーションは，活字面の1ページかその一部が使用され，巻頭や章の始めの装飾は，活字面の余白にのみデザインされた．

これに対して，先のウォルター・クレインはイラストレーターだけに，イラストレーションの構成が，活字フォーマットと有機的に影響しあい，活字フォーマットに柔軟性をもたせていた．モリスがテキスト・ブックに対して，クレインがヴィジュアル・ブックに対して，ある規範を示したものといえよう．

ケルムスコット・プレス設立に強い影響を与えたタイポグラファーのエメリー・ウォーカーは，1900年に，装幀工芸家のコブデン・サンダーソンと組んでダヴズ・プレスを開いている．ダヴズ・プレスの本には装飾がなく，ウォーカーが15世紀のジャンソン活字を洗練させたダヴズ活字と，エドワード・ジョンストンのデザインした見出し書体のみによる清潔な紙面が特徴になっている《2-59》．

ウィリアム・モリスとエメリー・ウォーカーの影響は大きく，欧米に多くのプライベート・プレスができた．それはアーツ・アンド・クラフツ運動の影響のもとに書物美運動ともいえるもので，多くの美本を生んだ．プライベート・プレスの発行部数はわずかで一般読者との関係は少ないが，出版・印刷人への影響が，その後の書物デザインを決定しているので，19世紀から20世紀にと続くプライベート・プレスの活動は大きな意義があった．

写真の発明とグラフィック・デザインへの応用

19世紀中頃に写真が実用化するが，写真が印刷に応用されて大量に刷られ，臨場感や説得力がグラフィック・デザインの大きな力となるのは第一次世界大戦以後のことであるから，それは後の章に譲り，ここでは写真の発明とその印刷への応用の初期的な段階をみることにする．

■写真の発明

16世紀より画家が輪郭描写に使用していた器具にカメラ・オブスキュラがある《2-61》．暗箱に小さな穴をあけると，外部の景色が穴の反対側の壁に倒立した像を結ぶことを利用したもので，18世紀からレンズを使用した改良型ができ，画家はその像をなぞって輪郭線を得た．しかし絵画の難しさはその後の着色にあるから，カメラ・オブスキュラの映像を定着することは，技量の乏しい画家の夢で

■2-59｜コブデン・サンダーソン T. J. Cobden-Sanderson，エメリー・ウォーカー Emery Walker『聖書』より巻頭ページ，見出しカリグラフィ エドワード・ジョンストン Edward Johnston 1903 活版2色刷

■2-60

■2-61

あった.

　リトグラフに興味をもっていたフランスのヨーゼフ・ニセフォール・ニエプスは，原画を左右逆像にして版面に転写する作業を光の作用によって自動的にできないものかと考え，アスファルトを感光材にして化学的に絵を転写した．また1816年にカメラ・オブスキュラの中へ塩化銀を感光材にした紙を入れ，それに外の像をとらえているが，この時は定着することができなかった．1822年にも，アスファルトを感光材にして金属版にできた画像を食刻した．この一連のニエプスの実験の中に《2-60》，カメラ・オブスキュラによって自然の映像を機械的にとらえる写真の原理と，写真を印刷に置きかえる写真製版の原理がともに見られる．ニエプスは残念ながら，写真の定着と，写真の階調を版に置きかえる方法を完成しないで，1833年に亡くなった．ニエプスの実験のうち写真の研究は，ジオラマの風景画をカメラ・オブスキュラで描いていたルイ・ジャック・マンデ・ダゲールが引きつぎ，1839年に定着を完成して「ダゲレオタイプ」と名付けた．同じ30年代に，イギリスでもウィリアム・ヘンリー・フォックス・タルボットが，カメラ・オブスキュラがとらえた像を定着することを研究し，1840年に紙ネガティヴを得る方法を完成して「カロタイプ」と命名した．ダゲールの写真は銀板上に直接ポジティヴを得る一点の写真であったのに対し，タルボットの写真はネガ，ポジ方式であったので，写真の複製，および写真のメディア化に貢献している．

　カメラ・オブスキュラが介在したから，写真ははじめ，肖像画や風景画を肩代りするも

■2-60 | ヨーゼフ・ニセフォール・ニエプス Joseph Nicéphore Niépce 現存する世界最古の写真 1826 アスファルト感光材 Gernsheim Collection, Humanities Research Center, The University of Texas, Austin
■2-61 | 携帯型カメラ・オブスキュラ 18世紀 L'abbé Nollet [Lecon de Physique Experimentale]より

のであったが、間もなく写真独自の記録性や報道性が重要視され、外国の風物を集めた写真アルバムの販売や展覧会を通して、独立したメディアとして成長していく．1877年、アメリカの写真家イードウェアード・マイブリッジは12台のカメラを並べ、その前を駆け抜ける馬の四肢の状態を12枚の写真に撮り《2-62》，映画の誕生に寄与した．この写真に感動したフランスの医者エティエンヌ＝ジュール・マレーは1882年に、高速度カメラを製作して、鳥の飛翔など、科学目的の動態写真を多く撮影した．この2人の仕事は、写真の科学に対する貢献を示すとともに、人々に人間の新しい視点を呼び起こすものであった．写真は、写真を対峙して考える画家に、絵画はただ自然を写すものではなく、画家の想うところを描くべきだと、20世紀の新しい絵画運動に向かわせることになる．

■写真の印刷への応用

ヨーゼフ・ニセフォール・ニエプスの先駆的な実験があったが、実用化された写真がただちに印刷に応用されることはなかった．写真の階調を印刷の版に置きかえる方法が見つからなかったのである．1869年に、写真の階調そのままのコロタイプ印刷ができるが、大量印刷には不向きのものであった．黒白2階調の写真製版のみはそれより早く実用化し、1864年に写真製版による金属凸版ができている．またリトグラフも、初期の写真製版は黒白2階調であった．

このような状況であったから、海外に派遣されたカメラマンから送られてくる世界の事件と風俗と文化は、そのままでは新聞や雑誌に掲載することができず、手による版に彫り直されて掲載された．1863年頃に来日し、日本に長く滞在したイタリア生まれのイギリス人フェリックス・ベアトは、英仏軍の中国遠征や下関戦争で従軍カメラマンとなり、また日本の風景や風俗を撮影してロンドンに送ったが、ロンドンっ子が『イラストレイテッド・ロンドン・ニューズ』などで見たものは版画化された東洋と日本であった《2-65, 66》．

1882年頃，ドイツのゲオルグ・マイゼンバッハと、アメリカのフレデリック・ユージン・アイヴスが期せずして交差する格子縞のスクリーンを使用して、写真の階調を網点の大小に置きかえる写真製版法を発見した．アイヴスは、後に正確なスクリーンの製作も指導し、写真製版の普及に貢献しているが、また1885年に、長波長光の感光材を研究して三色分解を試み、フィラデルフィアの展覧会にカラー写真製版による印刷物を出品している．

こうして19世紀末に、写真製版とカラー写真製版がともに実用化して、グラフィック・メディアは大きな技術進展をみることができた．

■2-62｜イードウェアード・マイブリッジ Eadweard Muybridge［駆る馬］1878
Georg Eastman House, Rochester, New York

■立体写真

　左右の眼で見る像が、左右の眼の距離の差によって異なって見えることから人間の立体視感が得られることは、すでにギリシア時代に理解されていたから、1838年、写真の発明される1年前にイギリスの物理学者チャールズ・ホイートストンによって立体写真の原理となる器具が考案されていたとしても不思議はない。1849年にタルボットの友人ダニエル・ブリュスターが実用的な立体カメラを完成するが、イギリスの製造業者は興味を示さなかったので、フランス人によって器具化され、1851年のロンドン博でヴィクトリア女王に捧げられた。立体写真は双眼のカメラ《2-63》で左眼用と右眼用の写真を同時に撮影し、それを双眼のビューアーで見ることによって立体視を再現する。1854年にロンドンに立体写真会社ができたので、欧米にブームが起こった《2-64》。日本でも西洋の技術の導入に積極的であった薩摩藩の写真コレクションの中に立体写真が残されており、写真の渡来とほとんど同時に立体写真も入ってきたことがわかっている。立体写真は写真の究極の臨場感を示すもので、現代では立体映像として博覧会やイベントで多用されている。

■2-64

■2-63

■2-66

■2-65

■2-63｜W.I.チャドウィック製ステレオカメラ 1885 マホガニー材（ボディ）ナカガワ・フォト・ギャラリー
■2-64｜月面ステレオ写真 1860頃 ロンドン ナカガワ・フォト・ギャラリー
■2-65｜フェリックス・ベアト Felix A. Beato ［眠れる美女］人工着色写真『F・ベアト幕末日本写真集』より 横浜開港資料館
■2-66｜［眠れる美女］アンベール『幕末日本図絵』より 横浜開港資料館

■2-67

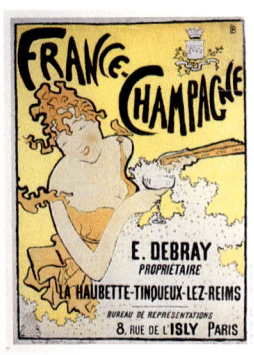

■2-68

世紀末から第一次世界大戦まで

■ベル・エポックのパリのポスター

　19世紀末期のフランスは政状が不安定であったが，パリの市民はそれを打ち払うかのように，夜は劇場やキャバレーやバーに足を運び，第一次世界大戦までの四半世紀を「ベル・エポック（良き時代）」として楽しんでいた．街にはその劇場やキャバレーのカラー・リトグラフのポスターがあふれ，また写真の印刷化，カラー印刷化が可能になったので，大衆的な新聞や雑誌も多く創刊されてにぎわっていた．

　それまでは，パリもロンドンと同じく，街頭の宣伝は活字を並べたポスターが中心であったが，ジュール・シェレが，絵入りの花やかなポスターを実現させた．シェレはロンドンでリトグラフを学んでパリにもどり，1866年に工房を開いて，開発されて間のないイギリス製の大型リトグラフ印刷機を設置した．1869年にカラー・リトグラフにも着手して，カラーのポスターではパリがロンドンを凌駕する牽引者となった．シェレは長期間活動したので生涯に約1200点のポスターを制作したといわれるが，その多くが軽妙な描写と明るい色彩にあふれている《2-67》．

　リトグラフによって，大きな絵によるポスターが可能になったので，画家のポスターへの参加を促し，早いところでは1868年に，エドゥワール・マネが本のポスターを制作しているが，これは絵は単色である．ナビ派の画家ピエール・ボナールが1891年に制作した［フランス・シャンパーニュ］《2-68》のポスターは，ロートレックにリトグラフを手掛けさせる契機になったといわれている．

■2-67｜ジュール・シェレ　Jules Chéret［サクソレイン（安全灯油）］1892
サントリー・グランヴィルコレクション
■2-68｜ピエール・ボナール　Pierre Bonnard［フランス・シャンパーニュ］1891

■2-69　　　　　　　　　■2-70

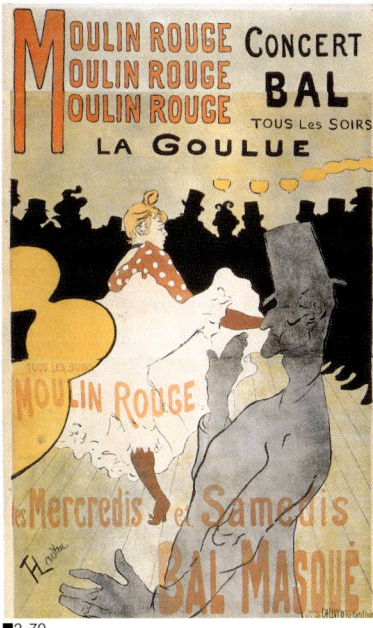

　アンリ・ド・トゥールーズ=ロートレックは，なじみのキャバレーや芸人のために，世紀末の10年間に32枚のポスターを制作している．ロートレックのポスターは，登場人物の日常性と内面性が表現された絵画性の高いもので，多くの注目をあびた．浮世絵の影響による抑揚を持った線と平塗りの色彩も特色となっているが，浮世絵と違って印刷度数は少ない．代表作の［ムーラン・ルージュのラ・グーリュ］《2-70》は4色のカラー・リトグラフである．リトグラフは砂目で半調が出せたから，そのかけ合わせで多色に見せることが出来たのである．ロートレックは，キャバレーの刊行物や，大衆的な新聞・雑誌にも多くの挿絵を描いたが，これは世紀末に実用化した写真製版によっている．
　アルフォンス・ミュシャは，チェコに生まれ世紀の変わり目のパリで活躍した．女優サ

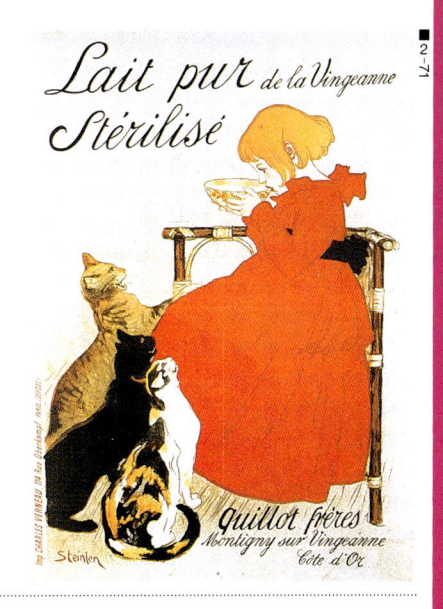

■2-71

■2-69｜アルフォンス・ミュシャ Alphonse Mucha［メディア］1898
■2-70｜アンリ・ド・トゥールーズ=ロートレック Henri de Toulouse-Lautrec
［ムーラン・ルージュのラ・グーリュ］1891 サントリー・グランヴィルコレクション
■2-71｜アレクサンドル・スタンラン Théophile Alexandre Steinlen［ヴァンジャンヌの殺菌牛乳］1894
カラー・リトグラフ Musée des Art Décoratif, Paris

■2-72

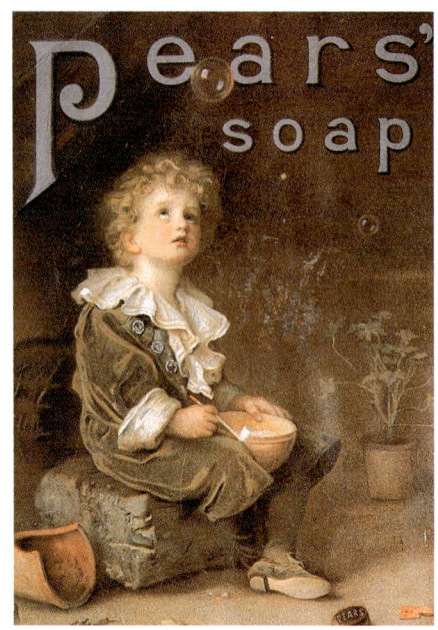

■2-73

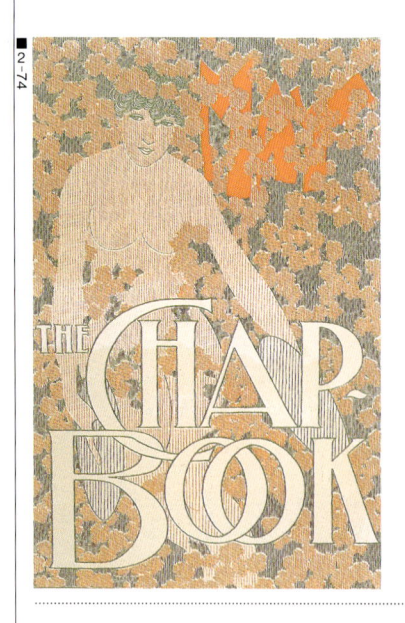

■2-74

ラ・ベルナールのための縦長の演劇ポスターのシリーズで成功したが，いずれも画面全体の建築的構成と，その細部に見られる念入りな装飾と文字によって，際立つものであった《2-69》．ミュシャはポスターのみでなく舞台装置，家庭用品，装身具などのデザインも手掛け，それらの装飾の優美な曲線は，パリのアール・ヌーヴォー様式を代表するものであった．ミュシャと同様に広範囲の仕事をしたウジェーヌ・グラッセは，ポスターでもミュシャに近い仕事をした．スイス生まれのテオフィール・アレクサンドル・スタンランは，パリに出て新聞に風刺画を描いたというが，ポスターは穏やかな目でパリの一般の市民生活を描いている《2-71》．

　世紀末にパリで活躍したポスター作家の多くは画家でもあったから，描画性には充分なものがあったが，リトグラフは活字が使用で

■2-72｜ジョン・エヴァレット・ミレイ John Everett Millais［ピーアス石鹸］1884
■2-73｜ベガースタッフ兄弟 J. W. Beggarstaff［カサマ とうもろこし粉］1900
■2-74｜ウィリアム・H・ブラッドリー William H. Bradley ポスター「チャップ・ブック」誌 1895
サントリー・グランヴィルコレクション

■2-75｜マックスフィールド・パリッシュ Maxfield Parrish　ポスター『スクリブナーズ』誌　1897
©1933 The Museum of Modern Art, New York

■2-76

例として，1871年のフレッド・ウォーカーの演劇ポスター［白衣の婦人］があげられるが，これは木版1色刷りの小さなものである．ピーアス石鹸は，企業が行う広告キャンペーンを早くから始めた会社であるが，1884年にラファエル前派の画家ジョン・エヴァレット・ミレイの高額の絵をポスター化し世間を驚かせた．可愛らしい子供がシャボン玉を吹き上げている油彩画に，ブランド名を加えて高度なカラー・リトグラフで複製したもので《2-72》，現代にも多い，子供や，美人を配したポスターの先駆けとなるものであった．ベガースタッフ兄弟と名乗ったウィリアム・ニコルソンとジェームズ・プライドの2人は実の兄弟ではないが，単純化された主人公の象徴性と，その主人公と地色の絶妙な配色と，パリのポスターには見られない簡潔なタイポグラフィを特徴とした《2-73》．その明快さがその後のポスターを専業とするデザイナーに大きな影響を与え，近代ポスターの確立者とみなされている．

アメリカでも世紀の変わり目にカラー・ポスターと，カラーの挿絵本が登場する．ポスターではエドワード・ペンフィールドが『ハーパーズ』誌，ウィル・H・ブラッドリーが『チャップ・ブック』誌の《2-74》，ともに小型の雑誌ポスターを手掛けている．挿絵ではともに堅実な描写力で知られるハワード・パイルとN・C・ワイエスが，アメリカ文化を特徴づける大衆的な出版文化に寄与した．神話の世界を想わせる甘美な人物と風景を描いたマックスフィールド・パリッシュは，アメリカン・イラストレーションを代表する人気者であった《2-75》．

ウィーンの分離派運動は，拠点となる自分たちの分離派館を持つことができたので，活発に「分離派展」を開き，その展示会の縦長のポスターを数多く作った．制作に当たっては分離派運動にかかわる諸分野の美術家が交代で担当し，画家のグスタフ・クリムト，分離派館を設計したヨーゼフ・マリア・オルブリ

きないので，文字は調版工が書き加えた文字も含めて，デザイン的には未熟なものが多い．しかし，それが世紀末のパリの絵によるポスターを特徴づけるものともなっている．絵の内容もポスターの目的とするところを素直に描いて，大衆宣伝におけるポスターの重要性を社会的に認識させるものであった．

■その他の欧米のグラフィック・デザイン
　イギリスの絵を中心にしたポスターの早い

■2-76｜ヨーゼフ・マリア・オルブリヒ　Josef Maria Olbrich　ポスター［第2回分離派展］1898
京都工芸繊維大学美術工芸資料館 AN.3332

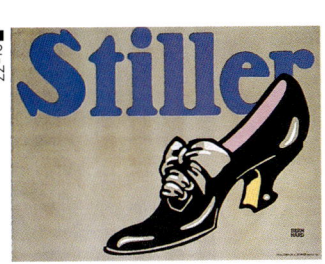

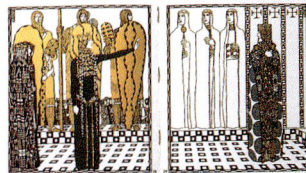

ヒ《2-76》，舞台美術のアルフレッド・ロラー，グラフィックのコロマン・モーザーらが参加した．また1898年より1903年まで機関誌『ヴェル・サクレム（聖なる春）』を刊行して，メンバーが，絵，デザイン，詩，評論などを持ちよった．グラフィック・デザインの分野ではコロマン・モーザーが質・量ともずば抜けた活躍をし《2-80》，カール・オットー・チェシュカは絵本も残している《2-78》．

『ヴェル・サクレム』のエディトリアル・デザインは，ウォルター・クレインの考えをさらに押し進めたもので，ひとつの見開きの中で，文字フォーマットと装飾と，場合によっては状況の違う複数の絵が建築的に構成され，その全体が空間と時間を意識した総合芸術に高まるように意図されたものであった．

ドイツのポスター・デザイナー，ルードヴィヒ・ホールヴァインは，ベガースタッフ兄

■2-77｜ルチアン・ベルンハルト Lucien Bernhard ポスター［スティラー靴］1912
■2-78｜カール・オットー・チェシュカ Carl Otto Czeschka 『ニーベルングの歌』挿絵より 1909
■2-79｜ルードヴィヒ・ホールヴァイン Ludwig Hohlwein ポスター［PKZ］1908 川崎市市民ミュージアム
■2-80｜コロマン・モーザー Koloman Moser 『ヴェル・サクレム』目次 1899

■2-81

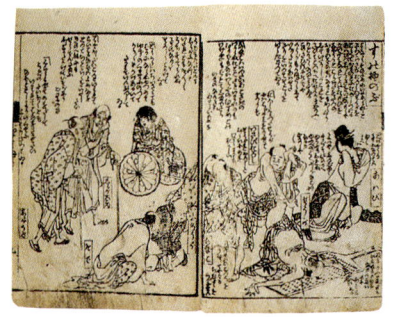

■2-82

日本の伝統と欧米化への道

　1851年から第一次世界大戦までは，日本では江戸時代末期の嘉永年間から大正時代の中頃までにあたる．1853年（嘉永6）にアメリカのペリーが率いる艦隊が浦賀に来航し，鎖国日本に開国を迫った．これが引き金となり，江戸幕府の大政奉還があって明治時代となっているから，日本でも本格的な近代化が始まった時期となっている．明治政府は開国後，西洋列強と肩を並べるため，政治・経済・文化とすべての分野にわたって極端な欧米化政策を取り，世界史にもまれな国体の変化をとげた．日本は鎖国200年の間に長崎を窓口にしてヨーロッパ文化を受け入れており，西洋文明を本格的に受け入れる土壌をすでに持っていたということであろう．
　西洋の活版印刷は，実は1590年（天正18）にポルトガルの宣教師ヴァリニャーノによって一度日本に持ち込まれ，後に「キリシタン版」と呼ばれる宣教活動のための本がローマ

弟と共通する絵の省略化を行いながら，マチエールと細部にこだわり，そうして出来た形とタイポグラフィの有機的なレイアウトで，画家が活躍したポスターには見られない造形性を獲得した《2-79》．ルチアン・ベルンハルトは，商品と商品名のみを画面一杯に描き，広告が必要とする最少限の要素で，最大の効果を上げ，広告の原点を想起させるものとして忘れ難い《2-77》．

■2-81｜川原慶賀［職人尽し図 機織］江戸後期（文政期）絹本着色
National Museum of Ethnology, Leiden, Netherland
■2-82｜時太郎可候（葛飾北斎）［不厨庵即席料理］1793 木版印刷 葛飾北斎美術館

■2-83

字や日本の文字で印刷されている．しかしこの時はキリスト教への弾圧により撤退しており，政治状況が西洋の技術を拒んだかたちとなった．このため江戸時代は市民層が台頭して，年を経るごとに出版活動が盛んになったが，ほとんどが従来通り木版印刷によっている．江戸初期に朝鮮の銅活字に習った銅活字本と木活字本があるが，出版の活況とともに再版に備えて1紙用の版面を1枚の版木に彫る整版が一般的な方法になった．江戸後期には庶民のための絵草子類も増えた．その中には本文と挿絵が複雑にからみあい，文士・絵師・彫師・摺師たちの逞ましい創造力を感じさせるものが多くある《2-82》．浮世絵も盛んになり，その木版画法と色彩は，19世紀後半に欧米に大きな影響を与えた．逆に江戸中期に日本に西洋画法が入り，司馬江漢や，『解体新書』の扉絵を描いた小田野直武などによって，明暗法や透視図法が取り入れられた．医者としてオランダ商館に来日したドイツ人シーボルトは，日本研究のために長崎の画家川原慶賀に膨大な量の日本の事物を描か

せたが《2-81》，これは西洋の博物画にかなうものであった．商業のにぎわいにともなって，絵ビラ，看板も技術的に高いものが出はじめた．19世紀初頭（文政頃）の北斎派による［提灯張り図］《2-83》を見ると，すり鉢に岩絵具とにかわ液を入れてすり粉木（こぎ）でまぜ，刷毛（はけ）と筆を使用して書く，当時のようすがよくわかる．

江戸末期になると幕府や各藩の教育体制が整い，教科書として官版・藩版が刊行された．四書五経など漢文が中心であったから全ページの整版は費用がかさむので，また木活字が復活した．その木活字には中国の明時代の本を下敷きにした明朝体のものも多く，明治時代に改めて西洋の活版印刷が日本に定着するときに，その書体の主流が明朝体に落着く素地となった．

幕末から明治にかけては，新時代に対する情報の窓口として，書籍のみでなく，欧米風の新聞・雑誌が求められ，試行錯誤が重ねられた．その中で西洋の活版印刷の移入が急務であると考えた大鳥圭介や薩摩藩が金属活字

■2-83｜北斎派［提灯張り図］江戸後期（文政頃）水彩 Bibliothèque Nationale, Paris

を製作した．なかでも長崎の本木昌造は，上海で漢字印刷に携わっていたアメリカ人宣教師ウィリアム・ガンブルの指導を受け，金属活字による西洋活版印刷の実用化に成功した《2-85》．明治政府も1871年（明治4）に紙幣寮を設け，後にイタリア人エドアルド・キヨソネに本格的な銅版印刷，アメリカ人チャールズ・ポルラードに石版印刷の指導を受けている．絵が教育や啓蒙にかかわる役割りを本格的に果すのは，明治政府の教育・勧業政策によってである．1873年（明治6）のウィーン万国博覧会参加を契機にして，日本でも近代的な博物館設立のために多くの刊行物や図譜が欧米に習って作られ，服部雪斎，中島仰山《2-84》らが画家として協力した．このようにして1880年代の後半には，日本でもほぼ欧米の印刷技術が踏襲できるようになった．しかしすべてが欧米化したわけではなく，一方でまだ木版印刷，和製本が行われていた．印刷物にかかわる美術家の表現も一挙に洋風化するというものではないから，和魂洋才という言葉に示される通り，明治時代の印刷の表現は，日本の伝統と技術の欧米化の葛藤の中で試行錯誤が重ねられたものであったといえよう．

Kanda

2-84｜中島仰山［ウサギウマ］1876 東京国立博物館
2-85｜本木昌造［崎陽新塾製造活字目録］1872 活版印刷

The Concise History of Modern Design

3章
デザインの実験と総合
Modern Design in the Experimental Stage

阿部公正+向井周太郎+高見堅志郎+森啓

デザインが，工業化社会の中で，生産者にとっても消費者にとっても重要な意味をもつものとして自覚されてくるのは，20世紀に入ってからのことである．

20世紀初めのヨーロッパでは，とりわけドイツにおける芸術と産業の結合の動きが，際立った出来事として注目される．ベルリンの大企業アルゲマイネ電気会社における，製品の造形性をめぐる新しい政策，およびドイツ製品の質の向上を目指す工作連盟の結成がそれであり，そうした動向の根底には，いったい近代産業がひとつの文化をつくり出せるのか，といった問題が横たわっていたのである．

しかし，1914年には，多くの国々は第一次世界大戦に入ることとなる．そうして，大戦後に迎えた1920年代は，諸芸術の交流のなかで近代芸術，近代建築，近代デザインが固められていった時代である．それらは，等しく「近代」でありながら，同時にそれぞれの国の経済上，政治上の条件を反映した独自のものであることも否めない．それらのモダニズムの諸相を，ドイツのバウハウス，パリのアール・デコ，オランダのデ・ステイル，ロシア構成主義などに見ることができるだろう．そこには，芸術と産業，芸術と技術，芸術と社会，芸術と生活，芸術と革命といったテーマが読み取られる．そうして，これらのテーマをめぐる造形的な試みには，芸術というよりは明確にデザインと呼んでよいものが多く含まれている．

しかし，1920年代は，やがて第二次大戦へと突入することとなる．そのため，これらのテーマをめぐるさまざまな意欲的な実験も，ついには未完のままで終わらざるをえなかった例が多い．また，もともと造形的ユートピアと見られる思想もある．しかし，この時代の動向は，今日のデザインの問題にも重要な示唆を与えるものといえるだろう．

芸術と産業

ベーレンスとAEG

近代産業のなかに積極的に芸術をとり入れること，いいかえれば，近代産業のもたらす製品について造形という操作を重視すること，そういった問題は，ヨーロッパでは20世紀初頭にドイツにおいて注目されるようになってくる．

1899年にヘッセンの大公エルンスト・ルートヴィヒに招かれて，ダルムシュタットの芸術家コロニーの建設運動に参加したペーター・ベーレンスは，1903年来デュッセルドルフ工芸学校の校長を務めていたが，1906年にはベルリンのアルゲマイネ電気会社(AEG)からその製品の造形的処理を委託されていた．やがてその仕事は製品の改良ばかりでなく，製品の販売のためのパンフレットの制作等へと広がり，ついに翌1907年の7月には同社の社長エーミル・ラーテナウにより社の芸術顧問として招かれることとなった．そこで彼は，工場の建築設計から製品のデザインおよび販売に関するグラフィック・デザインを手がけた．とりわけ，ベルリンの[タービン工場]《3-2,3》は，コンクリート，スティール，ガラスといった近代の材料を使って，工場という実用的な構造物を芸術的な建築へと高めた例として注目されている．その

ファサードには，明らかに擬古典主義への傾きが認められるが，その堂々たる雰囲気は今日でも依然として失われていない．

また，製品のなかでもとりわけ街灯や電気ポットのデザインのうちに，在来の製品とは異なった新しい傾向をはっきり認めることができる《3-1,4,5》．

このようにして，19世紀におけるデザイン運動の始まりにはウィリアム・モリスが登場したのに対して，20世紀初頭にはペーター・ベーレンスの存在がクローズアップされることとなる．前者が工房での活動を進めたのに対して，後者は工場を基盤としてその造形活動を進めたのである．インダストリアル・デザインという操作なり分野が明確化されるのは後者の道筋の上でのことであることは，いうまでもない．

ドイツ工作連盟

AEGとベーレンスの結びつきは，工業へ芸術を導入することによって企業の近代化を図ろうとしたひとつの例ではあるが，一方，工芸界の革新を手がかりとしながら，「良質」の工業製品を目指したのは，とりわけヘルマン・ムテージウスであった．

彼は，もともと建築家であったが，1896年来ドイツ大使館付き通商アタッシェとしてロンドンに在住し，イギリスにおける住宅および工芸の改革運動をつぶさに研究した．帰国後1903年よりプロイセン商務省の視学として工芸学校の改革にあたった．

1907年に彼は，当時学長を務めていたベルリンの商科大学で，講義を開講するにあた

■3-1｜ペーター・ベーレンス Peter Behrens［AEG 電気ポット］1902 向井周太郎撮影
■3-2,3｜ペーター・ベーレンス Peter Behrens 設計 タービン工場外観・内部 1908-09 ベルリン
■3-4,5｜ペーター・ベーレンス Peter Behrens［AEG アーク燈］新旧モデル 1912

■3-6

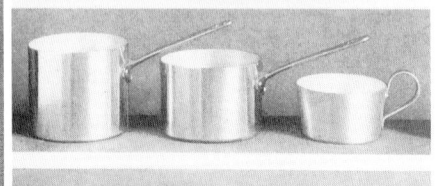

■3-7

り「工芸の意義」と題する講演を行った．そこで，彼は，近代工芸の意義が，芸術的，文化的，経済的意義として把握されねばならないことを説き，したがって，過去の様式の模倣でないものをつくり出すこと，つまり「精神的，物的，社会的諸条件のあらわれとしての形態」を創造することが必要だ，と説いた．そうして，ドイツの芸術が他国に比べて遅れていることを指摘し，さらに，今日では，買い手の方は，芸術的に処理された品物を見る目を持つようになってきており，これまで製造業者や商人がすすめてきたような忠告には疑いをさしはさむようになってきているのだから，いかに業者が反対を唱えても，それは時代の新しい流れのなかで消えてしまうだろう，と語った．

これに対する反対運動はすぐに起こった．

ベルリンの工芸関係経済同友会は，1907年5月の会議の際に「ムテージウス問題」を議題としてとり上げ，ムテージウスを「ドイツ芸術の敵」として非難した．だが，製造業者の中にはムテージウスの見解に同調するものも多く現れており，そのためかえってこれを契機としてひとつの団体の結成への気運が急速に高まることとなった．

そのような雰囲気のなかで，1907年10月5日から6日にかけてミュンヘンでドイツ工作連盟が結成された．DWBあるいは単にヴェルクブントと略される．設立の提唱者は，ベーレンス，シューマッハー，オルブリヒ，リーマーシュミットら12人の工芸家とペーター・ブルックマン社，ドイツ工房，その他の12の会社や団体であった．つまり，芸術家，工芸家，建築家ばかりでなく，工業や商

■3-6｜リヒャルト・リーマーシュミット Richard Riemerschmid［フォーク・ナイフ・スプーン］1912頃
■3-7｜ドイツ工作連盟［商品カタログ］1916

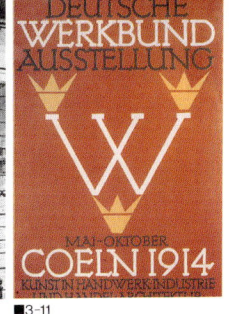

業に携わる実業家をも含む集団の結成を意図したものである。

　連盟が創設された当時、工業製品の造形についてどのような見方がとられていたかは、開会にあたり建築家のフリッツ・シューマッハーが与えた講演をとおして想像することができる。彼は、工業生産においては、製品を工夫考案するものと生産を実施するものとが別になることを指摘する。つまり、そこではモリスが憧れた中世の場合のように、考案するものとつくるものとが同一人物であるというわけにはいかなくなっている。かつての手工職人は、工業生産においては、労働者と製品の造形家（プロドゥクトゲシュタルター）という2人の人物にとって代わられることとなるだろう、と語ったのである。いうまでもなく、ここで製品の造形家といわれているのは、今日のインダストリアル・デザイナーのことである。

　電気会社AEGの芸術顧問として活動していたペーター・ベーレンスは、造形についての考えのうえで工作連盟と全く同一であったため「ミスター・ヴェルクブント」と呼ばれるほどだったといわれるが、彼はまさにドイツにおける最初のインダストリアル・デザイナーだといってよいだろう。

　それではいったい工作連盟の目的は何であったか？1908年に定められた連盟規約の第2条には次のように決められている。

　「工作連盟は、芸術、工業、手工業の共同により、教育、宣伝、および当該の諸問題に対するきちっとした態度表明をとおして、産業労働を向上させることを目的とする」。

　ここで「向上させる」といっているのは、

■3-8｜アンリ・ヴァン・ド・ヴェルド Henry van de Velde 設計 DWB展の劇場 1914 ケルン
■3-9｜ブルーノ・タウト Bruno Taut 設計 DWB展のガラスのパヴィリオン 1914 ケルン
■3-10｜ヴァルター・グロピウス Walter Gropius 設計 DWB展のモデル工場・事務所 1914 ケルン
■3-11｜フリッツ・ヘルムート・エームケ Fritz Hellmut Ehmcke ［DWB展のポスター］1914

■3-12

いっそう価値あるものとするとか，いっそう貴いものとするという意味であり，そのうしろには，優良品の生産，製品の質の向上といった，工作連盟のモットーがある．だが，この「質」の概念は必ずしも明確ではない．たとえば，1910年の綱領によれば，「質」とは単に材料や技術や機能の面での質を指すものでもなければ，また美的，形式的な意味での質を指すのでもなく，これらのもろもろの質の統合のことなのだ，という．工作連盟のメンバーは，その専門分野においても，また個性の面においてもさまざまであったが，近代にふさわしい良質の生活用品を求めるなかで，徐々に明快なデザインへと，向かっていった《3-6, 7》.

一方において生産における量の増大を肯定しながら，他方で質の向上を狙うことは，決して容易ではない．この問題は，当然，大量生産における規格化の問題と重なり合うものであり，やがて1914年には連盟内部に意見の対立を生むこととなるのである．

1914年にケルンで最初の大きな工作連盟展が開かれた．ヴァルター・グロピウスは工場と事務所のモデル建築を建て，ブルーノ・タウトはガラスのパヴィリオンを，そしてヴァン・ド・ヴェルドは劇場建築を建てた《3-8》.それぞれ個性的な違いを見せているとはいえ，いずれもやがて1920年代に展開する近代建築の方向を明示する重要な指標であった《3-9, 10, 11》．ベルギー人のヴェルドは，すでに1902年にワイマールに招かれて，この地域の工芸産業のレベルアップに努めていた《3-12》．

総会は7月3日から4日にかけて開催された．その際，今後の工作連盟の進むべき方向につき，ムテージウスが，首脳部の案として，生産品の「標準化」を強く求める10項目の提案を行った．次にその第1項目を挙げておこう．

「建築その他すべての工作連盟の活動領域は，標準化に向かって進んでゆく，それによってはじめて，それらの領域は，かつての調和ある文化の時代に備わっていた広い一般的な意義をとりもどすことができるようになるだろう」．

ここで「標準化」といわれている考えが，やがて工業化の進展につれて明確に「規格化」と呼ばれる考え方へと発展してゆくものであることは，いうまでもない．提案された10項目のうち第1項目と第2項目において「標準化」が強くうたわれているわけだが，それ

■3-12 | アンリ・ヴァン・ド・ヴェルド Henry van de Velde［革張りクッション付きマホガニー材のロッキングチェア］1904 Museum für Kunsthandwerk, Frankfurt/Main

■3-13

以下の項目は，輸出の振興をうたったものであり，他国に対するドイツ製品の勝利という生産目標を明確化しようとしたものである．

この10項目は，総会の開かれる数日前に提示されていたので，ヴェルドを中心とする反対派のグループは，開会の前夜に集まり，反対提案を作成することとした．ヴェルドのほかオブリスト，エンデル，タウト，その他の人びとが夜通しで10項目を作成し，印刷にまわした．会議では，ムテージウスの基調講演についてヴェルドの反対演説があり，標準化を拒否する芸術家の立場が主張された．その骨子は，「工作連盟のなかになお芸術家がいるかぎり，そうして彼らが工作連盟の運命に影響をもっているかぎり，彼らは規準(カノン)とか標準化の提案に対して抗議するだろう．芸術家というものは，本質的に，もえたつ個人主義者であり，自由意志をもった創造者なのだ．彼は，自発的に，一定の型や規準を押しつけるような原理には決して従わないだろう」というのである．ヴェルドの演説のあとには，ベーレンス，エンデル，オストヴァルト，リーマーシュミット，タウトその他のメンバーの発言が続いた．

賛成，反対がほぼ同数とみられる状況のなかでムテージウスは次のような言葉で総会をむすんでいる．

「……工作連盟全体としてみれば，ここではもともと互いに調和しない要素，つまり芸術と産業が結び合わされているのだから，そうであるかぎり，なにか不自然なものがあるということは，注意しておかなければなりません．それらの要素はこの数十年来互いに衝突し，激しい論議のなかに巻き込まれ，紛糾をよんできたものであります．……

私の提案した綱領では＜標準化＞が重要な役割を演じております．……だが，ここでとりわけ芸術家の諸君に対して，私が諸君の個性を侵害しようなどとは夢想だにしなかったことを，あらためて確認しておきたい．……私の講演全体を撤回せよというのなら，……そうすべきだというのなら，できないと言おう．講演が障害の石になるというのなら，私は講演とともにドイツ工作連盟を去るでしょう」．

同年8月には第一次大戦が勃発する．いうまでもなく産業界は規格化の方向へと歩み続けることとなった．ドイツ工作連盟の影響はすぐにいくつかの国に現れた．1913年にはオーストリアとスイスにそれぞれのヴェルクブントが設立され，1914年にはスウェーデ

■3-13｜ル・コルビュジエ Le Corbusier，ピエール・ジャヌレ Pierre Jeanneret 設計
住宅(ヴァイセンホーフ・ジードルング) 1927

ンエ芸協会（SSF）がドイツ工作連盟の方向へ再編成された．また1915年に，イギリスには産業デザイン協会（DIA）が設立された．

第一次大戦後，工作連盟の理念は，バウハウスにおいて教育問題として具体化されてゆく一方，展覧会や住宅団地の建設によって多くの人びとに知られるようになっていった．なかでも，1927年にシュトゥットガルト郊外に実施されたヴァイセンホーフ・ジードルングは，近代住宅を一般に普及させることを目標とした住居展であり，ミース・ファン・デル・ローエを全体の指導者として，ル・コルビュジエ，グロピウス，アウトその他の著名な建築家たちが参加した意欲的な試みであった《3-13》．

なおドイツ工作連盟は，第二次大戦後も，1947年に再興され，今日でも建築やインダストリアル・デザインの諸問題と取り組んでいる．

Abe

バウハウス――芸術と技術の統一

■3-14

ワイマール文化とバウハウス

1919年の春，ドイツ各地から，あるいはオーストリアから，生き生きと眼を輝かした若者たちが，ドイツ・チューリンゲン州の小都市ワイマールに集まってきた．しかし，ある者は軍服姿だったり，ある者は素足やサンダルばきで，またある者は芸術家や行者のように長いあごひげをはやしているといった情況であった．それはひとつに第一次大戦のドイツ惨敗の困窮状態を直さいに反映するものだったし，またひとつにはワイマールに希望の光を見いだした若者たちの自由な姿でもあった．

それらの若者たちは，リオネル・ファイニンガーによって描かれたゴシック教会の上に建築家，彫刻家，画家を象徴する三つの星が輝く木版画入りの『諸芸術の統合』を呼びかけたグロピウスのバウハウス創立宣言書を手にしていたはずである《3-14》．

世界大戦の敗北と11月革命とによるドイツ帝国崩壊後の1919年には，社会民主主義政府のもとで，世界でもっとも民主的といわれるワイマール憲法の制定によってドイツ・ワイマール共和国が成立した．それは人びとにとって暗黒からの一条の光明であった．この新憲法制定と，いまひとつ新時代建設の理想に向かって，とりわけ若い人びとの創造的精神を鼓舞する新しい何かが始まっていた．それは，建築家ヴァルター・グロピウスによって創設された，まったく新しい総合造形学校，バウハウスの誕生であった．

バウハウスは，近代デザイン史の上で，モリスからヴェルクブントにいたる精神をひきつぎながら，学校教育という共同体を介したデザイン運動として，同時代の芸術思潮のな

■3-14｜ヴァルター・グロピウス Walter Gropius［バウハウス創立宣言書］表紙はリオネル・ファイニンガー Lyonel Feiningerの木版画 1919

かでも独自な意味を切り開いてゆくことになる．それは，芸術の側から近代工業社会の文化の課題にもっとも自覚的に立ち向かった造形（デザイン）の総合運動として，広く世界に波及し，近代デザインの方法論の形成に多くの足跡を残した．

バウハウスの活動期間（1919－33）は，仮に，創立者グロピウスの校長時代（1919－28），ハンネス・マイヤーの校長時代（1928－30），ミース・ファン・デル・ローエの校長時代（1930－33）と三期に分けることができるが，その14年余の全期間はほぼワイマール共和国の全史にあたり，バウハウスの盛衰はまさにワイマール共和国の消長とともにあった．

1919年の創立がワイマールの社会民主主義政府の支持によること，やがて右傾化する政情によって1925年閉鎖．同年のデッサウへの移転とそこでむかえる最盛期がやはりその地の社会民主主義政府の力強い支援によること，そして1932年ナチスの政権獲得とともに再び閉鎖．ベルリンでその再生をはかるが，ナチスの弾圧に抗せず1933年解散に至るのである．

社会民主主義によるワイマール時代は，ゲーテ以来の自由主義的なワイマール精神のルネッサンスであった．しかし戦後の経済的困窮と右傾化とによって，きわめて不安定な社会状況をかかえて，しかも短命であったにもかかわらず，哲学，思想，芸術などの場面できわめて多産的な実り豊かな時代であった．ワイマール時代に考究された多くの問題は，現代の問題を考えるうえで，今日なおその基層を成している．バウハウスが提起した問題も，その背景から切り離しえないワイマール文化の精華である．

グロピウスとバウハウス創立宣言

若い人びとの心をとらえたバウハウス創立宣言書に謳われたグロピウスの目標は何か．

「すべての造形活動の最終目標は建築である！」という言葉で始まるその冒頭の一節にみられるとおり，近代化の中でそれぞれ孤立した芸術活動を再び「建築」という目標に向けて結集し，諸芸術の総合を再建しようという理想が表明されている．そうして，そのためには，建築家，画家，彫刻家，芸術家たちはすべて手工作に立ち返らなければならないという．

ここにみられる手仕事の重視には，ラスキンやモリスのようなロマン主義的な思想が色濃く反映されており，芸術と近代産業とを結ぶ基本的なデザインの姿勢はまだ示されてはいない．しかし，グロピウスはベーレンスの弟子として，またヴェルクブント精神を通じて，大戦前にすでに「工業建築」に関する多くの発言や1910年のファグス工場，1914年の工作連盟展の建築において近代技術の新しい造形の可能性を積極的に切り開いていた．

こうした観点からみると，その宣言文はロマン主義的，あるいは表現主義的な思想への回帰ともみえるのである．

だが，グロピウス自身も後年述べているように，当時の独特の雰囲気——敗戦による絶望と生活の破壊，解放の中で何か新しいものを建設するのだという熱狂——それらがおりなされた状況を体験しないでは，おそらくその宣言文起草の精神的な背景は理解できないだろう．

1919年という時代状況でのグロピウスの宣言文の背景には，もとより「芸術は……民衆の幸福と生活そのものでなければならない」といって「偉大なる建築芸術の翼のもとに諸芸術の結集」を謳った芸術労働評議会のテーマがあるのはいうまでもない．そして，いまひとつワイマール憲法作成に尽力した政治家フリードリヒ・ナウマンのような社会改革的なヒューマニズムが強くはたらいていたのだということも見逃せないだろう．

ちなみに，ナウマンはドイツ工作連盟の創設メンバーであり，その思想においては，資

本主義か社会主義かではなく，両者の相互作用こそ重要であるという考え方の持ち主であった．資本主義産業の生産的利点を生かしつつ労働者あるいは民衆の社会的基盤や環境の改革をはかり，労働の創造的な喜びと意義を再建しようという理想を推進した人物であった．この理想がヴェルクブントの共同性や良質生産の理念とも結ばれていたのである．

それにしても，バウハウス発足当時のグロピウスのデザイン思想がモリスのロマン主義的なユートピア観に強く支えられていたことも否めない．そうして，その思想自体は，一方でデザイン思想の根幹を成すものとしてたえず顧みなければならないが，しかしその高揚した精神の基調がバウハウス草創期のロマン主義的，あるいは表現主義的な雰囲気を醸成することともなった．

バウハウスの教育

1919年4月，バウハウスは旧ザクセン大公立ワイマール美術大学と同工芸学校の校舎で開校した．バウハウスはこの二つの学校が「ワイマール国立バウハウス」という名称で併合改組されたものである．もとより「バウハウス」という名称はグロピウスの提案によるもので，そこには，あのゴシック大聖堂を築きあげた中世の工匠集団（バウヒュッテ）の共同性の理念が重ねられ，新しい時代の「建設の家」を含意するものだった．

興味深いことに，この二つの校舎はアール・ヌーヴォーの先駆者であったアンリ・ヴァン・ド・ヴェルドによって設計されたものだが（1904-06），それらの外観は広い開口部と一部ゆるやかな曲線をもちつつ整理された直線構成で，次なる抑えた美学を予感させるものがある《3-15》．ヴェルドは1901年にザクセン大公から芸術顧問としてこの地に招かれ，1906年にその大公立工芸学校を設立して校長を務めていた．

バウハウス誕生までには，第一次大戦の勃発によってドイツ国内のナショナリズムが高まる中で，ベルギー人であったヴェルドは校長辞任を決意，みずから後任候補の一人としてグロピウスを推薦した経緯，大戦後グロピウス自身による大公内閣への新しい教育案の提示など興味深い前史もあるのだが，いずれにせよ，グロピウスは時代の大きな変革期，理想を具体化する一つの好機に立ち会っていたのだ．

■3-16

■3-18

■3-19

■3-17

■3-20

■3-21

　グロピウスが提起したバウハウスの理念は，すでにみたように，生活機能の総合の場，すなわち「建築」のもとに，絵画，彫刻，工芸などの諸芸術と職人的手工作など一切の造形活動を結集して，造形芸術の再統一を達成することであった．しかし，そうしてなされたバウハウスの教育改革が在来の美術・工芸教育，いわゆるアカデミーを根底から変革するものであったことは，いうまでもない．

　では，その教育プログラムはどのようなものであったのか．グロピウス時代のワイマール後期，デッサウ期の初期とマイヤー時代，そしてバウハウス末期と変遷がみられるが，基本的には，次のように概括できるだろう．

　新しい観点での材料や造形の実験的体験を通じて学生たちの既成概念の解放と造形の基礎学習を目標とした「予備教育」（後に基礎教育と改称）の後，学生各自の選択にもとづ

■3-16｜グンタ・シュテルツル　Gunta Stölzl［ウールと人絹とのコントラストによるテーブルクロス］1923
■3-17｜マルセル・ブロイヤー　Marcel Breuer［角材アームチェア］1923 デ・ステイルの影響がみられる
■3-18｜アルマ・ブッシャー　Alma Buscher［玩具・積木の船］　1923
■3-19｜マリアンネ・ブラント　Marianne Brandt［茶こし付きティーポット］1924
■3-20｜テオドール・ボーグラー　Theodor Bogler［陶器・ティーポット］1923
■3-21｜テオドール・ボーグラー　Theodor Bogler［陶器・籐の持ち手付きティーポット］1923

■3-22

くいずれかの工房での形態訓練と手工作技術の修得を通じて造形実験や具体的な創作活動を行う「工房教育」を経て，最終的に「建築教育」を修めるという三段階の教育課程に，芸術と科学に関する「理論教育」を加えて，造形教育の総合化を達成しようとするものであった．

「建築」を教育の最終目標としながら，バウハウスの教育を特徴づける革新性は，なかでもその「予備教育」と「工房教育」の独自な実験的試みのうちにもっとも顕在化されていたというべきだろう．

ことに工房教育については，当初は，陶器，印刷，織物，造本，彫塑，ガラス画，壁画，家具，金属，舞台などの工房があり，それらの役割は教育上の目的だけではなく，同時に地域社会や産業と結んで生産品あるいはその原型（プロトタイプ）を製作提案していく実験あるいは生産工房として構想されたところに，まず第一にその革新性があったといえる《3-16,17,18,19,20,21》．この試みがやがてインダストリアル・デザインやヴィジュアル・デザインの根本原理や方法論の形成の母体として「デザイン」という新たな意味発生の現場となっていくからだ．

いまひとつの「予備教育」については，とくに世界のデザイン教育に広範な影響を及ぼし，専門教育への前提をなす基礎教育の一般的な範例となっていくのであるが，この教育課程の方法ははじめに画家ヨハネス・イッテンによって導入された．その教育の狙いは工房における造形活動に入る前に，学生を予備的に訓練し一定の造形的基盤を与えること，潜在的能力を引き出すこと，既成概念を解放することなどを目標とした．学生間の能力の差が大きかったことも，この予備教育の必要性とも結びついていたが，イッテンの独自な芸術の教育観とも結びついていたともいえる．いずれにしても，バウハウスの教育はこの予備教育によって始まったといえる．

だが，バウハウスの出発はかならずしも順調であったわけではない．旧美術学校から数名の教師を（後に分裂するのだが）引き取らなければならなかったし，教室や工房設備も全く不足の状態であった．グロピウスが理想とする教師はアカデミズムの旧弊を打破する実験精神にあふれた人物でなければならなかった．

グロピウスがはじめに新しく招聘しえた教師はベルリンでの「11月グループ」と「芸術労働評議会」以来親交を結んでいた画家ファイニンガーと彫刻家ゲルハルト・マルクスであり，いま一人がヨハネス・イッテンであった．

バウハウスのまことに瞠目すべき点は教師として第一級の前衛芸術家たちが積極的にこの教育プロジェクトに参加したことである．さらに，1920年には，オスカー・シュレンマー，パウル・クレー，ゲオルゲ・ムッヘが，21年には，ワシリー・カンディンスキー，ローター・シュライヤー，そして23年には，モホリ＝ナギが招かれた．これらの芸術家たちの多くは表現主義の洗礼を受けており，そのことによっても，バウハウス草創期のロマン主義的，あるいは表現主義的な雰囲気が容易に想像できるのである．だが，その傾向はとりわけヨハネス・イッテンによって広めら

■3-22｜ヨハネス・イッテン Johannes Itten ［予備教育課程で行われた材料および構成研究の実験例］1920

■3-23

れる.こうしたバウハウスの雰囲気が外部の保守的な芸術家などの反感をまねき反バウハウス運動などを惹起する一方で,やがてグロピウスとイッテンとの教育観の対立を生みだすこととなる.

最初の転機

イッテンの教育方法は,模写に依存したアカデミックな美術教育とは対照的に,学生たちの想像力を解放し,造形の根本法則を修得させることであった.とくに,その対比理論にもとづく材料やテクスチュアの観察や構成,形態論や色彩論,あるいはリズムの表出的な研究はその後の造形教育にとって主要な方法論上の新しい端緒を切り開いた《3-22》.

だが,イッテンの教育の狙いは,グロピウスが宣言書でめざした造形の総合や共同性にあるのではなく,あくまで個人の内面の解放に向けた芸術教育であった.その上,かれの教育方法は,授業の前には独持の体操や呼吸法を学生に課すといった,ゾロアスター教にもとづく一種の新興宗教マズダ求道の思想に

も支えられていた.

工房教育が軌道にのりつつあった1921年の末,イッテンはグロピウスに対して,外の経済界と対立して個人単独の仕事を遂行していくか,あるいは産業との接触を求めていくか,その二者択一の決断を迫った.その問題は,工房の生産活動としてバウハウスの最初の重要な仕事となったゾマーフェルト邸《3-23》の建築の実施(1920)以来尾を引いていた.

こうしたイッテンの要求に対して,1922年2月3日,グロピウスは回状という形で各教師に送った覚書によって,芸術制作と機械生産とを生活形式の結合という点で統一を求める,という見解を明らかにした.ここでかれが機械生産の意義を重要視したことは,バウハウスの思想にとって,最初の大きな変革期をむかえたことになる.こうした観点で,グロピウスのデザイン理念がよりいっそう鮮明に打ち出されるのは翌23年の夏,初のバウハウス公開展にさいしてである.イッテンはその公開展をまたず23年春にバウハウスを去った.

■3-23|ヴァルター・グロピウス Walter Gropius,アドルフ・マイヤー Adolf Meyer 設計 ゾマーフェルト邸の玄関ホール(階段の彫刻はヨースト・シュミット,椅子はマルセル・ブロイヤー)1920−21

■3-24

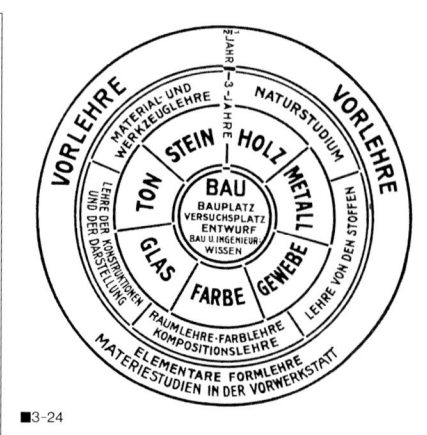

舞台工房で表現主義的な舞台芸術を展開したシュライヤーも同時期に辞職し，バウハウスの表現主義的な時代は終わりを告げる．

芸術と技術の統一へ

1923年，初のバウハウス公開展に「芸術と技術-新しい統一」というテーマがかかげられた．そのさい，グロピウスによる「バウハウスの理念と形成」が発表されて，バウハウスのデザイン思想が明確化された．

「宇宙に対立して自我を設定するという古い世界観はすでに色あせ，それに代ってあらゆる対立する力を完全な宥和へと導びく宇宙合一の思想が生まれつつある」という哲学的展望のなかで，芸術と技術の新しい統一の理念が論じられ，デザインを芸術と近代機械産業との結合としてとらえる明確な姿勢が打ち出された．

ここでは，教育内容の構成についても初めて体系的に述べられ，工房教育もより簡明に再構成された《3-24》．

バウハウスにおいて表現主義を克服するに至った一つの契機は，一時しばしばワイマールに滞在したオランダのデ・ステイルの主導者テオ・ファン・ドゥースブルフによるバウハウス批判とデ・ステイルにおける造形理念の喧伝であった．しかし，その喧騒もやんで，新しい理念の表明とともに，新しい方向への展望が開かれていた．

ひとつは，バウハウス展の準備へ向けた教師と学生とが一体となった工房における共同作業，たとえば，ゲオルゲ・ムッヘ設計，アドルフ・マイヤー指導によるアム・ホルンの実験住宅と，このプロジェクトに参加した学生たちによる内装や家具製作などその他の成果であり，いまひとつは，イッテンの退任と前後して教師に招かれたラースロー・モホリ＝ナギのバウハウスへの積極的な参加である．

モホリ＝ナギは展覧会以後におけるグロピウスによる新しい理念の推進者であった．カシャークが推進したハンガリーの前衛芸術運動「MA」の協力者として活動の後，ベルリンで構成主義を展開していたかれは幅広い視野の持ち主で，バウハウスにおいても次々と新しい実験を展開してデザインの新たな局面を切り開いた．

かれは，はやくも石版，木版，銅版などの版画印刷にとどまっていた印刷工房の活動を，印刷機械の可能性の観点から新しい写真の試みとともにタイポグラフィとエディトリアル・デザインの実験を推進した。その影響でヘルベルト・バイヤーやヨースト・シュミットもタイポグラフィやヴィジュアル・デザインあるいは広告デザインの実験的試みを展開していくこととなる．そして，この二人はデッサウ時代の教師となっていく《3-26, 27, 28》．

バウハウス展のさいに刊行された『ワイマール国立バウハウス1919-1923』の表紙全面にそのタイトル文字を配したデザインはバイヤーによるものであり《3-25》，そのエディトリアル・デザインはモホリ＝ナギによる．シュミットは定規とコンパスによる作図の構成的な展覧会のポスター・デザインを試みている《3-29》．

■3-24｜グロピウスが1923年の「バウハウスの理念と形成」で示した[教育課程の構成図]．
図の外周から材料訓練と結びついた基礎的な形態演習による半年間の予備教育課程，次に3年間の工房教育課程(石，木，金属，粘土，ガラス，色，織物)と材料学・道具学，自然研究，素材研究，空間論・色彩論・構成論，構成幾何学表示法などの方法論，そして最終教育課程として建築教育を示す

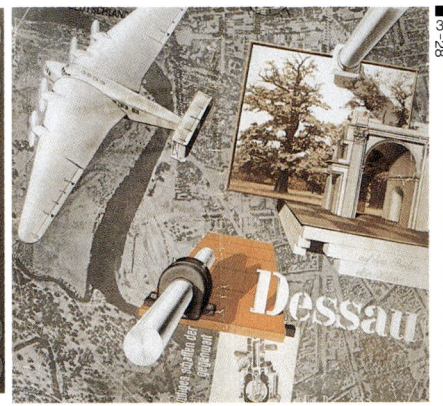

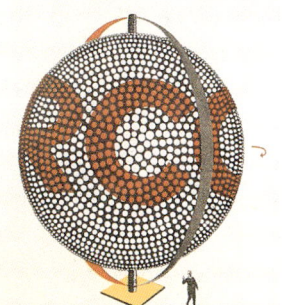

■3-25 | ヘルベルト・バイヤー Herbert Bayer 『ワイマール国立バウハウス 1919-23』の表紙 1923
■3-26 | ヘルベルト・バイヤー Herbert Bayer ［イルミネーション回転広告球］1924 電光色彩文字の点滅が考えられている
■3-27 | ヘルベルト・バイヤー Herbert Bayer ［新聞キオスク］1924 建物上部の構成は，写真・映画・音響・光・動きによるマルチメディア的ディスプレイ・スペース
■3-28 | ヨースト・シュミット Joost Schmidt ［デッサウ市観光案内パンフレット］の表紙 1928
■3-29 | ヨースト・シュミット Joost Schmidt ポスター［ワイマール国立バウハウス展(1923年7月-9月)］1923

■3-30

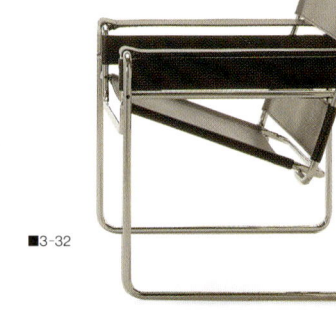

■3-31　　　　　■3-32

デザインの展開

　しかし，工房が実験生産工房として初期の理想に向かって成果をあげていくのは，デッサウ時代である．

　1925年春のワイマール国立バウハウス廃校後の，デッサウ市における市立バウハウスとしての再出発は，その年の冬学期からであった．それは仮校舎での開校であったが，翌年の12月初めには，新校舎が落成した．

　グロピウスの設計によるこの校舎《3-30》は「明晰な機能の分離と統合，材料と構造による内容の視覚化」ともいわれる近代建築の記念碑的な作品であるといえる．各空間の機能を結ぶ合流点に舞台，講堂，食堂などを兼ね備えた祝祭空間があり，広いガラス面を通して空間相互がよく響き合う一つの小宇宙をつくりだしている．バウハウスという（「建設の家」を含意する）新しい共同体を象徴するのに真にふさわしい．

　この校舎の建設がまた共同作業——たとえば，ブロイヤーによる講堂の連結椅子やモホリ＝ナギによるドアの把手，あるいは，ブラントやクライエフスキーによる天井照明など——の具体化の範例の一つであった《3-31》．

■3-30｜ヴァルター・グロピウス　Walter Gropius　設計　デッサウ市立バウハウス校舎　1925-26　向井周太郎撮影
■3-31｜デッサウ・バウハウス校舎の内部，バウハウス舞台の劇場を兼ねた講堂（連結椅子はマルセル・ブロイヤー，照明具類はラースロー・モホリ＝ナギ指導の金属工房で天井照明はマックス・クライエフスキー，ドア・ノブはモホリ＝ナギの設計）1925-26　向井周太郎撮影
■3-32｜マルセル・ブロイヤー　Marcel Breuer　［パイプ安楽椅子］1925

■3-34

Modern Design in the Experimental Stage

■3-33

■3-35

■3-36

　デッサウ時代における工房活動の著しい特徴は，機械工業生産の方式に適合した原型（プロトタイプ）製作という生産実験工房への質的転換であった．たとえば，家具工房では，標準家具や組み合わせ家具などの機能的な家具が追求された．ブロイヤーによって初めて考案されたメタルパイプによる一連の椅子《3-32》も軽量で分解可能な，そして安価な衛生的で耐久性のある経済的な椅子という特性が宣伝の謳い文句になった．

　金属工房では，モホリ＝ナギの指導のもとで，インダストリアル・デザインの開発工房への転換がはかられた．それはモホリ＝ナギがワイマール着任のさいにグロピウスから依頼されたまず第一の課題であった．デッサウでは，それも軌道にのって，ティーセット，ワイン注器，鍋類などの家庭用品から住宅やオフィスのハードウエアや照明器具に至る製品開発が展開された《3-33,34》．50種をこえた機能的な照明器具のモデルは企業によって生産・販売されて成果をおさめた．グンタ・シュテルツルが担当した織物工房では，近代的織機を利用して，時代の機能的な生活空間との調和を配慮した材料や織り方が実験された《3-36》．試作の生地サンプルは業界の注目を集め，工業化への道が開かれていった．

■3-33｜カール・J・ユッカー　Karl J.Jucker，ヴィルヘルム・ヴァーゲンフェルト　Wilhelm Wagenfeld
　　　　［ガラス・スタンドの卓上ランプ］1923-24
■3-34｜ヨーゼフ・アルベルス　Josef Albers［ティーグラス］1926
■3-35｜ヘルベルト・バイヤー　Herbert Bayer　雑誌「バウハウス」1号表紙 1928
■3-36｜アンニ・アルベルス　Anni Albers［織物・壁掛け］1926

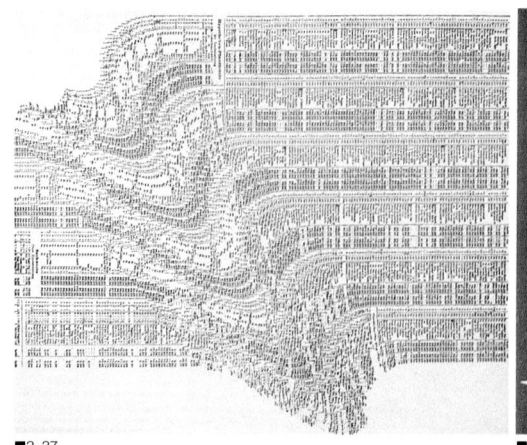

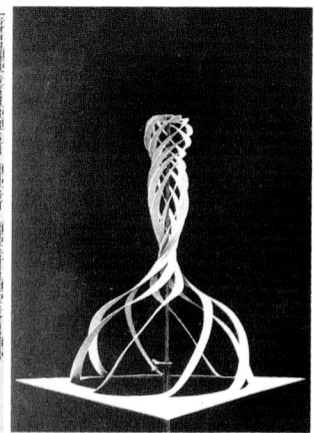

■3-37

■3-38

印刷工房では,「タイポグラフィを伝達の手段」ととらえたモホリ＝ナギの理念をひきついだバイヤーによってタイポグラフィやグラフィック・デザインが推進された．バイヤーは, モホリ＝ナギの構成法をいっそう即物的に処理して, 経済的な伝達力のあるタイポグラフィを展開した. 大文字と小文字の混在をさけ, 大小区別のない単一文字による視覚的統一を推進したのもバイヤーであった. 後に, タイプライターによる文書の作成においても小文字だけの使用が一種のバウハウス様式となった《3-35》.

新しい伝達手段としてのタイポグラフィの可能性と並んで写真の可能性を実験したのも, モホリ＝ナギであった. かれはタイポグラフィとフォトグラフィ（写真）とを結び合わせた「タイポフォト」という概念を提示する. この「タイポフォト」という考え方には, 写真も文字と同じように, 一つの視覚的な単語で, その単語の組み合わせによって一つの文（すなわちフォトテクスト）ができるという写真の新しい認識が示されている《3-95》. 写真のこうしたとらえ方は, 印刷による視覚造形を, はっきりとヴィジュアル・コミュニケーションという視点で切り開いていこうとする姿勢をすでに示しているものだ.

こうしたかれの写真の新しい可能性の探究はすでにベルリン時代に始っている. カメラなしのフォトグラムやフォトモンタージュの実験的構成手法をバウハウスに導入したのもかれである. 新しい統一の見地から,「タイポフォト」の問題提起も含めて, 絵画の将来的展望から写真の造形言語としての可能性, 映画による実験映像の可能性などを論じたかれの予見的な最初の著作『絵画・写真・映画』がまとめられ（1924）, バウハウス叢書として刊行されたのが25年である. そこには, 光, 空間, 動力学といった概念を通してすでに造形の非物質的メディアへの変革が予見されている.

デッサウでは, 予備教育が基礎教育と改称されるが, そのことも, はっきりデザインという思想を根底にすえた変革であったといえる. イッテンのあとをひきついだヨーゼフ・アルベルスとモホリ＝ナギは, グロピウスの理念にそって, これまでの創造力の解放という観点は重要な前提としながら, それをあらたに具体的なデザイン開発を支える造形上の

■3-37｜ヨーゼフ・アルベルス Josef Albers［予備教育課程で行われた実験例（材料研究の一つ, 錯視現象の展開・二次平面における三次元的仮象性）］1928頃
■3-38｜ヨーゼフ・アルベルス Josef Albers［予備教育課程で行われた実験例（紙の材料研究, 切り込みのみによる平面から立体へのメタモルフォーゼ）］1927

■3-39

■3-40

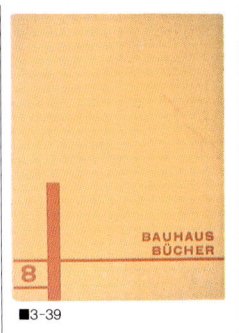

　実験的経験の豊かな源泉として基礎づけるという方向へと発展させていくこととなる.
　イッテンに学んだアルベルスは, そのゲーテの自然学に根ざす対比理論を, いまいちど「自然はけっして無駄な営みをしない」(ゲーテ) という自然の経済的理法からとらえ返して, 材料 (性質) の類似と差異や加工による材料の形・構造・力の変化, あるいは知覚の相対性による変容などの柔軟な発見的体験学習の独自な創造的プロセスを展開していくのである. アルベルスのこの教育方法が, 後にデザインの基礎教育として広く世界のデザイン教育に波及していくこととなる《3-37,38》.
　これに対して, モホリ＝ナギは, 人間の生物としての基盤や諸感覚の統合という自らの哲学を前提とし, 触体験や空間体験の見地から, 新素材も含む材料の独自な発見的構成法を展開し, 建築空間発想の柔軟な創造的源泉を基礎づけるという実験を広げていくのである. その試みがバウハウス叢書の一冊『材料から建築へ』(1929) としてまとめられていく. この思考と実験がかれの理論上の主著, 20世紀の可能性を展望した造形言語の百科全書ともいうべき, 今日なお刺激的な『ヴィジョン・イン・モーション』(1947) の基礎となった.
　なお, バウハウスの意義のひとつにその出版活動があるが, とくにグロピウスとモホリ＝ナギの共同編集で刊行された『バウハウス叢書』(1925 - 30年の間に14冊) が理論的にも実践的にも一つの運動として果した役割は大きい. これも主に企画編集を推進したモホリ＝ナギの業績のひとつであり, かれによってなされた叢書の大半のレイアウトとタイポグラフィがまた一つの特色となってエディトリアル・デザインの見事な実例を示すものともなった《3-39,40》.

マイヤーとその変革

　こうして, 芸術と近代産業とを結ぶデザインという行為が各工房の社会的活動によって具体化されていくに及んで, グロピウスは自らの建築活動に専心したいという理由で, 1928年にバウハウスを去った. かれとともにモホリ＝ナギとブロイヤーも, 追ってバイヤーも離脱した. グロピウスの後を校長として受けついだのは, その前年建築科の指導の

■3-39,40｜ラースロー・モホリ＝ナギ László Moholy-Nagy『バウハウス叢書』8「絵画・写真・映画」の表紙とエディトリアル・デザイン例

■3-41

■3-42

ために招かれた建築家のハンネス・マイヤーであった．

　バウハウスは「建築」を最終目標としながら，その教育は他の教育活動にくらべてかならずしも体系化されていたわけではない．マイヤーがただちに行ったことは，建築教育の科学的体系化と，工房と他の教育の再編とそれら全体の諸関係を精細に組織づける徹底した構造改革であった．グロピウスに較べてマイヤーのデザインのとらえ方は，機能主義的，社会主義的な考え方をよりいっそう徹底したものであった．

　マイヤーの考えでは「建築することは，生活現象を慎重に組織づけること」であり，しかも「社会的，技術的，経済的，心理的に組織づけること」である．ここにみるマイヤーのデザイン思想においては，デザインというものを芸術の側からではなく，生活現象という「社会的なもの」としてとらえることで，芸術と産業の結合というテーマをこえたいまひとつ新たな統一への局面が用意された．だが，かれは2年後の1930年にデッサウの市当局より退職を命ぜられ，ルードヴィヒ・ミース・ファン・デル・ローエが校長に任命される．それは政局が一段と右傾化を強める中での，マイヤーの政治的立場の問題にあった．そのこともあってマイヤーの業績が歴史からともすると忘れ去られてきた．ようやくマイヤー時代の再検討が始められているが，ここでもその時期の記述をほとんど欠くこととなった．

　すでに1960年代にマイヤーの再評価を行ったクロード・シュナイトはかれの行為はバウハウスの理念の具体化にもっとも完全に合致したものだったという．デザインのプロセスに社会的，科学的な基準を組み入れたことはマイヤーの重要な業績であり，現代において，デザインの科学，デザインの社会性をどうとらえるかという問題との関連でマイヤーとその時代の歴史的考察があらためて必要となるだろう．

　バウハウス末期のミース時代はマイヤー時代以上に建築教育が中心に位置づけられ，それゆえ「建築学校時代」ともいわれるが，その存続もわずか2年余であった《3-41,42》．

　バウハウスの人びとの多く――グロピウス，

■3-41｜建築家・山脇巌（当時の留学生）コラージュ［バウハウスへの打撃］1932
■3-42｜ミース・ファン・デル・ローエ Mies van der Rohe ［バルセロナ・チェアー］1929 ミース設計のバルセロナ万国博 '29ドイツ館のためにデザインされた椅子

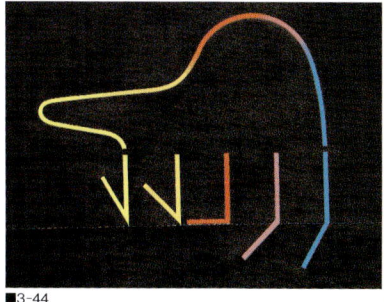

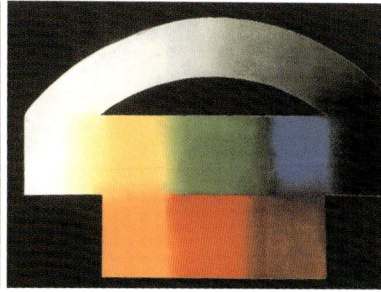

モホリ=ナギ，ブロイヤー，バイヤー，アルベルス，ミース——らはナチスの弾圧をのがれてアメリカに渡り，そこに新天地をもとめた．

バウハウス「生」の全体性

ここでは，ファイニンガー，クレー，カンディンスキー，シュレンマーなどの画家たちのバウハウスでの役割について全く触れてこなかった．それは芸術の世界と産業の世界との結合によるデザインという行為の成立過程に重きを置いてきたからであるが，モホリ=ナギやアルベルスも本来画家であった．それらの画家たちがバウハウスという共同体のなかでいったいどのような意味をもっていたのか，あらためて検討されてよい問題であると考えられる．

たとえば，舞台工房において，シュレンマーが人間身体の自然性と仮装の人工性との相互作用と，空間・形・色・光・音・リズムなど造形言語の混成とによって試みた先駆的なパフォーマンスの祝祭性《3-43,46》．カンディンスキーやクレーが学生たちに伝えた自らの絵画を支える分析的でロジカルな造形思考の総合性《3-44,45,47》．それらはそれぞれ全

■3-43｜オスカー・シュレンマー　Oskar Schlemmer　バウハウス舞台「三組のバレエ」の衣装　1926
■3-44｜ワシリー・カンディンスキー　Wassily Kandinsky　［色彩セミナーで行われた形態と色彩との共感覚的実験研究］
■3-45｜ワシリー・カンディンスキー　Wassily Kandinsky　［カラーシークエンスの研究より：ローター・ラングのカラースケールの作品］1926-27頃，ゲーテの色彩論が基礎になっている

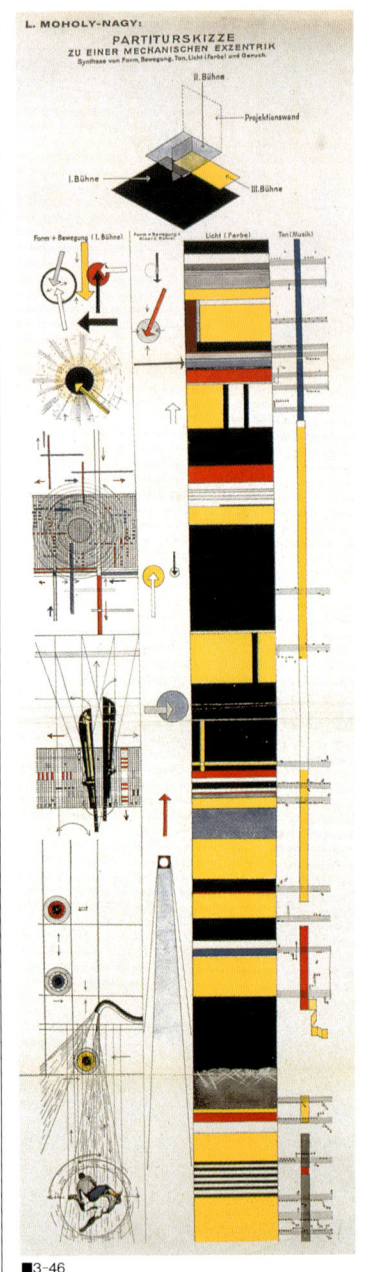

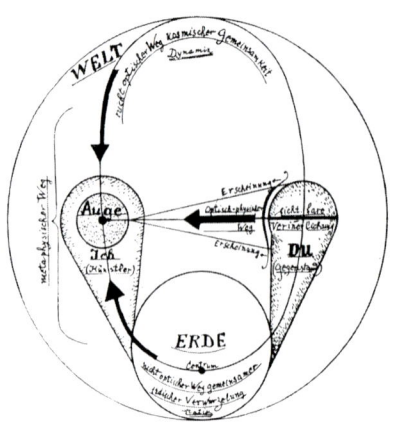

体性へ迫る一つの世界あるいは宇宙が開示されているのだが，それは単に，芸術と技術とが，あるいは芸術と産業とが結合されて成立するデザインの統一性とはちがう．統一あるいは総合への意志は，根底においては，たえず専門性をかえりみる脱領域性や批判の精神として作用するのである．

　こうした画家たちの精神の動態によってバウハウスという共同体の特質が芸術と産業の統一をこえて，たえず生の全体性と呼応していたのである．本来，バウハウスの意義はその動態にこそ保持されていたのだといえよう．

　こうした観点で，バウハウス運動には，機械文明への適応という実践と同時にたえずそれへの批判のまなざしを育む観点が画家たちの創造的実験と思想のうちに保持されていたと考えられる．バウハウスの特質は，現代デザインが現代文明の「生」をどうとらえるかという思想や造形の基層をなすものとして再検討されなければならないだろう．そして，デザインの科学やデザインの社会性をどうとらえるかという問題もそこに重なり合う問題であることはいうまでもない．

Mukai

■3-46｜ラースロー・モホリ＝ナギ László Moholy-Nagy［ある機械的道化のための総譜草案‒形・運動・音・光（色）・香りの総合］新しい技術的メディアの総合による「全体性の演劇」の提案
■3-47｜パウル・クレー Paul Klée「自然研究への道」の図式　1923　芸術家〈われ〉にとっての対象は，自然科学によって切り離された〈それ〉ではなく，自然との連帯をもつ〈なんじ〉である，という観点から描かれたクレーの造形思考の前提をなす宇宙観

都市感覚とデザイン

1925年展をめぐって

　モリスからアーツ・アンド・クラフツ運動へ，あるいはアール・ヌーヴォーやウィーンの動向をとりあげてもよいのだが，「近代」への路線がゆるやかに敷かれていたのに反し，20世紀に入ってからは，一面では急角度な傾斜でこれに向かいあう状況があった．ここで初めて，時代はデザインという新しい事態に間近に直面したといえる．この新しい事態に対応するためには，＜主義＞を築き，＜主張＞をふりかざして道を切り開かなければならない．時にそれらは過激とさえ映った．近代デザインの樹立は，かなりの部分が前衛的な行動からなされたものであった．

　「住宅は住むための機械である」というル・コルビュジエの断言が，この新しい時代の一方の極に据えられる．それは歴史的な様式感情や装飾を根こそぎ否定した上での，真新しい出発を意味した．ル・コルビュジエは画家アメデエ・オザンファンらとともに，1920年から1925年にかけて雑誌『エスプリ・ヌーヴォー（新精神）』を発行し，その字義通りに新しい出発に向けて，論陣を張った．

　ル・コルビュジエをここで頑迷な機械主義者として，否定することはできない．「住宅は住むための機械」という主張は過激であり，許容力を欠いているようにも思えるのだが，これは新時代を開発しなければならない役割を持つ者に特有の，気負いをこめたレトリックであった．装飾を罪悪だとみなしたウィーンのアドルフ・ロースの言説も，これと同様だった．ル・コルビュジエはロースの存在に意を強くしていた．「民衆の文化が向上すればするほど，装飾は影をひそめると断じることが正しい．かかる断定を最初に下したのは，おそらく建築家アドルフ・ロースであった」と，ル・コルビュジエは述べた．こうしてル・コルビュジエはロースの気負いを引き継ぎ，かつそのことを近代主義の主要な軸線へ構築したのであった．

　ル・コルビュジエがまず第一に廃棄しようとしたのは装飾だった．1925年の著『今日の装飾美術』では，装飾に対し＜気紛れ＞＜虚偽＞＜堕落＞といったことばを次々と当て，＜装飾なき装飾＞という新たな地平に照準を合わせた．

　ル・コルビュジエが1925年の『今日の装飾美術』において直接に攻撃の対象としたのは，同年パリで開かれた近代装飾美術・産業美術国際展の内容に対してであった．もともとこの国際展は，デザインの立場からは大幅におくれをとっていたフランスの巻き返しを図ったものだった．1910年のサロン・ドートンヌに招待出品されたドイツ工作連盟の製品によって，新時代の到来に少なからず開眼してはいたが，フランスの多くの工芸家たちはこうした風潮に従うことをいさぎよしとしなかった．

　フランスがおくれをとっていたというのは，この1925年にはバウハウスが工業都市デッサウに移転し，近代デザインへの路線を見定めていたことを例にとるだけでも歴然としていた．いずれにしてもフランスの側では，アール・ヌーヴォーの退潮のあと，それにとって替わる指針をうちだす手だてが望まれていた．工芸家アンドレ・マールとそのグループがアール・ヌーヴォー様式から脱却し，来るべき工芸の方向を，感覚に対して理性，個人に対して集団主義に定めたことがあったが，その時でさえ，革新よりはフランスの伝統をという一項が，相当な重みを持ってつけ加えられていた．

　1925年の国際展は当初1916年の開催が予定されていたのだが，第一次世界大戦のため

■3-48

■3-49

■3-50

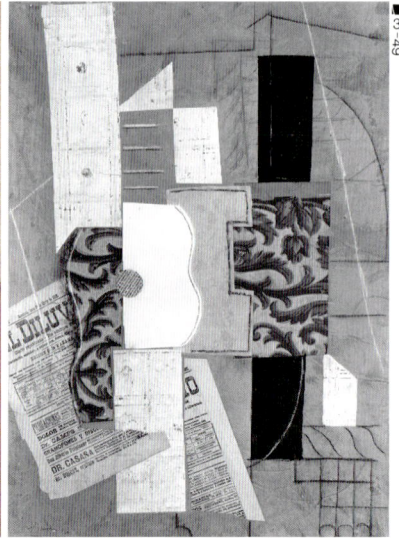

■3-51

にこの年にまで持ちこされていた．大方の方向は，マールらによって整えられた．彼らが理性や集団主義を旨としたのは，時代の趨勢と歩みをともにしたところだった．しかし1925年展は＜産業美術＞展ではなく，いまだに＜装飾美術＞の名が併置されていた．そればかりでなく，会場全体を包んだのはむしろ装飾美術の気配であった．

　もちろんここでの装飾美術は，甘美な曲線が渦巻くアール・ヌーヴォーからは一線を画していた．パブロ・ピカソやジョルジュ・ブラックが立体派という視覚の革命をなし遂げたのは，他ならぬパリの地においてであったし，この新しい視覚は都市の美学の基本に置かれるものとして，すでに市民権をかちとっていた．フランスの建築家や工芸家がル・コルビュジエ同様《3-48》，この視覚をベースにとって仕事を進めていたのも疑いを入れな

■3-48｜ル・コルビュジエ　Le Corbusier［水差しとコップ-空間の新しい世界］1926 Galerie Taisei
■3-49｜パブロ・ピカソ　Pablo Picasso［ギター］1913
The Museum of Modern Art, New York. Nelson A. Rockefeller Bequest
■3-50｜ルネ・ラリック　René Lalique［立像　シュザンヌ］1925 ルネ・ラリック美術館
■3-51｜レオン・バクスト　Leon Bakst　雑誌『Comœdia Illustré』表紙 1911

いところなのだが,しかし1925年展は依然として,装飾に包まれたままだった.
　ル・コルビュジエの1925年は,この1925年展とほとんど対極の立場にあった.みずからはこの展覧会に,完全な無装飾の＜エスプリ・ヌーヴォー＞館を出棟して,それまでの主張を結論づけた.もっともこのパヴィリオンは,ル・コルビュジエからの挑戦を受けた当局からスポイルされ,初めは敷地がないと

いう理由で参加が認められなかったといういきさつを持っている.
　1925年展に充満した装飾は,確かに立体派以来の視覚形式を備えてはいたが,そこにはフランスの趣味が常に混在していた.そうした意味では,この装飾の基本はアール・ヌーヴォーと一続きに続いている.アール・ヌーヴォー期を代表する工芸家ルネ・ラリックが,その形式を変えながらもこの時代の第一

■3-52｜ドナルド・デスキー　Donald Deskey［3面スクリーン］1929 Virginia Museum of Fine Arts, gift of Sydney and Frances Lewis Foundation Courtesy of Alastair Duncan
■3-53｜ポール・ポワレ　Paul Poiret［Amours, délices et orgues］1925
■3-54｜ジャン・デュナン　Jean Dunand［イヤリング,ブレスレット］1925頃
■3-55｜ウィリアム・ヴァン・アレン　William van Alen　設計　クライスラービル　1930

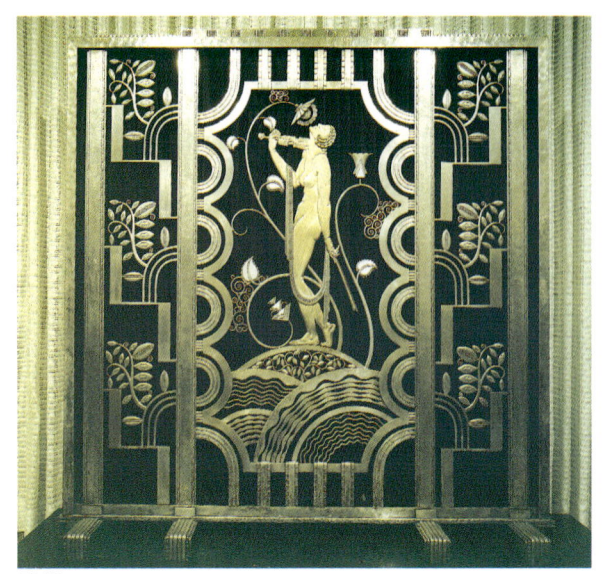

■3-56

人者であったことなども，このことを大きく裏づける《3-50》．

　新しい視覚形式とフランスの趣味が混在して生まれた独自な装飾の様式は，＜アール・デコ＞と呼ばれるようになった．1925年展を支配した＜装飾美術（アール・デコラティフ）＞の略称である．

アール・デコの諸相

　デザインを機能や合理に求める時，アール・デコはル・コルビュジエの批判通りに＜気紛れ＞であり，＜虚偽＞に満ちていた．その幾何学的な形式は，機能にもとづくというより流行に仕えたものであり，合理の所産ではなくて一種のスタイルとして生まれたものであった．それはきわめて実質的に，消費という次元に結びついている．総じてこれらは都市的な感覚に貫かれている《3-54》．

　近代デザインの機能主義と合理主義は，こうした気紛れと虚偽の箇所を徹底して排除することが原則だった．したがって，それはおのずから純粋な形式をとり，禁欲的な相貌を呈するほどでもあった．アール・デコはまことに気紛れに，さまざまな様式をとり入れる．ピカソが立体派で示した《3-49》新しい視覚感情は，アール・デコによってファッションにとりこまれた．それは，ロシア・バレー団の装置と衣裳を担当したレオン・バクスト《3-51》の華麗で異国情緒の溢れる装飾を引用する時と，同等の水準の出来事だった．フランス独自の優雅な趣味でくるまれているのだが，時には不協和音をともなって，甲高い響きを発することがある．それらは合理主義によっては推しはかることのできない感覚的なレベルのものだった．それからそれらが，まぎれもなく目新しい近代感覚であったことも事実であった．

　アール・デコのこの感覚主義は，1925年展でピークをなしたのではなかった．やがて

■3-56｜ポール・フェール［スクリーン］Courtesy of Alastair Duncan

一斉に，このスタイルは国外に流出した．たとえばニューヨークの高層建築は，アール・デコ感覚が施されることによって見事な活気を獲得した《3-52,55,56》．

　アール・デコの趣味性は，しばしばヨーゼフ・ホフマンが率いたウィーン工房の作品と隣合わせにおかれる．ホフマンは1925年展にオーストリア館を受けもった．オーストリア館内部の幾何学の格子には，金色の花飾りが散りばめられ，優雅な気配に包まれた．アール・デコの幾何学は，すなわちホフマンの洗練された方形に相当するものなのだった．

　何人かの画家も，アール・デコを側面から援助した．ロベールとソニアのドローネー夫妻は，明らかにアール・デコ的感覚の中に位置づけられる．夫妻もまた立体派の洗礼を受けた．しかし夫妻ともども，立体派が指し示す主知主義にはくみしなかった．二人は晴れやかな色彩を施し，ダイナミックな都市的感情を加味した．

　ソニアはこの新感覚を，実際にファッションの領域へ持ちこんだ《3-57》．1925年展に呼応して，アレクサンドル3世橋の上にブティックを開き，その鷹揚な色彩と形態によって時代の先端を切った．この展覧会でフランス大使館の壁面を飾ったロベールの絵画作品も，時代精神によく見合った．ロベールの視野には，ソニアとは違ったスケールでアートの社会化が映っていたらしく，1926年にはドイツの建築家ヴァルター・グロピウスやマルセル・ブロイヤーと交わっている．アール・デコの時代を終えた1937年のパリ万国博では，鉄道館と航空館でその壮大なプロジェクトを実現した．この時ソニアも大作のパネル画を制作して，このプロジェクトに加わった．

　デュフィが画家の権威をかなぐりすて，装飾に手を染めた例も挙げられる．デュフィこそは類いまれな感性の持主であった．デュフィはその感性を，ファッション・デザイナー，ポール・ポワレ《3-53》のために捧げ，アール・デコの時代を充実させた．

■3-57

ドローネーの側には，都市の画家フェルナン・レジェの造形が見えはじめる．ドローネーやレジェに鼓舞されるようにして登場したのが，街頭の演出家としてのポスター作家カッサンドルであった．弱冠23歳の年のポスター［オ・ビュシロン］によって，1925年展にグラン・プリを獲得して以来，大胆な幾何学を駆使して，都市の活力を表現し続けた《3-58》．しかしカッサンドルは，そうした幾何学にエモーショナルな詩情を添えることを忘れなかった

　1930年には印刷業者，モーリス・モアランによって，アリアンス・グラフィックL.C社が創立された．L.Cはポスター作家のシャルル・ルーポとカッサンドルを指す．ルーポはカッサンドル以上に滋味のある作風の持主だったが，新しい時代感覚を分かち持っていた《3-59》．ここへジャン・カルリュとポール・コランを加えるならば，フランスのアール・デコ期を彩ったポスター黄金時代の輪郭

■3-57／ソニア・ドローネー　Sonia Delaunay　「クレオパトラ」のための衣装　1918

■3-58

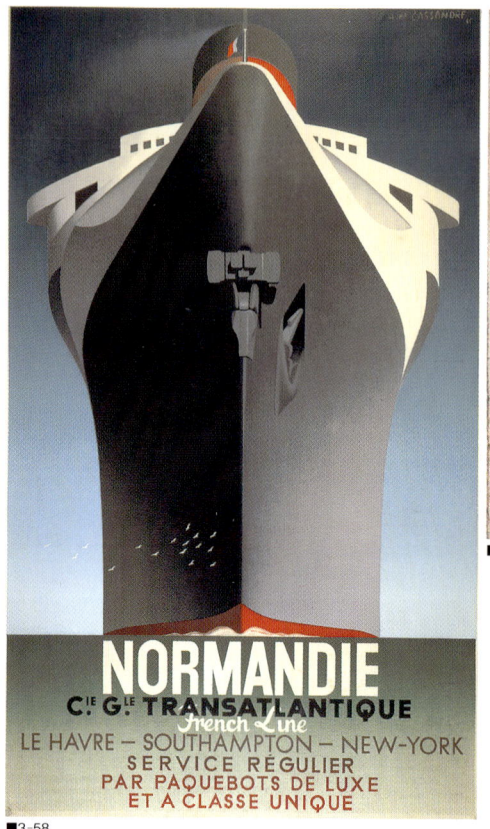

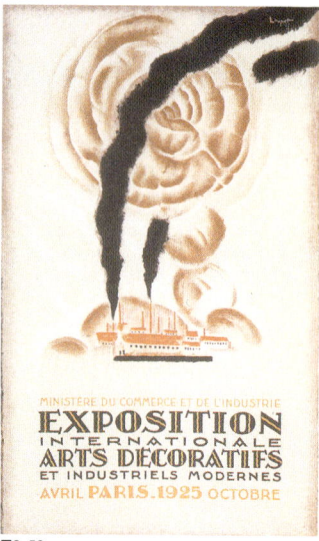

■3-59

■ チェコの立体派

　ピカソが始めた立体派の視覚は，チェコスロヴァキアで，家具，ガラス器から建築に及ぶ生活空間のすべてを改変させるほどの影響力を与えた《3-60》．ヨーゼフ・ゴチャール，バヴェル・ヤナークらの作品は，角ばった幾何学的形態が有先して，立体派の絵画作品がそのまま日常に舞いおりた感が強い．これらはアール・デコの趣味性からは一段と遠のいた構造を持ち，特異な近代性を打ちだしている．

■3-60

■3-58｜カッサンドル　A・M・Cassandre　ポスター［ノルマンディ号］1935　川崎市市民ミュージアム
■3-59｜シャルル・ルーポ　Charles Loupot　ポスター［1925年展］1925
■3-60｜チェコ　立体派建築部分

が浮かびあがる．

　アール・デコの工芸家では，フランス18世紀以来の伝統を引き継いだという意味で，アール・デコの趣味性をもっとも強く持ったエミール＝ジャック・リュルマンやアール・ヌーヴォーの華麗な色調を持ち続けたポール・フォロ，それに先に触れたアンドレ・マールやマールと共にフランス美術社を結成したルイ・スーらが保守派に位置づけられる．微妙な違いだが，ピエール・ルグランの造本が持つ活気は新世代に属し，ジャン・デュナンの漆パネルにも新しい感覚がみなぎった．ロベール・マレ＝ステヴァンは明らかにドローネーやレジェと同質の感情を持っていた．マレ＝ステヴァンは家具の量産を始めたフラシス・ジュールダンらとともに，1930年に近代芸術家同盟を創設し，アール・デコの感覚を新しい路線に導いた．アール・デコの趣味性からスタートしたアイリーン・グレイが，やがてオランダの合理主義グループ＜デ・ステイル＞派から支持され，ル・コルビュジエとも親交を深めるようになった経路も興味深い．

オランダの近代運動

デ・ステイル派の結束

　1917年にオランダのライデンに結集したグループほどに，純粋な造形思考を「近代」に確立させたものはない．グループは＜デ・ステイル＞という名称を選んだ．＜様式＞を意味する．ここでいう様式とは，画家ピエト・モンドリアンが樹立させようとしていた新造形主義，すなわち個人的な恣意性をすべて断ち切った普遍的，あるいは集団的な美学に立脚していた．

　モンドリアンは立体派の洗礼を受けて，自然主義を放棄した画家だった．樹木，教会，海などが当初のモチーフであったとしても，それらの構造へ，本質へと純化を重ねることによって，ついには完全な非対象の世界に入った．モンドリアンの結論は，水平線と垂直線のみであり，色彩に関しては赤，黄，青の三原色，それにわずかの無彩色に限定された《3-61》．モンドリアンにとっては，これらを正確に実現することによって，新しい時代精神が表象され，一切の環境の美化が全うされるのであった．

■3-61

　モンドリアンの新造形主義は，このグループの機関誌『デ・ステイル』で，順を追って表明された．普遍的な調和を求めたこの論旨は，画家モンドリアンの一種のユートピア思想であった．しかし新しい価値の開拓者たちは，モンドリアンのこの思想を受けて，それを実施に移す気負いを共有した．

■3-61｜ピエト・モンドリアン Piet Mondrian［赤と黄と青のあるコンポジションⅠ］
1921 Haags Gemeentemuseum

モンドリアンの理念を前提にして，このグループを実質的に主宰したのは，テオ・ファン・ドゥースブルフ《3-62》であった．グループ結成の翌1918年，最初のマニフェストが表明され，ドゥースブルフとモンドリアンの他，詩人アントニー・コック，建築家ロベルト・ファン・ホッフ，ヤン・ウィルス，画家ヴィルモス・フッシャール，彫刻家ゲオルゲ・ファントンヘルローがこれに署名した．

署名には加わっていないが，結成当時からこのグループに協力し『デ・ステイル』誌上で普遍と客観を論じた建築家ヤコブス・ヨハンネス・ピーテル・アウト《3-63》の名を挙げなければならないし，1918年に新たに参画し，［レッド・アンド・ブルー・チェア］《3-64》によって見事にこの派の美学を実践したヘリット・トーマス・リートフェルト，またややおくれて1923年に加わった合理的都市計画家コルネリス・ファン・エーステレンらによって，デ・ステイル派は十全な実質を備えることとなった．それだけではなく，精力的にこの派を盛りあげようとしたドゥースブルフの働きかけが実って，イタリア未来派のジーノ・セヴェリーニ，ロシア構成主義者エル・リシツキー，ドイツのダダイスト，ハンス・リヒター，それにオーストリア出身の

■3-62｜テオ・ファン・ドゥースブルフ Theo van Doesburg ［コントラ・コンポジション16］1925 Haags Gemeentemuseum
■3-63｜ヤコブス・ヨハネス・ピーテル・アウト Jacobus Johannes Pieter Oud カフェ［デ・ユニエ ファサード案］1924-25
■3-64｜ヘリット・トーマス・リートフェルト Gerrit Thomas Rietveld ［レッド・アンド・ブルーチェア］1918

■3-65

異色の造形作家フリードリヒ・キースラーら,多彩な顔ぶれが側面から協力し,国際色を強めた.

ドゥースブルフは1928年まで『デ・ステイル』誌のすべての号の編集にたずさわる一方で,評論活動やヨーロッパ各地での講演でこの派の美学を広めることに貢献した.わけてもドゥースブルフはドイツへの普及に意を注ぎ,1922年にはワイマールに新造形主義の講座を開くほどだった.その一面で,ドゥースブルフにはダダイストとしての活躍もあった.既成の価値の全否定という意味で,それはドゥースブルフにとって何らの矛盾ではなかったらしく,1922年よりI. K. ボンセットの筆名を使って,ダダの雑誌『メカノ』を創刊する.

■ 国際的な広がりへ

1922年という年は,デ・ステイル派を含むヨーロッパの構成主義者が大同団結した年に当った.この年3月にデュッセルドルフで集会をもったあと,9月には場所をワイマールに移して会議が持たれた.ここへはロシア構成主義の使者エル・リシツキーやハンガリー出身のラースロー・モホリ=ナギが加わった上,ダダイストのクルト・シュヴィッタース,トリスタン・ツァラまでが顔を揃えて壮観だった.

1922年の会議は,明らかに同地で開校していたバウハウスへの挑発行為でもあった.バウハウスは当時,開校以来の表現主義的な雰囲気を残したままだった.しかし時代は大きな曲がり角にさしかかっていた.ワイマールの集会はたんに過激だったというだけではなかった.実際バウハウスが新しい路線を選びとったのは,1923年からであった.

ドゥースブルフもまた,精力的な行動家としてだけで名を馳せたのでなく,実作の面でもストラスブールの[カフェ・オーベット]《3-65》の内装では,対角線の交錯するダイナミックな空間を演出してデ・ステイル派の新たな可能性を示し,またエーステレンと協業してこの派の原則を都市計画にまで広げることに務めた.ドゥースブルフは1931年に没した.翌1932年に『デ・ステイル』はドゥースブルフ追悼号として未亡人によって刊行され,これが最終号となった.

ドゥースブルフを失ったあと,この派はグループとしての活動を続けることができなくなった.その後の展開としては,アウトやエー

■3-65 | テオ・ファン・ドゥースブルフ Theo van Doesburg カフェ・オーベット 1928

ステレンがそうであったように、デ・ステイル派の思考はいわゆる近代主義、あるいは国際様式に組みこまれた．しかしそれは、かならずしも単一な潮流に埋れるという性格だけを持っていたのではなかった．先に触れたリートフェルトの［レッド・アンド・ブルー・チェア］は、明晰な色面、分節化された構造、開かれた空間感情において、この派の美学のすべてをいいつくし、かつきわめて刺激的な様態によって「近代」を尖鋭化させた．1923年のシュレーダー邸ではその方法を建築に適応した．シュレーダー邸の照明器具《3-66,67》や家具類にも、共通の思考が及んでいる．

実際、『デ・ステイル』誌にあいついで発表されたマニフェストも、号を追って具体的な提言を持つようになった．次第に充実の度を加えたドゥースブルフの「エレメンタリズム（要素主義）」は近代デザインの思考を大きく裏づけるものである．これはモンドリアンの新造形主義を、いっそう有機的にとらえかえした意味を持った．ドゥースブルフはこれを新造形主義の修正と述べている．

先にも触れたように、デ・ステイル派がバウハウスに与えた影響はいちじるしかった．1925年から出版が開始されたバウハウス叢書には、この派からモンドリアンの『新造形主義』、ドゥースブルフの『新しい造形芸術の基礎概念』、アウトの『オランダ建築』が加えられた．『オランダ建築』の中でアウトは、「印象派的な雰囲気の創造を棄て、純粋な比例関係と清明な色彩と有機的な形態によって、古典建築の純粋さにうちかつ建築」をつくりたいと述べている．ここにはデ・スティル派がもっていた刺激的な要素は感じられないのだが、グループが導きだした方向がこの種の近代主義を確立させる大きな要因となったことは確かであった《3-69》．

地域を基盤に

デ・ステイル派の近代主義に対抗するかのように、オランダではアムステルダムに集結した建築家が特異な活動を展開した．

アムステルダム派《3-70》はその起源をヘンドリック・ペートルス・ベルラーへに持っている．ベルラーヘは一切の様式主義を排除して＜用＞に従うことを信条とした建築家だったが、1903年完成のアムステルダム取引所《3-68》では、そうした明快な構造や空間の処理が見られる一方で、伝統的な煉瓦や石の扱いへの愛着がこめられている．この取引所の各所の構造は彫刻を思わせるほどに力強

■3-66｜ヘリット・トーマス・リートフェルト　Gerrit Thomas Rietveld ［シュレーダー邸 ダイニング照明］1924
■3-67｜ヘリット・トーマス・リートフェルト　Gerrit Thomas Rietveld ［シュレーダー邸 アトリエ照明］1924

く造形的だし，要所に施された装飾パターンも独特の表現力に富んでいた．

　ベルラーヘと同質の空間感情を備えていたのが，アメリカの建築家フランク・ロイド・ライトであった．ベルラーヘは逸早くライトの才能を見抜き，これを精力的にヨーロッパへ紹介した．

　ちなみにデ・ステイル派もまた，もともとはベルラーヘの思考に多くの拠点をとっていた．ベルラーヘがめざしたところは，何にもまして形態感覚の調和なのであった．一方で，ミハエル・デ・クレルク，ピエト・クラメルらを中心としたアムステルダム派が手がけたアイヘン・ハール集合住宅《3-71,72》など数多くの建築には，まず画趣豊かな景観がみとめられる．ベルラーヘ同様にオランダ伝統の煉瓦を用いるやり方は，それだけで純粋なデ・ステイル派の美学といちじるしい対比を示した．そればかりでなく，煉瓦の強い彩りや大胆にうねる空間処理は，ベルラーヘの節度からは大きくへだたり，きわめて表現主義的な様相を示した．

　クレルクが中心となって進めた室内の刷新を見逃すこともできない《3-73》．アムステルダム派の室内空間は，伝統色をはるかにこえ，角ばった形状と有機的な流れを共存させた家具や工芸は，一切の合理主義から反目するような表現性に満ちていた．

■3-68｜ヘンドリック・ペートルス・ベルラーヘ　Hendrik Petrus Berlage　アムステルダム株式取引所　1898-1903
■3-69｜モンドリアンのニューヨークのアトリエ　1944
■3-70｜アムステルダム派　海運ビル内部　1911-16

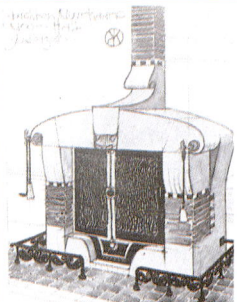

『ウェンディンヘン』誌

　アムステルダム派は，このグループのリーダーのひとりヘンドリック・Th・ウェイデフェルトを編集長に，機関誌『ウェンディンヘン』〈3-74〉を発行して結束を図った．確定的な〈様式〉を企図した〈デ・ステイル〉とは対照的に，〈ウェンディンヘン〉とは〈回転〉もしくは〈変転〉を意味し，このグループの性格をよく映しだした．雑誌は1918年に創刊され，1931年まで12巻110冊が発行された．

　『ウェンディンヘン』誌はストイックだった『デ・ステイル』誌に比べ，雑誌としての魅力を有し，とりわけ主としてアムステルダム派のメンバーが技を競った表紙デザインは，建築作品同様に変化に富み，表現力に溢れた．綴じ糸によって綴じられた造りが，手仕事風の感興を添え，雑誌を美術工芸品の趣にさせている．

　『ウェンディンヘン』誌はもとよりグループの作品発表の場であったが，国外の建築家も幅広く収録した．ドイツ表現派のエーリヒ・メンデルゾーン，ハンス・ペルツィヒ，ヘルマン・フィンステルリンらを紹介したのは，このグループが表現派にもっとも共感を示したことの証明である．1925年にはライトの

■3-71｜ミハエル・デ・クレルク　Michel de klerk　設計　アイヘン・ハール・アパート　1919-21
■3-72｜ミハエル・デ・クレルク　Michel de klerk　設計　アイヘン・ハール・アパート内部　1919-21
■3-73｜ミハエル・デ・クレルク　Michel de klerk　［hall fireplace下絵］1905
■3-74｜『ウェンディンヘン』誌　3巻2号表紙　1920

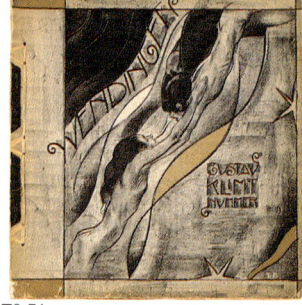

大特集が組まれた．ライトはベルラーへとともにアムステルダム派の基盤をなしていた．

雑誌の内容は建築だけにとどまらなかった．自国の異色の画家トーロップやウィーンのクリムトが特集され，号によっては，貝や水晶などが特集に組まれたことがあった．『ウェンディンヘン』誌110冊からは，おのずから「近代」の別の側面が浮かびあがってくる．これはデ・ステイル派との対比という以上に，近代デザインを総体としてとらえる時の貴重なドキュメントを成立させるものである．

『ウェンディンヘン』誌はアムステルダムの地域主義に限定せず，国際的に視野を広げた一面があった．1921年11月号は表紙デザインをロシア構成派のエル・リシツキーにゆだねている．1929年3月号の表紙はデ・ステイル派のフッシャールが担当した．フッシャールは『デ・ステイル』誌の表紙を手がけていた人物だった．『ウェンディンヘン』誌を主宰したウェイデンフェルトは，建築家としては1925年パリの近代装飾美術・産業美術国際展におけるオランダ館などの地方色豊かな作風で知られているが，この雑誌を通じて，表現の問題を文化論に成育させた貢献が特筆される．

歴史の流れからすれば，アムステルダムのグループよりは，デ・ステイル派が国際的な主流の一翼を担った．しかし，その背後で，アムステルダム派がいつも訴えだしていた充実した内容を見逃すことはできない．

■イタリア未来派

イタリア未来派は，1909年に詩人フィリッポ・トマーソ・マリネッティが発表した「未来派宣言」からスタートを起こした．宣言は都市と機械の時代に過激に反応し，速度と動勢を讃えて，在来の美意識の変革を訴えたものだった．美術家ウンベルト・ボッチオーニらがこれに応えてダイナミックな画面や空間をつくりだしただけでなく，演劇，音楽，文学，写真など広範囲な領域にわたって，革新的な運動が展開した．建築家アントニオ・サンテリアが力強く提案した「新しい都市」像も，その一環に加えられる《3-75》．同志ジャコモ・バッラは未来派の可能性を第一次大戦後に持ち込んで，衣服や家具調度など現実生活の刷新に当たり，新しいデザイン感覚を示した《3-76,77》．エンリコ・ブランボリーニやフォルトゥナート・デペーロが抱いていた都市的イメージも未来派の美学を受け継ぐもので，過激であった未来派を現実空間へポジティブに構築し直すことに貢献した．

■3-75 | サンテリア A. Sant' Elia［発電所 下絵］1914
■3-76 | ジャコモ・バッラ Giacomo Balla［未来派の服のデザイン］1913-14
■3-77 | ジャコモ・バッラ Giacomo Balla［カプローニ機をあしらった皿のデザイン］1925-30

ロシアのユートピア

ゼロの地点から

　1915年12月にペトログラードで開かれた「0, 10」展は,在来のアートを根本から否定したきわめて過激な内容を持っていた.「0」は表現の「ゼロ」の地点を指している.

　ロシアの美術家のほとんどはフランスの近代絵画を学びとることから始めていたが,印象派を経てセザンヌに及び,立体派を体験したあと,その革新的な立体派すら陵駕した新しい地平に立ったのであった.ロシアへは立体派と並行して,急進的なイタリア未来派《3-78》からの強い影響もあった.ロシアではしたがって立体・未来派と呼ばれる動きをとったのだが,表現のゼロとはそうしたレベルのものではありえなかった.ここへはむしろ,ダダの非論理性が深く介在している.事実ロシアの芸術界には,この非論理主義と称される運動が随所で盛んだった.

　「0, 10」展は,表現のゼロに呼応する10名の作家を集めたものだった(実際にはこの他4名が加わる).「0, 10」展で最大のゼロ地点に位置づけられたのは,カジミール・マレーヴィッチによる「白の上の黒の正方形」であった.マレーヴィッチは黒の正方形を至高(シュプレーム)な精神とみなす.それをあらゆる対象から束縛されない絶対の形態だとする認識なのだった《3-79》.「0, 10」展でのマレーヴィッチの部屋は壁のコーナーにこの黒い正方形が君臨し,壁画には正方形を基点にした純粋形態の構成群が並べられた.

　マレーヴィッチのシュプレマティズムが,ある種の精神の形態であったのに対し,ウラ

■3-78｜カルロ・カルラ　Carlo Carra［参戦論者の式典］1914
■3-79｜カジミール・マレーヴィッチ　Kasimir Malevich［黒の矩形と赤の正方形］1915頃
Wilhelm-Hack-Museum, Ludwigshafen am Rhein

ジーミル・タトリンは「0，10」展でありあまるほどの現実を提示した．タトリンの主張は常に「現実の空間に，現実の素材を」というところにあった．もちろん「0，10」展の作品「コーナー・レリーフ」は，現実界の対象にはいささかも依存せず，全く新しい自律的な空間をつくりだしたものだった．

マレーヴィッチにおける純粋な精神の状態といい，タトリンの真新しい空間概念といい，現実社会に組みこまれる性質を持ちあわせてはいなかった．しかしその後，ロシアの進行は予想をはるかに上まわった．新生ソヴィエト・ロシアの近代運動は，実にこの両者の企図を両軸にとり，その間をゆれ，その間で高まって行くという構図をとった．近代デザインの問題は，この国ではいつもスリリングな前衛と隣合っていた．近代への急角度な取り組みとは，この国にもっとも顕著に現れた現象だったといえる．

広場をパレットに

「0，10」展で美術界が極度に高揚した直後，ロシア革命が起こった．在来の価値基準を根底からくつがえしたこの政治革命に対し，アーチストの側ではそれを，すでになし遂げていた芸術における意識革命の延長線上のものとみなした．タトリンのことば通り，「1917年の社会変革は，材料と量と構成を基底に据えた，われわれ芸術家の1914年の仕事で実現されていた」のであった．1914年の仕事とは，「0，10」展に先立ち，初めてタトリンが発表した無対象の構成を指している．マレーヴィッチに至っては，1913年の演劇「太陽の征服」舞台装置で，すでに果敢な正方形を用いていた．ちなみに「太陽の征服」は既成言語を否定した詩人クルチョーヌイフの作であった．

革命政府もまた，政治の新しさと芸術の新しさを同じ次元にとり，文化行政や美術教育機関の重要なポストのほとんどは，前衛の美術家によって占められた．1918年初めに，早くも革命後の美術運動を推進するための組織として「イゾ（教育人民委員会造形芸術部門）」が設置され，タトリン，マレーヴィッチを初め，やがてロシア構成派を多方面の領域で盛り上げることになるアレキサンドル・ロトチェンコや革命詩人ウラジーミル・マヤコフスキーら，数多くの前衛芸術家が参画した．ここには一時期ミュンヘンから帰国していたワシリー・カンディンスキーも加わった．

イゾのペテログラード・セクション機関紙に発表したマヤコフスキーの詩が，この頃の美術の変革をよく物語っている．それは街路が新しい時代の絵筆であり，広場がパレットだというものだった．芸術はこの時，密室のアトリエを離れ，社会に結びつこうとしている．ようやくデザインという概念が姿を現し初めている．

1920年4月にはイゾによって「インフク（芸術文化研究所）」が設立された．インフクの最初の指導者カンディンスキーは，来るべき時代の総合的な芸術体系を提案したのだが，それが主情的に過ぎるという理由で却下された．しかしアートの理論的追求を望んだカンディンスキーの構想は，この年12月，モスクワに開校したヴフテマス（高等芸術技術工房）で実現される運びとなった．

タトリンの構成

1920年におおよその方向づけがなされたロシア構成派の理念は，この年制作されたタトリンの［第3インターナショナル記念塔］《3-80》模型に表象されている．高さ6.7メートル，上昇する螺旋がこのモニュメントの骨格であり，「芸術の死」のあとのダイナミックな空間構成が，新時代の到来を告知した．内部は三層の基本構造に分かれ，それぞれを回転させるという構想だった．タトリンは当初，この鋼鉄とガラスのモニュメントを，モスクワの地にエッフェル塔より高く建てたいとい

■3-80

■3-81

う希望を抱いていた．第1作をペトログラードのアトリエで公開したのち，12月にはモスクワへ出向いて再度この模型を制作し，時代精神を大いに鼓舞した．

　タトリンのイメージは，新時代そのものの表象だった．ベルリンのダダイストはこのタトリンに喝采を送り，ラウル・ハウスマン《3-83》はフォトモンタージュ「アトリエのタトリン」によってタトリンを機械時代のアーチストの祖と讃えた．ベルリンで1920年に開かれた「国際ダダ見本市」展では「芸術は死んだ．タトリンの新しい機械芸術万歳」の文字が，会場にこだましていた．ベルリンに大量の構成派作品が紹介されたのは，それよりしばらくたって1922年のことである．

　［第3インターナショナル記念塔］によってタトリンは，純粋な芸術様式を実用的意図と結合することができた．タトリンのことばを借りれば「新しい日常生活での形態を制御するプロデューサー」が誕生した．タトリンはこれより生産主義という実践に入る《3-81》．

■ エル・リシツキーと新芸術の確立

　タトリンの生産主義は「現実の空間に，現実の素材」をという考えにいささかも矛盾しなかった．1920年にインフクが設立されたのち，翌1921年にはペトログラードとヴィテプスクにインフクの支部が設けられ，それぞれタトリンとマレーヴィッチが責任者となった．生産主義者タトリンに比して，マレーヴィッチが精神の状態を持続させたままであったことは事実だった．黒の正方形に始まって，マレーヴィッチは1918年に「白の上の白の四方形」を発表し，そこでその思念が完結させた状態に置かれていた．

■3-80｜ウラジーミル・タトリン　Vladimir E. Tatlim　［第三インターナショナル記念塔］1920
■3-81｜ウラジーミル・タトリン　Vladimir E. Tatlim　［椅子］

■3-82

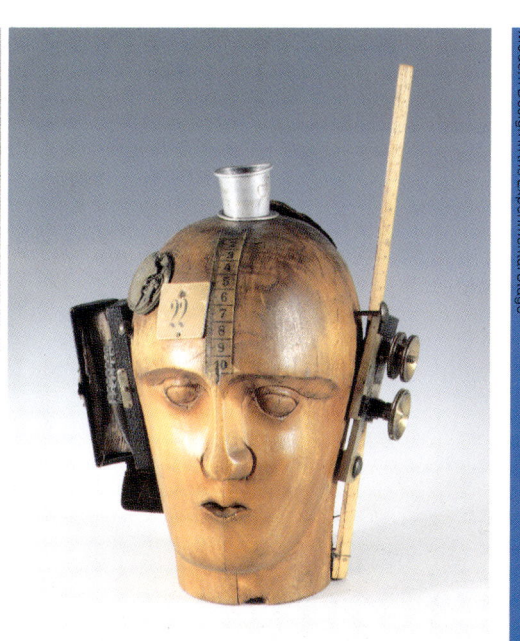

■3-83

　しかしロシア構成主義のもうひとつの進路は，マレーヴィッチの純粋な状態をすくいとることからスタートした．思念を完結させたマレーヴィッチは，1919年からヴィテブスクの美術学校で教育の場についていた．美術学校は革命以来，「スヴォマス（自由工房）」という形式に改変されていたのだが，ヴィテブスクのスヴォマスはマレーヴィッチのシュプレマティズムにもとづいた「ウノヴィス（新芸術の確認）」グループが大半の勢力を占めた．これより先，ヴィテブスクの美術学校で長を務めていたのが，パリから故郷ヴィテブスクに帰国していたマルク・シャガールだったのだが，カンディンスキーですら主情的と批判された変革の時代に，シャガールがその任を全うすることは不可能だった．シャガールが助手に招いたエル・リシツキーは，たちまちマレーヴィッチから，圧倒的な影響を受けることになる．

　「広場をパレットに」という呼びかけは，しかしながらエル・リシツキーにも強いアピールがあった．リシツキーはストイックなシュプレマティズムをこの時代精神に合体させた．1919年から開始された［プロウン］の連作が，まずこれに相応した．［プロウン］とは「新芸術の確立のためのプロジェクト」の頭文字を合わせた造語である．リシツキーはこれを「絵画と建築のやりとりの変革」と称した．形態の論理が建築的感情に高まり，また逆に環境が純粋性をめざす方向を求めたものであった．

　［プロウン］《3-82》もまた，すぐさま有用性や生産主義に結びつくものではなかった．しかしその後リシツキーが有用な領域に踏みこんだ時，いつも基調音となっていたのが［プロウン］にみなぎる主知的な原理であった．

■3-82｜エル・リシツキー　El Lissitzky　［プロウン H333］1923
■3-83｜ラウル・ハウスマン　Raul Hausmann　［機械的な頭部］1919-20
Musée Nationale d'Art Moderne, Paris

3│デザインの実験と総合

■3-84

■3-85

ここにこそ新しいタイポグラフィのシステムが生みだされる．めざましい空間構成が確保される．1920年にベルリンで出版したマヤコフスキーの詩集『声のため』に始まるリシツキーの多面的な仕事の全域には，確実に「新芸術の確立」が具現化されたといえる《3-84》．

マレーヴィチから多くの教訓を学びとったのは，リシツキーだけではなかった．ニコライ・スーチン《3-85》やグスタフ・クルツ

ィスの活躍にもリシツキーと同等の「新芸術の確立」が見出されるし，ワジスワフ・ストシェミンスキーとカタジナ・コブロによってその精神がポーランドへ運ばれた経緯も重要である．

しかし，リシツキーについては，イリア・エレンブルグとともに3ヵ国語で発行した『ヴェシチ（物）』誌，ミース・ファン・デル・ローエ，ドースブルフと組んで編集した『G』誌などで構成派の理念を全ヨーロッパ

■**メルツ（MERZ）**

1919年，クルト・シュヴィッタースのコラージュ作品に偶然COMMERZから切りとられたMERZの印刷文字があったところから，その後，平面から立体，建築に至るすべての作品は「メルツ」と称された．ハノーヴァでの「メルツ」の活動は，ベルリン・ダダと連帯し，ロシア構成派エル・リシツキーの協力もあって，1920年代の高揚の一角を占めた《3-86》．機関誌『メルツ』で行われた新しいタイポグラフィの実践も，時代の先端を切るものだった．

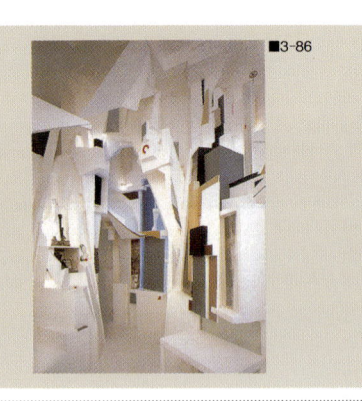

■3-86

■3-84│エル・リシツキー El Lissitzky ［展示室のデザイン ハノーバー］1927-28
■3-85│ニコライ・スーチン Nikolai Suetin ［カップ・アンド・ソーサー］1923
■3-86│クルト・シュヴィッタース Kurt Schwitters ［メルツバウ］1923-36頃
（展覧会用再構成1988）Sprengel Museum, Hannover

110

■3-87

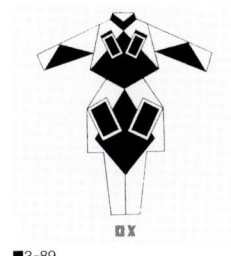

■3-88

■3-89

「5×5=25」展

　エル・リシツキーと並ぶように,ロシア構成派を幅広い領域で推進させたのは,アレクサンドル・ロトチェンコだった.ロトチェンコの出自は象徴的なアール・ヌーヴォーであったが,新時代の到来を察知してからは速やかに無対象の世界に入り,それを日常空間の中へ果敢に取り入れた.1921年に発表した「線」という一文は,構成する能力を線のシステムに求めたロトチェンコの構成派宣言とみなされてよい.

　同1921年にロトチェンコは「5×5=25」〈3-87〉展を組織した.展覧会名は5名の作家がそれぞれ5点の作品を展示したからというだけのことである.ただし,ロトチェンコを含めてここに集結した5名の仕事は,構成派をいっそう多元的にさせるものがあった.

　メンバーの1人アレクサンドル・ヴェスニンは,ロトチェンコと同質の視覚の持主であり,それを実験的な造形の各分野に試みた.アレクサンドルは兄のレオニード,ヴィクトルと共に数多くの建築プランを提出し,プラウダ・ビルによって構成派建築を一時代の象徴とした.兄弟は1925年に結成された「オサ（現代建築家集団）」の中核となり,構成派建築を技術と機能へ導いたことで知られる.

　ワルワーラ・ステパーノヴァ〈3-89〉,リュボーフィ・ポポーヴァ〈3-88〉,アレクサンドラ・エクステルの3名の女性がこの時代

■3-87 ｜ アレクサンドル・ヴェスニン Aleksandr Vesnin ［5×5=25］1921 A.V. Shchusev Museum of the History of Architecture, Moscow
■3-88 ｜ リュボーフィ・ポポーヴァ Lyubov Popova ［舞台装置］1922 State Tret'yakov Gallery, Moscow
■3-89 ｜ ステパーノヴァ Stepanova ［衣装］1922 State Bakhrushin Museum, Moscow

■3-90

■3-91

に果した役割も大きい．3名が日常の只中へ持ちこんだのは，同じく構成派の実験と原理であった．その高揚は，たとえばフセヴォーロト・メイエルホリド演出「堂々たるコキュ」のためにポポーヴァが制作した舞台装置に見てとるこがができる．舞台装置は架空の世界だが，しかしその通りに日常を変革させることが構成派の希求なのだった．

ロトチェンコが「5×5＝25」展で発表したのは，青，黄，赤のモノクローム絵画であった．ここでロトチェンコは，あらためて徹底した原理に立ち戻っている．しかしこれはマレーヴィッチにあった精神の状態を指すものではなく，具体的な事実であった．

生活様式の改変

先に触れたように，1920年にはモスクワに新時代の美術教育機関として「ヴフテマス」が開校した．ヴフテマスがどれほど革新的であったかは，斬新なカリキュラムによって知られるし，ほとんどの部門を構成派が占めたことで明らかである．そこには生活様式の全局面を改変させようという企図がみなぎった．

■マヴォ

1922（大11）年にベルリンに留学した村山知義は，帰国後「マヴォ（MAVO）」集団を結成し，ダダや構成派の活動が盛んだったベルリンの熱気をその通りに再現した．グループは過激な作品によって日本の美術界を根底から否定しただけでなく，目標のひとつを都市環境の刷新に置いた．機関誌『MAVO』(3-92)は刺激的な構成を持っていたことに加え，同時代のヨーロッパの革新運動を逐一紹介した役割が大きい．

■3-92

■3-90｜アレクサンドル・ロトチェンコ　Aleksandr M.Rodchenko　労働者クラブのインテリア（国際装飾美術展ソヴィエト館内）パリ　モスクワ展　1979　復元
■3-91｜アレクサンドル・ロトチェンコ　Aleksandr M.Rodchenko　『LEF』表紙　1923
■3-92｜ポスター［MAVO］1923

ヴフテマスは1919年に誕生したバウハウスに匹敵する．しかし設立当初は表現主義的な要素が色濃かったバウハウスに比して，ヴフテマスはいきなり実験と原理からスタートを起こしたのであった．

ヴフテマスはグラフィック，絵画，テキスタイル，彫刻，陶器，木工，金工，建築の部門で構成された．専門分野に入る前に基礎部門が置かれ，そこではまずグラフィック，平面・色彩，ヴォリューム・空間の問題が，基本の時点から検討された．

基礎部門には，ロトチェンコ《3-91》，ヴェスニン，ポポーヴァが名を連ねた．建築家ニコライ・ラドフキーが客観主義を基礎部門へもたらした意義も大きかった．一時期ヴフテマスのもっとも活発なエネルギーが，この基礎部門にあったことは特筆されてよい．

ロトチェンコは金工部門も担当し，家具製作にも新機軸を打ちだした．マレーヴィッチを経過したクルツィスも講師に加えられていたし，1925年からはエル・リシツキーもヴフテマスに迎えられた．しかし1927年に「ヴフテイン（国立高等芸術技術研究所）」と改組されるころから，少なくとも革新的な部分の弱体化が始まった．

ソヴィエト・ロシアの文化政策は一変した．やがて1932年の「文学・芸術団体の改組」によって，一切の文化団体が壊滅状態におかれるという悲惨な結末を迎えることになる．

1925年にパリで開かれた近代装飾美術・産業美術国際展では，もっとも盛期にあったロシア構成派がデモンストレーションを仕掛けた．コンスタンチン・メリニコフのソ連館は，荒々しいほどに強烈な構成によって，あらゆるモダニズムに真っ向から対峙した．ロトチェンコによって整えられた労働者クラブ《3-90》の空間や家具にも，工業時代への新しい切口が提示された．グラン・パレには，構成派が生活の全局面に及ぼそうとした改変が具体的な事物で示され，それを象徴するようにタトリンの［記念塔］の3番目の模型が中心を占めていた．

ウラジーミルとゲオルギーのステンベルグ兄弟が試みた構成の原理，それにフォト・モンタージュを多用したポスター，建築家イヴァーン・レオニードフの明晰な空間感情，あるいはヤコフ・チェルニホフの建築的ファンタジーなど，ロシア構成派が引き出した多元的な可能性のすべては，文化政策の全くの変更によって完全に閉ざされた．すでに明らかなように，構成派は定義通りには幾何学の構成者ではなかったし，純粋主義と生産主義の対立という図式によっては推し量れない内容に満ちていた．その系譜が完全に閉ざされたまま宙吊りにされたのは，近代デザインの歩みの中できわめて特異な現象だったといえる．

Takami

近代の視覚的イメージ

印刷技術の形成と時代のイメージ

20世紀の前半に，世界の他の地域に先立って生産と消費に高い水準を持っていた西欧諸国から，モダンデザインという考えが生まれた．人間の生活の中のさまざまな場面において，伝えあい理解しあうために必要な事物を作り出そうとする時，また，快適な生存に必要なものを作りだそうとする時，これらの要求に応えるような，よりよい働きと形とを持つものを，この時代の持つ生産力と技術の

力を用いて作りだそうとする考えである．人々が理解しあうために用いるいろいろな手段の中に，視覚的なメディアとして，古くは，絵やシンボリックな形象と文字，新しくは，画像や映像の分野がある．これらの視覚的な領域の形や働きを具体化するものがビジュアルデザインである．

ヴィジュアルな領域のデザインは，さまざまな複製技術を前提としているが，前世紀までの中心的な複製技術は，印刷であった．20世紀の前半は，印刷複製技術の分野では，金属活字の活版印刷による書物を複製化する手工業の技術と並んで，大量の新聞や雑誌の出現を促した輪転印刷機という近代的な印刷技術，しかもこの大量に印刷する技術の中に，再現忠実度の高い網点による写真印刷の技術を，あわせ持った時代である．一方，絵画的要素は，石版印刷，リトグラフ印刷に続き，カラー写真の複製化を図る原色版や平版印刷の技術の発展が見られた時代である．前世紀末実用化を果した原色版のカラー印刷が，雑誌，新聞等に使用されはじめ，また，平版のカラー印刷の分野では，プロセス製版とよばれた方式が殖版機とともに広く普及し大判のカラー印刷が実用化された時代でもあった．これらの技術の発展が，アメリカを中心とした1950年代の雑誌の黄金期を迎える土台となるのである．このあと印刷技術は，電子工学や近代的な光学，化学を中心としたものに変わって行く．印刷複製技術の進展に見られるように，この世紀の前半は，機械による技術の変容が，人間の眼によって確認することが可能な時代であった．

近代社会は，人々の労働と工業的な生産力，機械力への信仰を前提として成立している社会である．モダン・デザインも，この機械的な生産力と人間性との融合の際に，その存在の理由を問われる技術であり，思想である．この章では，この機械と人間との関係を踏まえて，ビジュアルな領域のデザインの変容を記述したい．

イタリア未来派

20世紀の初頭，その時代の気風を最も良く表しているひとつの芸術的な運動が，ミラノを中心とするイタリアの地に誕生した．機械を賛美する芸術と呼ばれた＜未来派＞である．芸術的な表現の原理として，「速度」を愛し，時間の形象化と運動感の表現を目指した作家たちである．［空間の中のユニークな連続の形態］と名付けられたボッチオーニの作品は時間の中で変化していく人体のダイナミックな動きを彫刻という物に形象化したものである．このグループの理論的主導者でもあった詩人のトマーソ・マリネッティは，その詩のタイポグラフィを，印刷文字のコラージュやタイプライター文字の連続印字による文字群で構成した．文字を視覚的な要素へ分解し単位化し，連続させ，機械の属性である，反復と速度という作用に形を与えた形象詩であった《3-93》．これは，印刷という複製化の手段を芸術表現の中に取りいれ，時代を表現する中心的なイメージが，印刷技術によってつくられることを示したともいえる．

バウハウスのタイポグラフィ

1914年から1918年までのヨーロッパを主要な戦場とした第一次世界大戦は，それまで，歩兵や騎兵による戦闘を主なものとする戦争の形を，巨大な火力，鋼鉄の被覆を持つタンク（戦車）や毒ガスを出現させることによって変化させ，技術や機械によって作られたものが，人間の肉体に対して，残酷で無慈悲なものとして作用することを，人々の眼に見せた．このことによって，19世紀から20世紀の初頭にかけて，人々の機械について抱いていた楽観的でナイーブな賛美の感情は消え，機械的なるもの，さらにその背後にある科学的なるものについて，深刻な懐疑が芽生えたのである．悲惨な戦争による精神的な危機を

■3-93

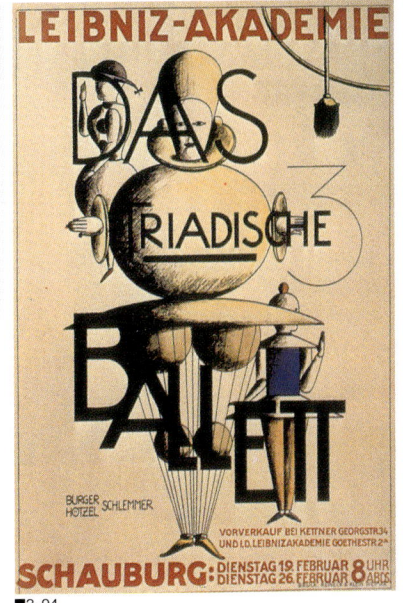

■3-94

表すものとして，大戦後，多くの芸術運動が生まれた．
　その中に，科学と技術，さらに機械という近代を表す基本的な原則とその応用が，人間性への挑戦であると捉え，合理的なるもの機械的なるものの否定として，表現主義・ダダイズム・シュルレアリスムがあった．さらに，他方の極に，＜バウハウス＞にみられるような，機械的なるものを包含した科学的な表現と，芸術との融合の新しい形を求める運動も芽生えた．機械的，科学的な表現の追求が，人間的なるものへとつながる論理を，探求し教育する場としてのバウハウスである．
　ヴァルター・グロピウスの主導によって組織されたバウハウスは，機能主義，国際主義の理論を唱え，近代のデザインの歴史に大きな影響を与えたデザイン思想の発信地であり，教育の場でもあったが，表現の領域においては，幾何学的手法をもとにした構成主義と，合目的的で写真と結びついた機能的タイポグラフィで知られる．水平と垂直な線を造形上の要素とする幾何学的な表現や赤・黄・青と黒を色彩表現の単位とする原色主義等の構成主義的な印刷表現は，形態要素への還元や色彩の3原則を持つ原色理論の応用という，いずれも近代の原則である分析とその総合化の方法の適用である．後に広く，抽象主義と呼ばれることとなった，ネオ・プラスティシズムやシュプレマティズムと，理論的には同一の基盤にたっている．
　バウハウスが設立された1919年は第一次世界大戦直後であり，初期のワイマール時代は，作品の多くに表現主義的な指向が見られる．［バウハウス創立宣言書］（学生募集のブロシュア）の表紙のリオネル・ファイニンガーの挿絵《3-14》も，その傾向が見られるが，過去の芸術を意味する暗い世界に向かって，輝く希望の星としてのバウハウスの象徴的な

■3-93｜トマーソ・マリネッティ F. Tommaso Marinetti　未来派のタイポグラフィ「未来主義者の言葉」1919
■3-94｜オスカー・シュレンマー Oskar Schlemmer　ポスター［三組のバレエ］1921

3｜デザインの実験と総合

■3-95

■3-96

意味を汲み取ることができる．バウハウスは，一品制作の芸術の否定である機械生産との結びつきを強め，社会の余計者としての芸術家とは異なる，新しい職能の確立を目指して，さまざまな造型芸術の領域に華々しい試行や実験を試みた．その中に，オスカー・シュレンマーの奇怪で前衛的といわれた幾何学的な衣裳をまとった踊り手たちによる舞踊がある．そのポスター［三組のバレエ］《3-94》をあげる．これは幾何学的機械的な形態と人間性との一致を指向したバウハウスの重要な軌跡のひとつとしてとらえることが出来る．デッサウに移り，その主知主義的な傾向を強めたバウハウスの活動の中で，特に構成主義的な造形面に，その才能を発揮したのが，モホリ＝ナギである．彼の著作，『バウハウス叢書』の中に収められている『絵画，写真，映画』の見開きのページ《3-95》には，サンセリフ体と無双罫という活版印刷の要素を用いた水平垂直の構造線による紙面分割の新しいタイポグラフィが見られる．ワイマール時代に学生として，形態形成の理論と表現の技能を，それぞれの分野のマイスターから学び，ひとつの人格の中に統一させた，ヨーゼフ・アルベルスやヘルベルト・バイヤーが教師の一角に席を占め，その主張に添ったいくつかの試みを残した．写真を用いた構成主義のタイポグラフィとして名高いヘルベルト・バイヤーの

■3-95｜ラースロー・モホリ＝ナギ László Mohly-Nagy 『絵画・写真・映画』見開きページのタイポグラフィ 1925
■3-96｜ヘルベルト・バイヤー Herbert Bayer ポスター［カンディンスキー展］1926

■3-97

■3-98

[カンディンスキーの展覧会のポスター]《3-96》がある．サンセリフ体の書体の採用，構成主義タイポグラフィの原則であり，同時代のタイポグラファー，ヤン・チヒョルトの主張でもあった＜アシンメトリー・タイポグラフィ（非対称タイポグラフィ）＞の例示として，ポスターの歴史に名をとどめている．

作家たちの相互交流

写実的絵画的な視覚像に対して，幾何学的な要素や3原色を主体にした色彩要素による画像が，この時代の中心的なイメージであると，主張した芸術家たちが，ヨーロッパの各地で積極的な活動を継続していた．抽象的な画像の中に，リアリティを表現しようと試み，バウハウスとの相互交流を継続した構成主義の理論的指導者テオ・ファン・ドゥースブルフがオランダを中心に活動していた．ドゥースブルフは，後に，＜ネオ・プラスティシズム＞を唱えたピエト・モンドリアンや，直線的な構成のレッド・アンド・ブルーの色彩に塗

られた椅子のデザインで名高い，ヘリット・リートフェルトと並んで，オランダの構成主義の中核的な存在であった．ダダイストとして著名なクルト・シュヴィッタースとの共同で制作した[ダダのタベ]のタイポグラフィ《3-98》に見られるように，芸術家，デザイナー間の交流も盛んであった．バウハウスの視覚像に大きな影響を与えた，新生ソヴィエト・ロシアの構成主義者エル・リシツキーとダダイストのハンス・アルプの[Kunstism展のカタログの表紙]《3-97》もまた，同様の相互交流の記録である．

ロシア構成主義の影響

社会主義国家ソヴィエト・ロシアの誕生は，西欧の若い芸術家たちに，人類の明るい未来へ向かっての最初の一歩と受け止められていた．ロシア構成主義の代表的な芸術家であり，優れたデザイナーであったエル・リシツキーは，1928年，さらに，1929年にドイツ各地において開催された展覧会の展示とポスター

■3-97｜エル・リシツキー El Lissitzky，ハンス・アルプ Hans Arp
[Kunstism展のカタログの表紙] 1929
■3-98｜テオ・ファン・ドースブルフ Theo van Doesburg,クルト・シュヴィッタース K.Schwitters
[ダダのタベ]ブロシュアのタイポグラフィ 1922 ⓒ1933 The Museum of Modern Art,New York.
Gift of Philip Johnson,Jan Tschichold Collection

■3-99

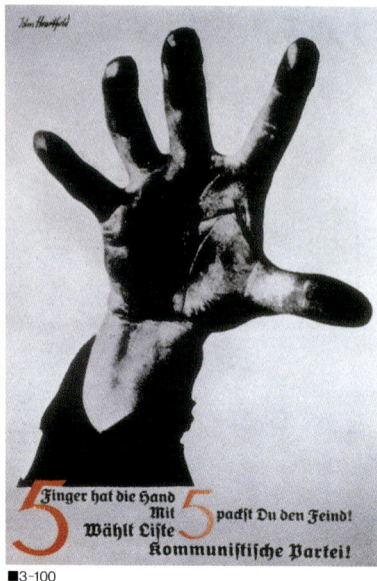

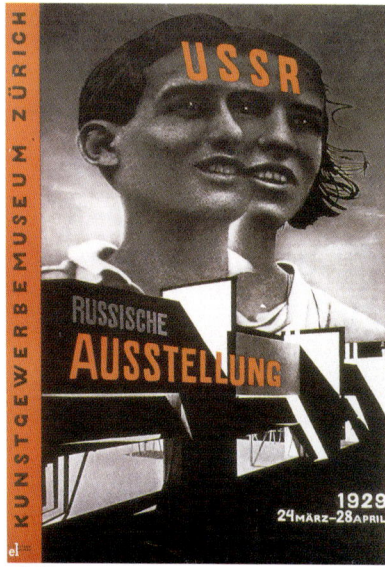

■3-100

■3-101

のデザイン《3-101》で,西欧の造形作家たちに大きな影響を与えた.このロシア構成主義の多数の作家たちの中の一例として,新しい表現手段の写真印刷術とロシア的な情念の結晶であった写真的モンタージュに傑作を残したクルツィスの[5カ年計画のためのポスター]《3-99》をあげる.また,視覚言語としての写真のモンタージュに大きな足跡を残し,後に続く世代に広範な影響を与えたジョン・ハートフィールドのポスター《3-100》をあげる.

　2つの世界大戦の間の1920年代と1930年代は,写真的なさまざまな画像・映像の技術と方法論が生まれ,視覚的なメディアに登場してきた時代であった.写真の撮影機器や感光材料の進歩と,クローズアップやモンタージュという造形上の方法や理論の確立,それらの印刷技術への応用,人々の眼を引きつけるための視覚的シンボルの多用とそれらを含めた印刷物の大量複製化,ラジオとレコード

■3-99｜グスタフ・クルツィス Gustave Klutsis ［5カ年計画のためのポスター］1930
■3-100｜ジョン・ハートフィールド John Heartfield ［選挙を呼び掛けるポスター］1928
■3-101｜エル・リシツキー El Lissitzky ポスター［U.S.S.R.展］1929

■3-102

という音声的マス・コミュニケーション技術とのシンクロナイズ，また，大衆娯楽の王座についた映画への各種の実験や試行である．これらの技術の発達は，商業空間への利用のみでなく，国家的規模の伝達技術へと転化し，大衆操作のプロパガンダとイメージ操作の重要な手段として使用されることになった．

■ 大衆社会の中の絵画

19世紀から20世紀の前半へと続く，都市への富と人口の集中は，明るい照明下の公共的商業的空間のひろがりをもたらした．西欧の大きな都市を中心として，人々の生活の中に，衣服，家具什器，そして建築物に，その装飾性を前面に出した美的な流行が芽生える．これらの大衆芸術の中で，ポスターは，その視覚的な役割を果す重要なメディアであった．大きいサイズと多様な色彩印刷を可能にした複製技術の進歩は，都市の明るいイルミネー

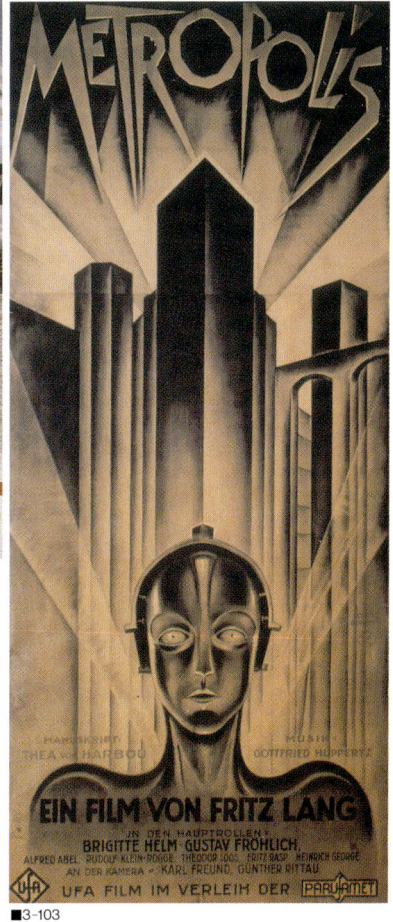

■3-103

ションの下で，市民のための芸術的な空間を構成し，また，多くの美術的な才能をこの分野に引きつけた．それらの中から，映画ポスターと，当時の流行であった鉄道旅行・自動車旅行のポスターをあげる．フリッツ・ラング監督の映画のためのシュルツ＝ノイダムのデザインによる映画ポスター［メトロポリス］《3-103》，ヘルベルト・マターのデザイン観光ポスター［スイスへ車で］《3-102》，人々

■3-102｜ヘルベルト・マター Herbert Matter 観光ポスター［スイスへ車で］1935
■3-103｜シュルツ＝ノイダム Schulz-Neudamm 映画ポスター［メトロポリス］1926

■3-104

新活版印刷術

　2つの大戦の間，主としてドイツ，ソヴィエト連邦，オランダ，チェコスロヴァキア，スイス，ハンガリーに，新しい文字印刷，ノイエ・ティポグラフィと呼ばれるひとつのデザイン運動が起こった．「書かれた文字の代わりに組まれた文字を」「手工芸印刷の代わりに機械的な植字を」「絵画の代わりに写真を」等の機械時代に相応しい形態を追求する方法論の提示とその実践的な運動であった．ヤン・チヒョルト，モホリ＝ナギらの主張である．グロテスク（サンセリフ）体，非対称，墨と3原色，写真との結びつき，水平と垂直の線を活かす構成，何よりも「明快さ」を尊ぶ論理等の原則を持つ．この運動は，活字書体として，ヘルベルト・バイヤーの［ユニバーサル・タイプ（1926年）］《3-105》，パウル・レンナーの［フツーラ］（1928年から世に出た）等を生み，現代タイポグラフィの一つの規範として生きつづけることになる．バイヤーの［ユニバーサル・タイプ］は，4種の半径の円と3種の角度の直線という最小限の要素によって設計された小文字のみのアルファベット書体であって，小文字主義の採用は，バウハウスと周囲のドイツの行政機関との間に激しい摩擦を生んだという．同時代のタイポグラフィにおける構成主義表現として，オランダのピエト・ツワルトのタイポグラフィ［ハーグの印刷会社トリオのカタログの表紙］《3-106》とチヒョルトの［写真家展］ポスター《3-107》をあげる．

統計図表と啓蒙主義

　20世紀の前半は，さまざまの分野における計量化が進行した時代であった．商業活動，経済的な指標等，資本主義の発達につれて，多くの統計図表が作られることとなった．何よりも，国家という存在がこれらの数値を必

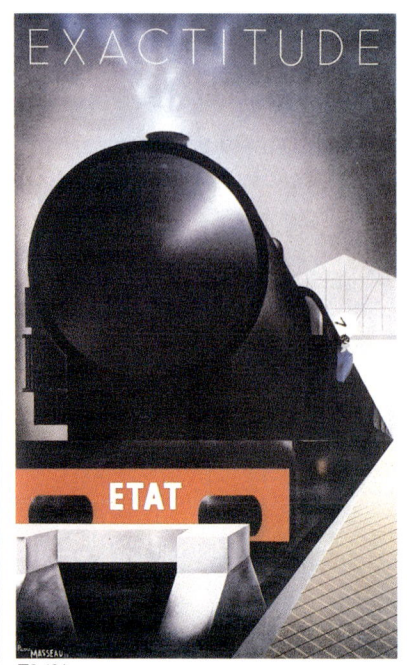

に理解しやすい視覚像として表現されている機械化時代の計量化主義と合理主義の傑作，フィクス＝マッソウの鉄道ポスター［正確さ］《3-104》である．これらのポスターのイメージは，1930年代のこの時代の人々の関心事が，機械力に支えられた進歩への憧れと，その延長線上にある来たるべき未来社会への憧れにあることを提示している．機械的なものを理性的な対応によって，人間の生活に適応することが可能という素朴な世界観に覆われていた時代といえるのであろうが，20世紀の後半の科学と技術が，人間の肉眼では不可視の世界のものに変容してしまったことと比較してみたときに，機械によるさまざまな生産的な動きが，多くの人々にとって，眼に見えるものであった幸福な時代の視覚像といえる．

■3-104｜フィクス＝マッソウ　P. Fix-Masseau　鉄道ポスター［EXACTITUDE　正確さ］1932

要とした時代であった．統計図表の視覚化の試みが見られ，多くの展覧会，博覧会等で展示された．そして，これらの試行の中で最も名高く，またその啓蒙性が後の時代の〈ピクトグラム〉という視覚言語の体系化への指向につながることとなったビジュアル・デザインの提案が，オーストリアを本拠地としたオットーとマリア・ノイラート夫妻の[アイソタイプ ISOTYPE＝International Symbol of Typographical Education]である《3-108》．人間の形をしたシンボリックな原型とそれに性別，職業あるいは多数というパターンを付加し，それらのユニットタイプの加算による統計図表化，さらにそれらの体系化によって，視覚言語のシンタックスをつくり，地域性民族性のある文字という壁を乗り越えようとする提案であり，リテラシー獲得のための教育的方法であったのである．

■3-105｜ヘルベルト・バイヤー Herbert Bayer［ユニバーサル・タイプ］1926
■3-106｜ピエト・ツワルト Piet Zwart タイポグラフィ［ハーグの印刷会社トリオのカタログ表紙］1929
■3-107｜ヤン・チヒョルト Jan Tschichold ポスター［写真家展］1938
■3-108｜オットー＆マリア・ノイラート Otto and Marie Neurath［ISOTYPE］1920年代からの活動

新しい文明の登場
アメリカのデザイン

　1903年のライト兄弟の飛行機の初飛行とその後の飛行機産業の発展，1908年のフォード・T型の発売と1914年の製造工程のライン化，それに続く自動車産業の興隆に見られるように大衆社会における大量生産とその消費のシステムをととのえつつあった米国は，第一次世界大戦の無傷の戦勝国として，20世紀の前半において，ヨーロッパの国々に代わって，世界の文化的な中心の地位を占めることとなった．インダストリアル・デザインという考え方が生まれ，豊かな富と楽天的な気分に満ちあふれ，陰影の無い明るさを持ったアメリカンライフスタイルが，人々の生活のモデルとして，広く世界中に伝えられ，受け入れられることとなった．

　出版と印刷の分野における米国流のマスプロダクション・マスセールのシステムは，広大な国土という空間的な広がりに相応しい形態であったが，その中から，国際的に大きな影響を持つこととなった，いくつかの特徴が抽出される．

　書籍のペーパーバックス化，定期購読者を前提とした雑誌の刊行形式，後にアメリカンタイポグラフィとよばれるようになった視覚的効果優先の文字組等である．

　これらの現象の中で，アメリカ文化を象徴するメディアの典型が写真雑誌『ライフ（LIFE）』であった．コダック社を主体とした写真複製技術・印刷技術の発展をふまえ，大量消費の時代（多くの出来事をニュースとして求める人々）と，広告掲載料で雑誌制作のコストをカバーし，一冊当たりの単価を極端に低くして大量の定期購読者を獲得し，さら

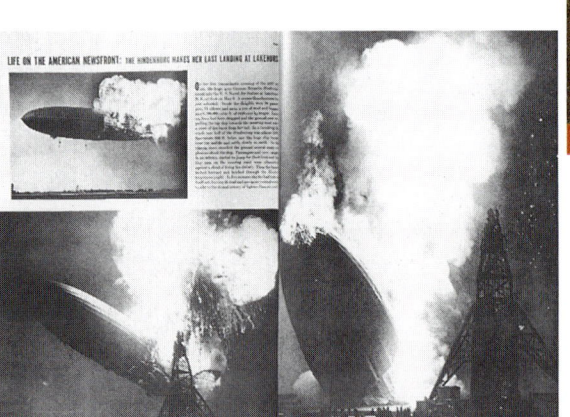

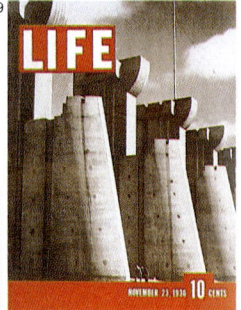

■3-109

■3-110

■3-109,110｜『ライフ』誌創刊号の表紙と別号の見開きページ　1936・1937

に広告収入を計るという雑誌の発行形態と経済的基盤の上にたって，1936年に創刊された『ライフ』《3-109,110》は，その卓越した写真構成による編集技術と優れた啓蒙性によって，全米はもとより国際的にも高い評価を受けた．

戦争で疲弊したヨーロッパに代わって，文化の中心となり，流行の発信地となった米国は，映画と雑誌をメディアとして，アメリカンライフスタイルを世界に向けて送りだした．1940年代から，60年代にかけて，『レディス・ホーム・ジャーナル』『ハーパース・バザー』『ヴォーグ』のような女性の日常生活，住居と家具や厨房器具，衣服とファッションの分野をカバーする女性雑誌を中軸に，男性誌，スポーツ誌，科学誌，そして，写真誌等の各分野に多くの雑誌が刊行された．見開きをひとつの単位にして誌面いっぱいにレイアウトされたカラー写真を前面に出し，数多くの多様な書体で文章を組み上げるアメリカンタイポグラフィに彩られた，雑誌の黄金時代が出現した．

これらのエディトリアル・デザインとよばれた雑誌の形態は，一人のアーチストの個性によってそのデザインを決定する＜アート・ディレクター・システム＞のもとに制作されることが多かった．これらの祖型ともいえるのが，1940年代のアレクセイ・ブロードビッチの『ハーパース・バザー』誌のデザイン《3-111》である．白地の表紙に大胆にレイアウトされた女性モデル，最上部に置かれた縦線と横線のコントラストの強いローマン体のロゴタイプの『ハーパース・バザー』のスタイルは，日本の広告デザインに大きな影響を与え現在にいたっている．

アメリカのグラフィック・デザインは，日本語の＜PR＞のもととなった＜Public Relations＞，さらには，＜Publicity＞という語と，その意味を，多くの国々に知らせる役割を果たした．社会の中の企業の位置づけ，利潤の社会への還元，企業の社会参加のさまざまな方法の提示等の，資本主義社会における富の社会的な還元におけるアメリカのよりよき慣習を国際的に周知させたのである．このパブリシティと良質のアート・ディレクションの結合は，グラフィック・デザインの分野に，優れた作品を残してきた．

ウォルター・ペプケという広い社会的視野を持った経営者によって，CCA(コンティナー・コーポレーション・オブ・アメリカ)の社会的な活動の一環として送り出され，広告でありながら，啓蒙的で書物以上の傑出した印刷物として名高いものが残されている．そのなかからシリーズ広告と地図帳の２つをあげる，ひとつは，[西洋の偉大な理念](Great Ideas of Western Man)のシリーズ広告《3-112》であり，ひとつは，CCAの[世界地理地図帳](World Geo-graphic Atlas)《3-114,115》である．

[西洋の偉大な理念]は，1930年代に創始されたCCAの企業広告を基礎にしたいくつかのシリーズのなかで，大戦後に制作された最も著名なものである．西欧の歴史に登場する

■3-111

■3-111│アレクセイ・ブロードビッチ Alexey Brodovitch 『ハーパース・バザー』誌のデザイン 1939

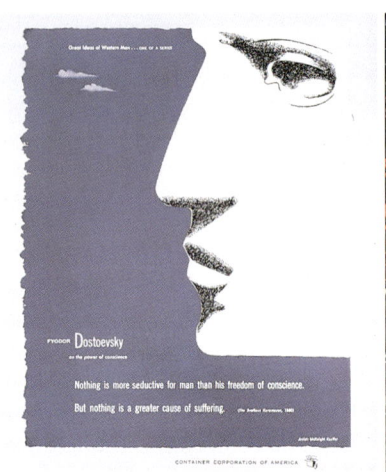

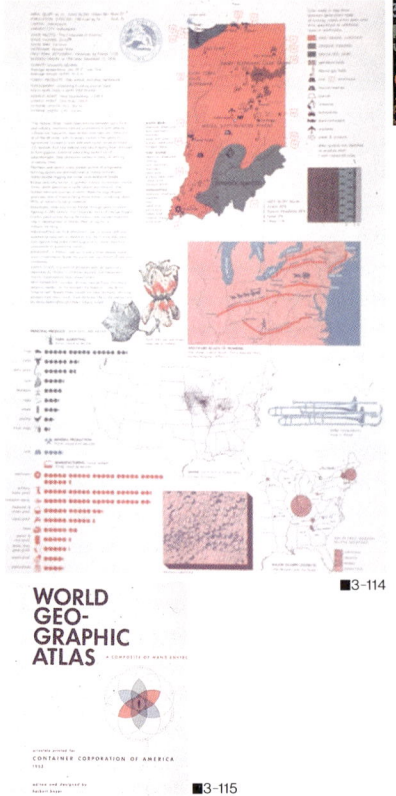

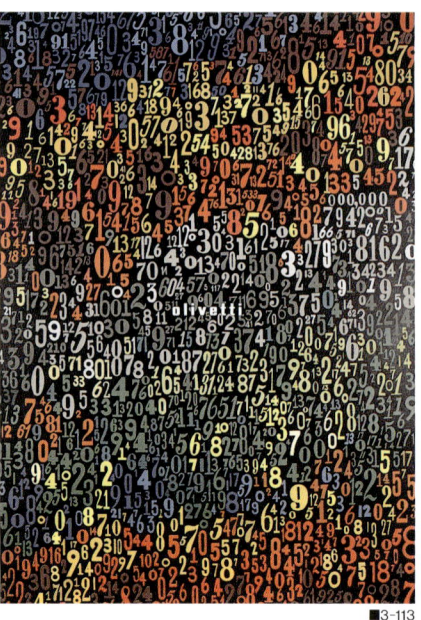

思想家たち，プラトンやゲーテ，ドストエフスキー等の言葉を，世界の代表的なアーチスト，例えば，ベン・シャーン，ハーバート・バイヤー等の協力によって構成されたこのシリーズ広告の集積は，西欧の知性と芸術的感性の総合として高い文化的な評価を受けた．[世界地理地図帳]は，CCAのアート・ディレクターをつとめたハーバート・バイヤーのデザインによるもので，そこに収められているさまざまな地理的情報のデザイン処理の緻密さと構成によって，1950年代のアメリカの知性を示す印刷物であるとともに，グラフィック・デザイナーが持つべき思想の典型として，後に続く世代に大きな影響を与えた．

ヨーロッパの伝統

　国家間の総力戦であった第二次世界大戦は，ビジュアル・デザインの領域に，激しいアト

■3-112｜CCAの「西洋の偉大な理念（Great Ideas of Western Man）」のシリーズ広告のひとつ，チャールズ・コイナー Charles Coinerの推奨によるマクナイト・コーファー Mcknight Kaoufferのデザイン 1953
■3-113｜ジョヴァンニ・ピントーリ Giovanni Pintori [オリヴェッティ社のポスター] 1950
■3-114,115｜CCAの [世界地理地図帳（World Geo-graphic Atlas）] 1953

■3-116

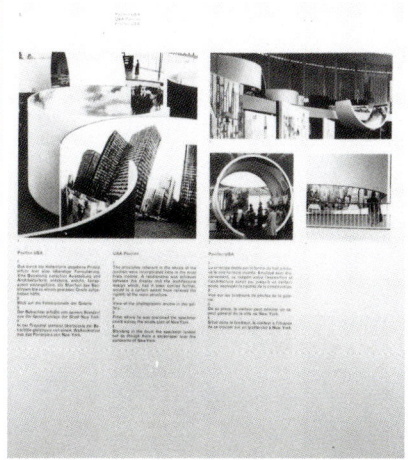

■3-117

ラクティブな訴求力を持った国家主義，民族主義，戦意昂揚主義のリアリズムの手法を残したが，戦後のヨーロッパに，国家としての勝利や敗北とは異なる，国際性を持ったデザインが生まれ，人々の眼を惹きつけた．あざやかな色彩を持つイタリアのグラフィック・デザインの一例として，ブルーノ・ムナリ，フランコ・グリニャーニとならぶ，ジョバンニ・ピントーリのイラストレイティブな文字を視覚的な要素とした［オリヴェッティ社のポスター］《3-113》と，大戦前の構成主義的なタイポグラフィのルネッサンス，新活版術の再来といわれたスイスの若い世代の同人誌『ノイエ・グラーフィク（Neue Grafik）』誌《3-116,117》のコンポジションをあげる．スケルトンとよばれる文字組の骨格が読み取れる厳密な紙面構成，すべての文字がサンセリフの一書体のファミリーの，可能な限り少なくした文字サイズで組まれること，1段の組幅を1ユニットとしてその倍数の左右幅に置かれる写真と図版類，カラー写真をできるかぎり抑えた墨の角版の写真類が主という禁欲的なレイアウトは，アメリカン・タイポグラフィの対極的なものとして位置づけられ，スイス・タイポグラフィと名づけられた．この方法の持つ普遍性は，1960年代の日本の若い世代のデザイナーに深い影響を与えた．そのスイス派とよばれた同誌のメンバーの一人であるヨーゼフ・ミューラー＝ブロックマンの［音楽会ポスター］《3-118》をあげる．

　この［Neue Grafik］に見られる考え方は，抽象主義の分野の，＜冷たい芸術＞と称された数学的な秩序による色面構成の作品を制作する芸術家たちの活動とともに，1950年代から1960年代にかけてのチューリヒ，バーゼルの都市を含めたスイスを，機能主義的タイポグラフィという名を冠された新しいタイポグラフィの中心地としたのである．バーゼルの工芸専門学校は，この考え方を継承する教育の場として国際的に高い評価を得ることとなった．この学校におけるタイポグラフィの教科課程の集大成したものとして，エーミール・ルーダーの著作『タイポグラフィ』《3-119-a》がある．

■3-116,117 │『ノイエ・グラーフィク』誌のタイポグラフィ 1959

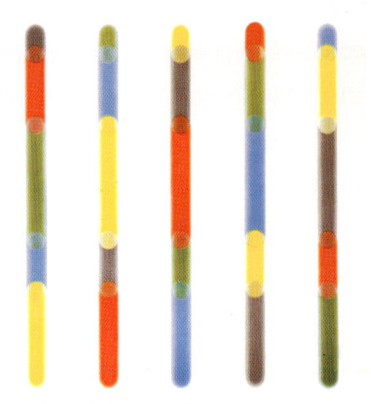

■3-118

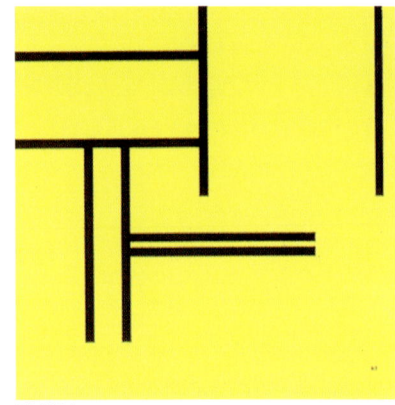

achte sinfonie
von
gustav mahler

fünftes juni-festkonzert 1960 der
tonhalle-gesellschaft zürich, freitag, 8. juli,
(voraufführung donnerstag, 7. juli)
20.15 uhr grosser tonhallesaal
leitung: erich schmid, solisten: agnes giebel,
maria van dongen (sopran), elsa cavelti,
ira malaniuk (alt), ernst häfliger (tenor),
pierre mollet (bariton), charles gillig (bass),
chöre: gemischter chor und kammerchor
zürich, knabenchor des gymnasiums zürich
mahler: achte sinfonie in es-dur
karten: fr. 5.50-16.50, tonhallekasse, kuoni,
hug, jecklin, dep'kasse oerlikon kreditanstalt

■3-119-b

■3-119-c

Emil Ruder Typographie

■3-119-a

1953年ベルンでデザイナーのマルセル・ヴィス，ディーター・ロートと詩人のオイゲン・ゴムリンガーによって創刊された「コンクリート・アート（具体芸術）」の国際的な運動誌『spirale』《3-119-b, 3-119-c》．スイス派の『Neue Grafik』運動に先立ち，1964年9号までコンクリート・ポエトリー（具体詩）をふくむスイス派の知的な造形原理の特集を多面的に展開した．

■3-118｜ヨーゼフ・ミューラー＝ブロックマン　Josef Müller Brockmann［音楽会ポスター］1958
ⓒ1993 The Museum of Modern Art, New York. Gift of the designer/
2012 by ProLitteris, CH-8033 Zurich & SPDA, Tokyo
■3-119-a｜エーミール・ルーダー　Emil Ruder バーゼル工芸専門学校の教科課程の集大成『タイポグラフィ』1967
■3-119-b｜マルセル・ヴィス　Marcel Wyss［シュピラーレ 6/7］号表紙　1958
■3-119-c｜ペーター・ケートマン　Peter Keetmann［シュピラーレ 8］号表紙　1960

■スイス派タイポグラフィと日本

　第二次世界大戦後，1950年代から1960年代にかけて，スイスのチューリヒやバーゼルの地を中心に，スイス・タイポグラフィ，チューリヒ・タイポグラフィと名づけられた，機能的なタイポグラフィを目指すデザイン活動があった．

　ハンス・ノイブルク，リヒャルト・ローゼ，ヨーゼフ・ミューラー＝ブロックマン，カルロ・ヴィヴァレリ等のアーチスト，デザイナーの名が，彼らの同人誌であった『Neue Grafik』《3-116, 117》にみられた．

　彼らの印刷物がその背後に，版面の骨格を厳密に定めた割り付けの基本型と，その運用のルールを持っていることが，やがて広く知られることになり，機能主義のタイポグラフィとよばれ，あるいは戦前の構成主義タイポグラフィの再生として，国際的な高い評価を得たのである．カール・ケルストナー著『ジィ・ノイエ・グラーフィク』はその代表的な一冊である．《3-120, 121》

　これらの雑誌や書物が，日本に輸入された時，同時期の日本の若い世代のグラフィック・デザイナー，殊にグラフィック・アート，グラフィック・デザインの分野に知的な論理構成を求めていた一群のデザイナーに歓迎され，その後の日本のグラフィック・デザインの分野に大きく影響を与えることになった．

　その後の歴史の中で，日本の社会全体が，その中心軸を大きく商業国家の側へ移動するにつれ，広告宣伝外のデザインは，相対的に社会的な影響力を失うこととなり，正確な論理を意図する静謐なタイポグラフィは，声高にセンセーショナルな話題を送りつづける画像の波の中に没してしまっているように見える．しかし，日本のグラフィック・デザイン界のマイノリティではあるが，彼らの「印刷物のデザインに知的な論理を」という主張の中に，このスイス派のタイポグラフィの提起した論理性は，基調低音として留まり続けている．

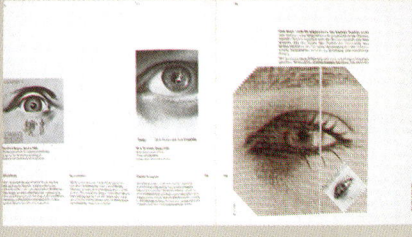

■3-120　　　　　　　　　　　　　　　　　　　　　　　　　　　■3-121

近代日本の印刷デザイン
タイポグラフィを中心に

　日本においては，グラフィック・デザインやヴィジュアルデザインという考え方は，第二次世界大戦後のものである．この考え方に立って，近代の日本におけるグラフィック・デザイン的なものの歴史を記そうとすれば，第二次大戦以前は，前史として位置づけざるを得ないことになる．しかし，それらを注意深く見れば，人々の生活に大きな影響を与えるような物の形や美的な形態への追求は数多くあるし，単なる様式の模倣でなく，本来的な機能を追求したものも数多い．その時代の技術を用いてその時代に相応した形，その時代の精神を形象化したと考えられるものも多く見られるのである．これらの先駆者によって開拓された道を，私たちは歩いているのである．

　20世紀初頭は，近代日本の明治30年代である．印刷複製技術は，日清・日露の2つの

■3-120,121｜カール・ゲルストナー Karl Gerstner『ディ・ノイエ・グラーフィク(die neue Graphik)』表紙・中見開 1959

■3-122

戦役の間に，近代的なものへ衣替えを行った．この明治30年代は，金属活字を使用した活版印刷による大量生産技術と，輸入や製紙業の興隆による洋紙やボール紙を用いた洋本の製本技術が，江戸時代からの和本の印刷や製本の技術に交代し，産業として登場した時期である．古くからあった絵画の複製技術である浮世絵・錦絵・木版画等は，この時期に店頭から姿を消し，西洋流の木口木版と石版に代わり，写真技術・網版印刷技術も一般に普及しはじめた時期でもある．

この頃の言葉で，現在の印刷デザインに該当するものは，＜図案＞でありまた＜工芸＞である．

近代的な印刷技術と日本画の画家，洋画を学んだ画家たちとの結びつきから，旧来の伝統的な絵画の様式とは離れた複製技術が生まれた．特に西洋画といわれた油絵を中心とした洋画の技法は，自然な光の中の明るい女性の肌色を表現することとなったし，遠近法の採用による物の立体感の表現によって，科学的な物の見方を人々の間に広めることとなった．石版印刷の技術が，このような絵画を複製し，多数の人々に事物や空間の知覚における異なる手法の存在を意識させることとなったのである．

さらに旧来の階級制度が消滅した後の都市の市民を対象とした商業資本の販売方法が生まれ，これに合わせた宣伝技術，例えばポスターが，従来の引き札や絵ビラと並んで考案されることとなった．新しい形式の視覚的なメディアが出現しはじめた．

書籍の分野で，近代的な洋式製本に合わせた装丁装本が見られることとなった．それらのうちの代表的なもののひとつとして，橋口五葉による夏目漱石の『我輩ハ猫デアル』の装本《3-122》をあげる．さらに，絵画と印刷技術の結び付きが，都市の新しい商業資本の作りだしたポスターというメディアに登場した例として，岡田三郎助［三越呉服店のポスター］《3-123》をあげる．

大正時代に入って，新興階級の市民の文化的な生活の気風にマッチした商品が製造され販売されるようになった．この時代を示す例として，江戸時代からある美人画の主題を，新しい写真印刷技術によってリバイバルさせた片岡敏郎デザインの［赤玉ポートワインのポスター］《3-124》がある．

日本が近代国家へと衣を新しくした明治維新から数えれば，50余年，印刷複製技術が近代的な産業として成立してから，おおよそ四半世紀を経て，印刷表現の分野においても，

■3-122｜橋口五葉 夏目漱石著『吾輩ハ猫デアル』の装本 1905 日本近代文学館

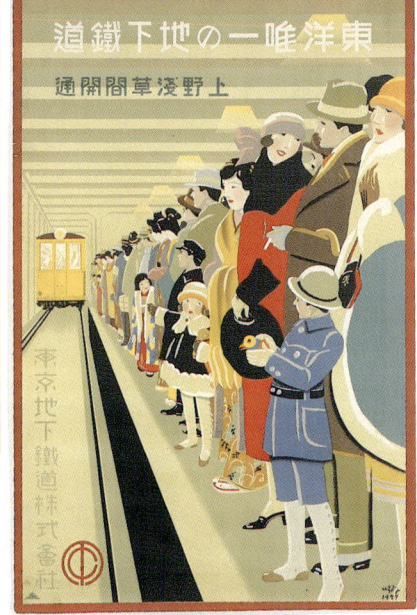

■3-123 岡田三郎助 ポスター［三越呉服店］1907
■3-124 ポスター［赤玉ポートワイン］ad.片岡敏郎 d.井上木宅 p.河口写真館 1922
京都工芸繊維大学美術工芸資料館 AN.3725
■3-125 多田北烏 ポスター［講談社 大評判の九大雑誌］1927 武蔵野美術大学美術資料図書館
■3-126 杉浦非水 ポスター［東京地下鉄道株式会社］1927

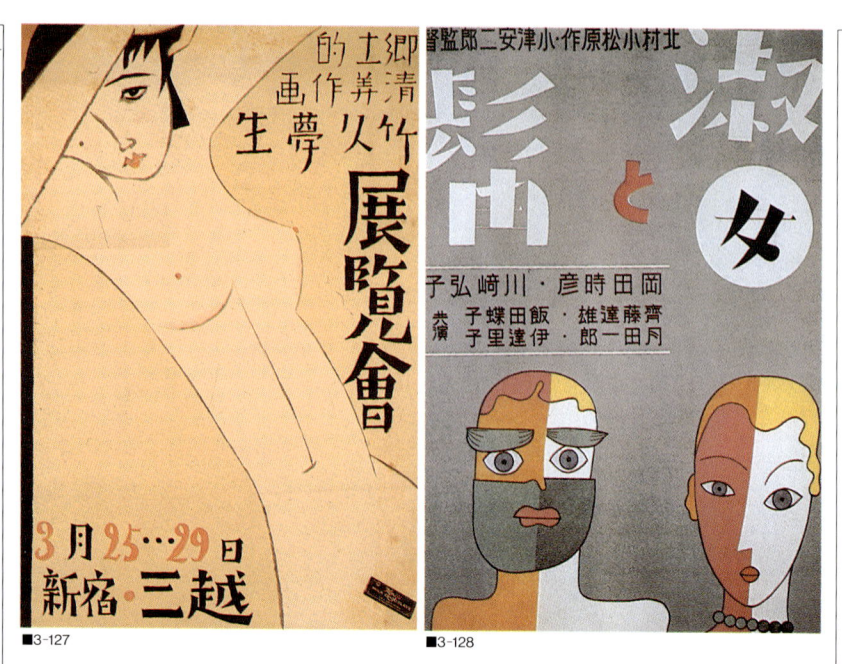

西洋の技法や流行の波を受けながら，それらの技術を自己のものとして，独自の作風を打ち立てる作家たちが登場する．応用美術としての商業美術の分野の開拓者であった多田北烏《3-125》やアール・デコ風のタッチの装飾的な作品を残した杉浦非水《3-126》等である．あるいは，広く挿絵や宣伝美術の分野にも作品を残した，日本的な感性を独自のモダンな感覚で描き大衆に受け入れられた竹久夢二《3-127》のような画家たちである．

1920年から1930年代，昭和10年頃まで，経済的にも文化的にも国際的な影響を強く受けた日本の社会状況を反映し，印刷複製物のデザインの分野には，前衛的な芸術運動，左翼的社会主義的思想，新興芸術，商業主義への傾斜等多くの作風を持つ作家たちが登場する．村山知義，柳瀬正夢，恩地孝四郎，山名文夫，河野鷹思等である．この中から，商業

美術家として自立した専門家，作家としての意識を持つ日本的モダニズムの河野鷹思のポスター《3-128》，装本作家として，造本への近代的アプローチに傑出した感性を見せた詩人で版画家の恩地孝四郎の同人誌『書窓』のデザイン《3-129,130》，広告美術の中に傑出した芸術的感性を示しアールヌーヴォーとモダニズムの融合を見せた山名文夫《3-133》の資生堂の広告をあげる．

昭和前期，1930年代から1945年の敗戦の年までの15年間は，国家意志による戦争とその遂行のための準備の過程のように見える．図案と呼ばれたポスターや雑誌等の印刷表現には，多数の人々の意識を捉えるため，写実的でしかも荒々しい絵画の形式が歓迎された．

これらのいわばプロパガンダを目的とした国内向けの印刷物が描かれ用いられていた

■3-127 ｜ 竹久夢二 ポスター［郷土的清葊作画竹久夢二展覧会］1931
■3-128 ｜ 河野鷹思 映画ポスター［淑女と髯］1931

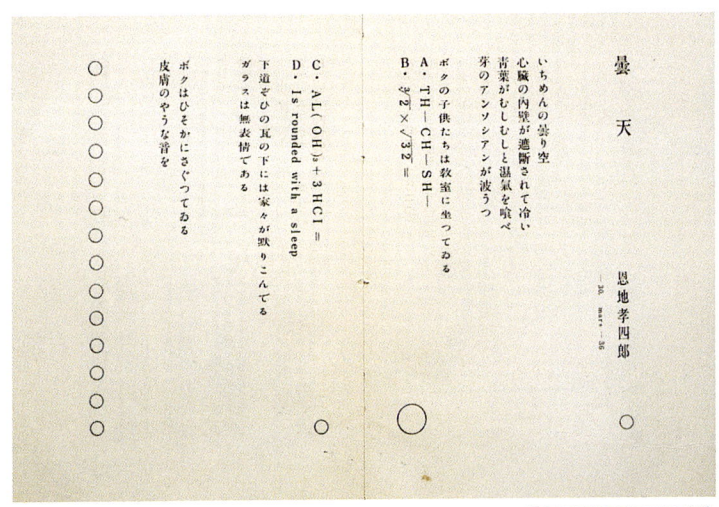

■3-130

■3-129

　時期，対外文化工作を目的とした2種の国策グラフ雑誌が，印刷物としてはより高品位の洗練された装いで編集制作され配布が続けられていた．

　1冊目は，1934（昭和9）年10月から1945（昭和20）年までのほぼ10年間に，36冊が編集制作された『NIPPON』《3-131》である．

　ドイツ帰りの名取洋之助が主宰する日本工房が送り出した英語，ドイツ語，フランス語，スペイン語の4カ国語のそれぞれの版を持つ横組，四六四倍判の雑誌であった．

　日本工房は，1939（昭和14）年には国際報道工芸社とよばれたこともあり，内閣情報部に繋る組織であったといわれている．

　2冊目は，太平洋戦争を開始後の1942（昭和17）年から，1945（昭和20）年までの4年間に，合わせて17種の号が編集制作された雑誌『FRONT』《3-132》である．1941（昭和16）年，内閣情報部と陸軍参謀本部の国策に応じた組織の東方社が編集制作した．

　『FRONT』（フロント）は，A3判で，通称の「海軍号」「陸軍号」「満州国建設号」等が編集制作され，それぞれが，中国語，英語，ロシア語，フランス語等の多数の国の言語で組まれ，15カ国語を数えた．印刷製本段階の空襲による焼失や企画段階のものもあり，実際に公刊されたものは9種といわれている．

　いわゆるフォトモンタージュや合成写真の手法で制作された画像もあり，高品質の用紙や当時利用できる最高の製版印刷の技術を使用した印刷であるといわれた．

　大戦後の日本の視覚的なデザインの領域の基本的な枠組みを決定したものは，戦勝国であり占領軍であったアメリカの視覚的な文化であった．

■3-129,130 | 恩地孝四郎『書窓』タイポグラフィ アオイ書房刊 1936

■3-131

■3-132

■3-133

　原色と大きなパターンの布地の衣服のデザイン，カラフルな写真やイラストレーションに満ちあふれた雑誌の中の特集や広告ページ，鮮やかで強い訴求力を持ったタバコやチューインガム等の商品のパッケージの視覚的な多様なデザインは，それらが映像化された映画を格好のお手本として，日本人の生活の細部にまで浸透し，生活様式を変化させる働きをしたのであった．とりわけ，米国の工業デザイナーのレイモンド・ローウィが引き受けたタバコの新製品＜ピース＞のデザインは，そ

の英字書体とハトの形，さらに高額のデザインフィーといった話題とあいまって，＜デザイン＞という語と社会的な機能を，広く人々に知らしめた事件であった．

　以降，日本のグラフィック・デザインは，アメリカ的なアドバタイジング・デザインのマーケティング理論，アート・ディレクター・システム，アメリカンタイポグラフィを，一種の社会的な制度として取り入れた＜広告デザイン＞を主要な柱として成立することになる．そして，さまざまな視覚像は，1960年代を境として，印刷メディアを伝達の基盤とした社会，ラジオ等の音声メディアを基礎とする社会のものから，高度の印刷メディア社会（カラー化／カラー写真化），テレビジョンの登場による映像メディアを基盤とする社会のものへと変容することになる．

Mori

■3-131｜名取洋之助　雑誌『NIPPON（ニッポン）』表紙　表紙デザイン：河野鷹思1934　国立国会図書館
■3-132｜原弘　雑誌『FRONT（フロント）』表紙　1943　日本近代文学館
■3-133｜山名文夫　新聞広告［資生堂香水］1950

The Concise History of Modern Design

4章
アメリカのインダストリアル・デザイン
Modern Age of America

阿部公正

4　アメリカのインダストリアル・デザイン

　アメリカはインダストリアル・デザインの発祥の地だと言われている．実際，インダストリアル・デザインという言葉が，今日の意味にかなり近い形で使われ出したのは，この国で1919年頃のことだというのは，ほぼ定説になっている．また，のちに見るように，インダストリアル・デザインという職能が社会的に認められるようになるのは，この国で1920年代末のことである．

　だが，この場合留意しておかなければならないことがある．それは，アメリカでは，インダストリアル・デザインは，「ゆたかな社会」のために役立つビジネスとして誕生し，発展した，ということである．だから，1929年10月に始まる，あの経済的大恐慌のなかで，企業を再興するための職業人としてデザイナーの存在がクローズアップされてくる事情は，容易に想像できるだろう．

　そのような，デザインをめぐるアメリカ的な状況を示すキーワードとして「摩天楼(スカイスクレイパー)」と「流線型(ストリームライン)」の2つを挙げておこう．いうまでもなく，これらの流行語を生み出した契機は，機械であり，またそれに伴う消費社会である．エンパイア・ステート・ビルに代表される「摩天楼」は，ナンバーワンを誇りとするアメリカの個人主義の勝利の例であり，「流線型」は──もとは科学的根拠にもとづき，高速の乗り物に適用された合理的な形態であったのだが，やがてそれは販売のためにあらゆる商品の形態に応用されていった──流行現象に対する消費者の順応を示す例である．1945年の，まだ戦争の終わらない時期にアメリカを訪れたサルトルは「アメリカ人は個人主義者である」というのと「アメリカ人は画一主義者(コンフォルミスト)である」というのは矛盾しない，と語っているが，「社会的画一主義と個人主義の統合」というアメリカ的な精神的風土は，この国のインダストリアル・デザインの基盤であった，といってよいだろう．

　また，デザインの普及という点では，ニューヨークの近代美術館は，従来のアートの概念を拡大し，純粋美術ばかりでなく，建築やデザインをも積極的にとり上げて，啓蒙活動を活発に展開させた．その影響は，国内ばかりでなく，世界中に広まった《4-1》．

　この章では，上述の状況の背景として，19世紀における機能主義の考えをたどってみたうえで，20世紀前半期のインダストリアル・デザインを概観することとしよう．この時期のヴィジュアル・デザインについては第3章を，また20世紀後半期のインダストリアル・デザインについては，第5章を参照されたい．

■4-1｜エドワード・ダレル・ストーン Edward Durell Stone 設計　ニューヨーク近代美術館　1939

■4-2

インダストリアル・デザインの背景

19世紀の半ば以来,アメリカの産業組織は,ヨーロッパのそれとはいちじるしく異なる様相を示していた.すなわち,豊富な材料と乏しい熟練労働力という,ヨーロッパとは反対の状況である.そのため,アメリカでは,早くから人力をできる限り節約して,手加工よりも機械生産に頼るという方法をとらざるをえなかった.したがって,生活に必要な物の生産にあたって,合理的思考ないし機械的思考をめぐらすのは,自然の成り行きであった.だが,一口に機能主義といっても,それは単なるドグマではなく,そこには深い考えが秘められていた.

グリーノウからサリヴァンへ

普通,機能主義といった場合,直ちに思い浮かぶのは「形は機能に従う」という,あの有名なモットーであろう.だが,このサリヴァンのモットーの先駆けとなる考えが,すでに19世紀半ばに芽生えていた.彫刻家のホレイショー・グリーノウは,アメリカの建築の状況を批判したなかで,建物をモニュメンタルなものと実用的なものに分けながら,後者は法則に従って処理されるものであり,したがって「それは機械だと言ってよい」と述べている.さらに彼は,あらゆるものについて,その機能を重視する考えから「美は機能の約束である」とも述べている.

グリーノウの考えは,19世紀末には,建築家のルイス・ヘンリー・サリヴァンによって明確化された.彼は,世紀末に急速に膨張したシカゴを中心として活躍し,商業的ビルディングのデザインのうえで新方向を示した《4-2》.

ここでは,彼の機能主義思想の核心のみを

■4-2｜ダンクマー・アドラー Dankmar Adler,ルイス・サリヴァン Louis Sullivan 設計
ギャランティ・ビル 1894-95 バッファロー 向井周太郎撮影

とり上げておこう．彼は，フランスの博物学者ラマルクがその著『動物哲学』(1809)のなかで主張した「環境の諸条件は動物の形態および習性に影響を及ぼす」という考えからヒントを得て，「形は機能に従う」という命題をひき出した．機能主義の創始者としてのサリヴァンについて語られるときに必ず引き合いに出されるモットーである．だが，これは，「家は住むための機械である」というモットーで有名なル・コルビュジエの機能主義とは異なる．そのことを見ておくために，上の命題がどういう文脈のなかで語られているのか，その部分だけを引用しておこう．彼は，自然のもろもろのものがすべて形をもっていることを指摘したのち，次のように述べている．「弧を描きながら空を飛んでいる鷲，花盛りのりんごの木，働いている馬，楽しげなスワン，枝をひろげているオーク，曲りくねって流れる川，空にただよう雲，とりわけ一定の針路に沿って進む太陽など，何であれ，形は機能に従う．これが法則だ．機能が変わらなければ形は変わらない」(1896)．

これでわかるとおり，彼は，自然現象であれ，有機的な動植物であれ，自然のすべてのものについて認められる法則を，人工物にも適用しようとしたのである．つまり，自然なり有機体との類比（アナロジー）で主張される機能主義である．さきに挙げたグリーノウの「美は機能の約束である」という考えも，やはり有機体との類比によって得られたものであった．ただし，サリヴァンにおいてもグリーノウにおいても，「有機的」(オーガニック)という言葉は，単に生命力の存在を意味するばかりでなく，さらに，そうした力のはたらきを可能にする手段としての構造(ストラクチャー)ないし機構(メカニズム)の存在を意味している．文明評論家のルイス・マンフォードの言葉を借りれば，有機的機能主義ということになるだろう．

それゆえ，彼は装飾を全く否定するのではない．彼は，「装飾を全く欠いた建物でも，マスとプロポーションによって，高貴な，堂々としたおもむきのあるものとなりうる」ことは自明のことだ，という考えのうえに立ちながら，さらに，それでもなぜわれわれは装飾を使うのだろうか，と問う．そして次のように語る．「装飾は，もしそれが置かれている

4-3｜フランク・ロイド・ライト Frank Lloyd Wright 設計 ユニティ教会内部 1906 オーク・パーク 向井周太郎撮影

平面または本体の一部であるように見えるならば，いわば＜貼りつけ＞のように見える場合よりもいっそう美しいということは明らかだ．ちょっと注意してみれば，前者の場合には装飾と構造の間に，ある特殊の共鳴があるのに対して，後者の場合にはそれがないのだ，ということがわかるだろう．明らかに，構造も装飾もともに互いに他の価値を高めながら，この共鳴によって利益を得ているのだ．そして，これがいわば装飾術の有機的体系というべきものの基礎なのだ，と私は思う．」(1892)
これは，装飾を象徴的意味の担い手として考えているものといえよう．

サリヴァンの思想をさらに独自の方向へ展開させたフランク・ロイド・ライトの建築や家具デザインについて言われる「有機的」という言葉も，ほぼ同じことを意味している．《4-3》

ビジネスとしてのインダストリアル・デザイン

アメリカのインダストリアル・デザインは，基本的には，大量生産と大量消費の進むなかで急速に展開した．ここでは，ヨーロッパの場合に見られたような，工芸の近代化という学習過程を踏みながら，やがてインダストリアル・デザインを明らかにしてゆくという道を歩む必要はなかった．大量生産の方法とそれに必要な工作機械について見れば，すでに19世紀末から20世紀初頭にかけて，アメリカは世界中で指導的な立場にあった．1890年代には，コンベヤー・システムの芽生えが鉄道の貨車製造に見られた，という．

■4-4

ここでは，大量生産と大量消費がデザインと深いかかわりをもった例として，T型フォードのエピソードを挙げておこう．自動車の生産の点では，アメリカが常に世界の先頭を切っていたわけだが，たとえば，1908年に発売されたT型フォードの生産は，1909年にすでに年産10,000台を超えていたという．ヘンリー・フォードは，価格の安い自動車を造ろうという強い考えをもっていた．自動車は運送手段であればよい，というのが彼の信念だった．そのため，流れ作業を自動車の生産方式に導入した．そうして，1913年には，フォードは世界の業界を支配するまでになった《4-4》．それは1924年に発売されたとき290ドルであったが，当時のほかの自動車のなかには価格が15倍もするものがあったほどだという．T型フォードは，まさに機能主義美学のシンボルとして，世間の評判を得たのである．

だが，フォード社がつぎつぎに安い自動車を社会に送り出してゆくにつれて，消費者の側には新しい欲望がつくり出されていった．消費者の関心はスタイルへと移ったのである．GM社はこの点に着目し，そうした欲求にこたえる組織をもって対抗することとなった．つまり，スタイルが売れ行きを左右する決め手となったわけである．フォードの名声は下落し，1927年にはT型フォードは生産中止

■4-4｜T型フォード［フォーダー］1923

■4-5

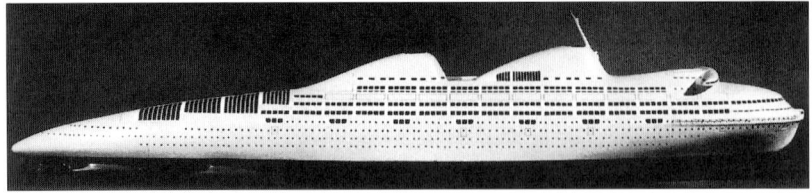

に追い込まれた．

　このエピソードは，アメリカのデザインの動向をよく示しているものといってよい．デザインとスタイリングとは同じことなのか，あるいは違うことなのか，という問題は，1920年代の後半期以後30年代にかけて，インダストリアル・デザイナーの活動が活発になってくるなかでもしばしばとり上げられることとなるのである．

インダストリアル・デザインのパイオニアたち

　さきに触れたように，インダストリアル・デザインという言葉を最初に使ったのは，1919年にジョーゼフ・サイネルだったらしい．サイネルは，1918年にニュージーランドからアメリカに渡り，企業の製品の改良の仕事や企業の宣伝の仕事をしていた．だから，彼はアメリカにおける最初の，職業人としてのインダストリアル・デザイナーだ，といってもよいだろう．いずれにしても，インダストリアル・デザインの誕生にむけて，その土壌が出来ていたのは事実だろう．

　インダストリアル・デザインが職業として社会的に認められるようになるのは，1920年代末から30年代にかけてのことだった．その際，ベル・ゲッデスとティーグの2人がとくに注目される．もともと舞台美術家であったノーマン・ベル・ゲッデスは，1927年にアメリカで最初のインダストリアル・デザインの事務所を開いた．ウォルター・ドーウィン・ティーグがそれに続く．

　ベル・ゲッデスは，各種工業機器のデザインから建築デザインや都市計画の構想に至るまで，幅広い分野で活動した．1928年には最初の流線型（ストリームライン）機関車のデザインを発表し，その後これを自動車や客船にも適用してみせた《4-5》．流線型は，いうまでもなく一種の空気力学的実験の結果生まれた形態であって，単なる想像力の所産ではなかった．だがそれは1930年以後には，機能とは関係なく，台所用品に至るまでありとあらゆる商品の形態に適用されていった．また，1929年のシカゴ博における［空中レストラン］《4-9》，1937年の都市計画案（1960年の都市）は，その才能の幅の広さを示している．彼は，「形を指図するのは機能だ」という考えから，インダストリアル・デザイナーは，デザインしようとするものの内的組織や実用目的についての研究者として仕事を始めるのでなければならない，と語っている．

　それに対して，ティーグの方はもっぱらリアリストであり，デザインにあたっては，外観をより良くすること，よりいっそう有用であるようにすること，より経済的であること，そういったことを目標としながら，企業に最大の利益をもたらすことを目指した《4-6》．この2人のうちに，ビジネスマンとしてのデザイナーの2つのタイプを見ることができるだろう．

　また，1919年にフランスからアメリカに渡ったレイモンド・ローウィは，パッケージ，

■4-5｜ノーマン・ベル・ゲッデス Norman Bel Geddes ［外洋定期客船模型］1932
Museum of the City of New York

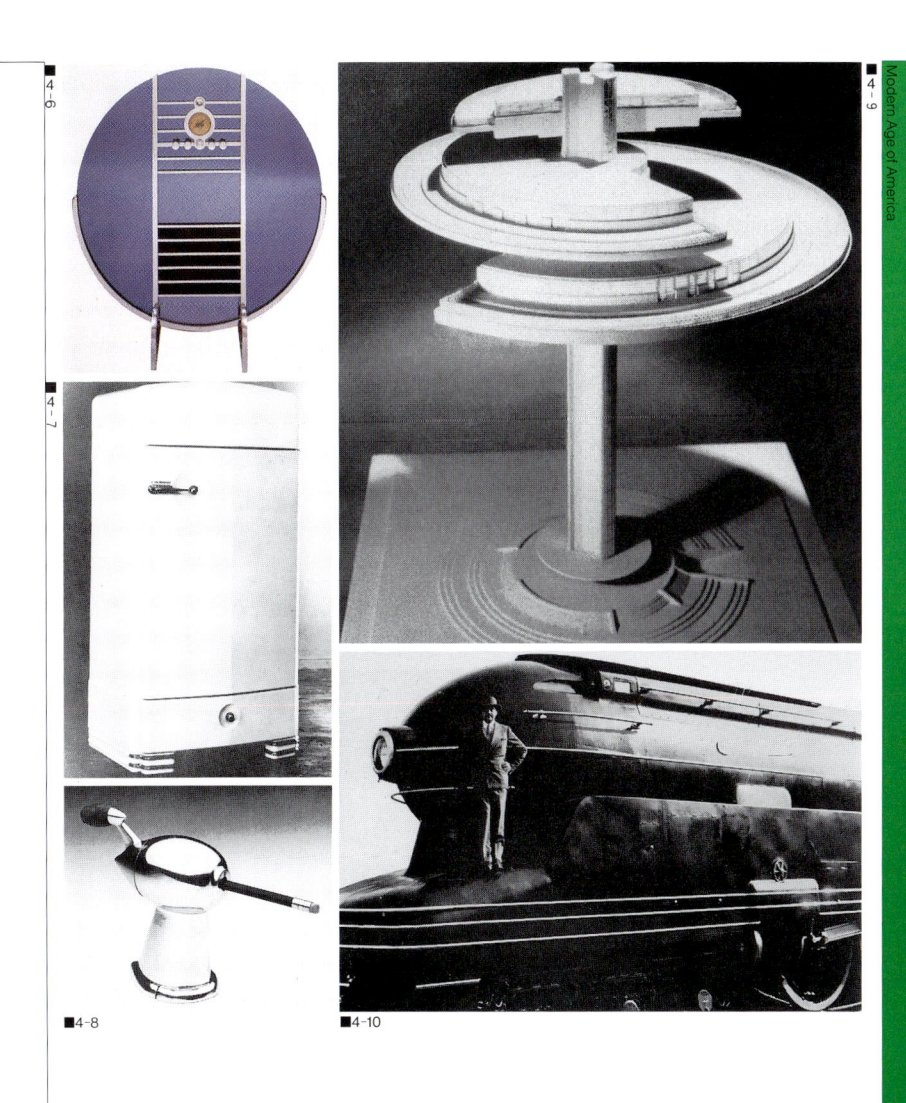

電化製品，自動車，その他彼のいわゆる「口紅から機関車まで」あらゆるもののデザインで，アーティスト・エンジニアとしての腕を振るった《4-8,10》．彼がシアーズ社のためにデザインした冷蔵庫［コールド・スポット］《4-7》は，消費者のニーズにこたえるものとして好評を得，これによって同社は業界のトッ プに躍り出ることとなった．ラッセル・ライトは「機能的なデザインを人間的なものにする」ことを目指し，家庭用品のデザインにアメリカ的な味わいを与えようとした《4-11,12》．その他，ドナルド・デスキーや，美術館の副館長からデザイナーへと転じ，ラジオ，洗濯器具，乗り物などのデザインで活躍したハロ

■4-6｜ウォルター・ドーウィン・ティーグ Walter Darwin Teague ラジオ［ブルーバード］1937-40
■4-7｜レイモンド・ローウィ Raymond Loewy 冷蔵庫［コールド・スポット］1938
■4-8｜レイモンド・ローウィ Raymond Loewy［鉛筆削り］
■4-9｜ノーマン・ベル・ゲッデス Norman Bel Geddes［空中レストラン模型］1929-30
■4-10｜レイモンド・ローウィ Raymond Loewy［ローウィとペンシルベニア鉄道の機関車］1937-39

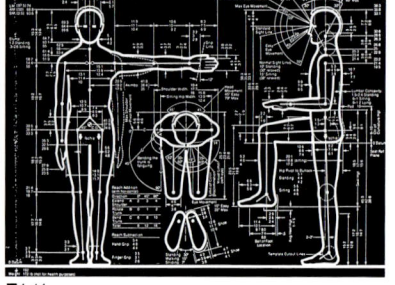

ルド・ヴァン・ドーレン《4-13》，1929年に事務所を開き，家庭用品のデザインから列車のデザインに至るまで幅広く活躍したヘンリー・ドレフュスの名を挙げておこう《4-14》．

■ 経済恐慌とデザイン

　1929年10月24日に始まった大恐慌を経験するなかで，実務としてのアメリカのデザインは，いっそう明確に，経済的成功のための手段となっていった．

　不況にあえぐ企業を倒産から救う方法のひとつは，製品の本体は変えずに，ただ表面の形態だけを変えるという手法を導入することだった．デザインというよりはスタイリングと呼ぶべきこの方法は，企業を立ち直らせる魔術師としてのデザイナーを生むこととなる．

　この手法は，商品のスタイルを変えることによって，それまでのスタイルを心理的に古いものと感じとらせる「廃物化」の原理によるものだが，スタイルばかりでなく，ときには商品の寿命についても「廃物化」の原理を

■4-11｜ラッセル・ライト Russel Wright［銀食器類］1933
■4-12｜ラッセル・ライト Russel Wright［"アメリカン・モダン"食器］1939年発表　The Brooklyn Museum
■4-13｜ハロルド・ヴァン・ドーレン Harold van Doren［ラジオ］1930-33　The Brooklyn Museum
■4-14｜ヘンリー・ドレフュス Henry Dreyfuss［人体測定図］

■ニュー・バウハウス

　1937年に，シカゴの芸術・工業協会はインダストリアル・デザインの学校の設立を計画した．その際，校長を依頼されたグロピウスは，自分の代わりにモホリ＝ナギを推薦した．1928年にバウハウスを辞して，ベルリン，アムステルダム，ロンドンへと移住していたモホリ＝ナギは，依頼に応じて1937年にアメリカに亡命し，シカゴの「ニュー・バウハウス――アメリカン・スクール・オブ・デザイン」の校長となった．しかし，その1年後，スポンサーからの資金援助不足のため閉鎖．彼の妻シビル，および友人たちの多大な努力で，1939年には「シカゴ・デザイン学校」が再開された．これは，1944年には「デザイン研究所」と改称され，大学ランクの学校となったが，モホリ＝ナギの没（1946）後，1949年にはイリノイ工科大学に合併された．モホリ＝ナギは，ここでの教育をもととして『ヴィジョン・イン・モーション』（1947）を書き著したが，これは，諸感覚の統合を目指した著者が，デザイン教育の根本を具体的な教育の過程について詳しく解説したものとして，世界的に高く評価されている《4-15》．

　このモホリ＝ナギの教育展開にも協力したジョージ・ケペッシュはナギの総合的な造形思考の生動性を継承し『視覚言語』（1944）や『new landscape: 芸術と科学の新しい風景』（1956）などを著わした．これらはナギの著作と共に21世紀の今日なお啓発的である．

応用しようとする考えも出てきた．消費者に，より多くの商品を買わせようとする方策である．30年代の半ば頃には，商品の耐久性をうたうことは，もはや時代遅れということになり，やがて50年代から60年代にかけては，「計画的廃物化」の原理は，しばしば生産高の増大のためにデザインに適用されてゆくこととなるのである．

　こうしたデザインのあり方に対する批判も，早くから現れていた．たとえば，ルイス・マンフォードは，1930年の評論で，近代デザインの最も特徴的な要素――機械生産，単純性，材料の節約，およびそこから生ずる低廉性――が，生産者の要求と矛盾するものであることを指摘する．なぜなら，生産者は，消費者の真の欲求に応えるのではなく，社会的身分，地位を誇示しようとする消費者の欲求を巧みに利用して，製品の販売量を増大させようと意図しているからである．その難点を解決するには，機械生産を社会的に把握し直さなければならない，と彼は言う．そうして，いまアメリカの製造業者が「アール・モデヌ」と呼んでいるものは，商人の目的に役立つ，いまひとつの様式であるにすぎず，本当に美しく，役に立つ形態をつくり出しているわけではないのだ，と非難している．

　経済恐慌を契機として，アメリカのインダストリアル・デザインは独自の道を歩むこととなるのである．

■4-15 | ラースロー・モホリ＝ナギ László Moholy-Nagy ポスター［ニューバウハウス］1937

ヨーロッパの影響を受けて

亡命したバウハウスの人びと

　ヨーロッパからの影響のなかで，最も強力なのはバウハウスから受けたものだった．
　1930年代には，ドイツではナチの勢力が強まり，バウハウスの存続が危うくなってくる．そのため，かなり多くのメンバーが，イギリスを経由してアメリカへ亡命した．ヨーゼフ・アルベルス（アメリカではジョーゼフ・アルバース）は，1933年にブラックマウンテン・カレッジに招かれてアメリカに渡り，のち1950年にはイェール大学へ移った．彼は，バウハウスにおいて担当していた工作教育（ヴェルクレーレ）を，一般教育のなかでの重要な基礎科目として定着させようとして，その理論を固めるとともに，作家活動のうえでも大きな成果をあげた．
　アルベルスの亡命は早い方の例であるが，1937年には，ヴァルター・グロピウス，マルセル・ブロイヤー，モホリ＝ナギ（アメリカではモホリ＝ナジ），ミース・ファン・デル・ローエが，1938年には，ヘルベルト・バイヤー（アメリカではハーバート・バイヤー）がアメリカに渡った．また，ドイツ系アメリカ人のリオネル・ファイニンガーは1936年に帰国している．
　ハーヴァード大学大学院に招かれたグロピウスは，38年から41年にかけてブロイヤーと共同して事務所をもち，とりわけ住宅建築のうえで，アメリカに見合った近代建築を実現した．さらに1946年には設計グループ「TAC」を結成した．また，アーマー工科大学（のちのイリノイ工科大学）に招かれたミース・ファン・デル・ローエは，ドイツにおいて1920年代に構想していた鉄とガラスの建築をつぎつぎに実現していった．モホリ＝ナギは，1937年，シカゴに設立されたニュー・バウハウスの校長として招かれ，その後1946年に没するまで，きわめてユニークなデザイン教育を展開した．バイヤーの活動については第3章を参照されたい．

ニューヨーク近代美術館の啓蒙活動

　1929年，ニューヨーク近代美術館が設立された．開館以来の展覧会のリストを見れば，普通の美術展のほかに，工夫をこらした展覧会が数多く開かれたことがわかる．なかでも，1938年に開催された「バウハウス　1919-1928」展が注目されるが，そのほか1934年には「機械芸術（マシーン・アート）」展，1941年には家庭用家具調度類のデザインをとり上げた「オーガニック・デザイン」展が開催されている．このようにして，美術館活動のなかにデザインを重要な部分としてとり入れていったのであるが，それは，館を訪れる人びとに対して，とかく商業主義へと傾きがちな，現実のデザインの動向に対する批判的な見方を提示するものであった．
　そのことは出版活動についても言える．主要な展覧会に関連して刊行された出版物には重要なものが多い．さきに挙げたバウハウス展の際にも，同じタイトルの本が出版されたが，それは今日でもバウハウスに関する重要な資料のひとつとなっている．また，1950年にはカウフマンJr．による『近代デザインとは何か？』（生田訳，美術出版社）が出版された．そこで著者は，デザインとは何か，近代デザインとは何か，良いデザインとは何か，について，「近代デザインの12の定理」（143頁参照）として形態と機能の関係を重視する視点で理解したのち，家具，テーブルウェア等の家庭用品を写真で示している．近代美術館が，アメリカにおけるデザインの普及のうえで果たした役割はきわめて大きい．

■4-16　　　　　　　　　　　　　　　　　　　　■4-19

■「近代デザインの12の定理」

1. 近代デザインは近代的生活の実際的必要を充足すべきである．
2. 近代デザインはわれわれの時代精神を表現すべきである．
3. 近代デザインは純粋美術や純粋科学の現在の進歩から利益を受けるべきである．
4. 近代デザインは新材料・新技術を駆使し，在来のそれを発展せしめるべきである．
5. 近代デザインは適切な素材や技術の必要条件を直接に満たすことから生じる形態・肌理・色彩を発展せしめるべきである．
6. 近代デザインは対象物の意図をはっきり表すべきで，それをそうでないようなものに見せかけるべきではない．
7. 近代デザインは使用する材料のもつ性質や美を表現すべきで，その材料を別の材料のように見せかけるべきではない．
8. 近代デザインはそのものの製作方法を表すべきで，大量生産方式を手作業でやったかのように見せかけたり，使用されていない技法を偽装すべきではない．
9. 近代デザインは実用・材料・工程の表現を，視覚的に満足すべきで全体に融合すべきである．
10. 近代デザインは単純なるべきこと，その構成は外観からあきらかなように，法外な装飾過多を避けるべきこと．
11. 近代デザインは人間に仕える機械に習熟しなければならない．
12. 近代デザインはできるだけ広く公衆に奉仕すべきで，華美豪華の要求に挑戦すべきはもとより，地味な要求や限られた原価をも考慮に入れるべきである．

"What is Modern Design?" by Edgar Kaufmann, Jr.
『近代デザインとは何か?』エドガー・カウフマン Jr.
（邦訳：生田勉　美術出版社・1953年刊）

インダストリアル・デザインの新たな展開

　パイオニアたちの努力ののち，それに続くインダストリアル・デザイナーたちは，ヨーロッパの影響を巧みに消化しながら，アメリカ独自のデザインを展開させるようになった．
　構造技術者のバックミンスター・フラーは，1927年来，彼のいわゆるダイマクション理論に没頭した．それは，力学と最大の効率を結合することを狙いとしたデザインで，1927年にはダイマクション・ハウスを，ついで「ダイマクション・カー」(1932-33)《4-16》，「ダイマクション・マップ」を発表した．彼の名は，1953年来「フラー・ドーム」《4-19》で世界的に広く知られるようになるのだが，この技術的アプローチから壮大な建築を志向してゆくフラーの姿勢のうちには，まさしくアメリカ人のもつ知の重要な一面がうかがわれるといってよい．

■4-16｜バックミンスター・フラー　Buckminster Fuller［ダイマクション・カー］1932-33
■4-19｜バックミンスター・フラー　Buckminster Fuller［フラー・ドーム］1953

■4-20

■4-21

■4-22

　また，1941年のニューヨーク近代美術館主催の「オーガニック・デザイン」のコンペでエーロ・サーリネンと共に入選したチャールズ・イームズは，ハーマン・ミラー社のデザイナーとして家具デザインのうえでその才能を発揮した．とりわけ，脚にスチール，座と背に成型合板を使った椅子は，明快でエレガントなデザインとして有名である《4-21》．一方，フィンランド人建築家の息子で，アメリカで育ったエーロ・サーリネンは，建築のほかには，主に「大きくて快適であるような」椅子のデザインを試みた《4-20》．彼は，1943年来ノール社に参加している．また，ジョージ・ネルソンも典型的なアメリカ的デザイナーだといえる《4-22》．彼は，建築，家具，デザイン，および博展のデザインで活躍するとともに，文筆活動によってデザインの啓蒙に寄与した．

　1939年に開催されたニューヨーク万国博覧会で，アルヴァー・アールトはフィンランド館をデザインした．曲がりくねった傾斜した壁を使った空間は，陳列品とともに，アメリカ人の目をひくこととなった．1950年代には，ふたたびスカンジナビア諸国のモダン・デザインに関心が向けられることとなる．

　そのような状況のなかで，1944年にはインダストリアル・デザイナーの職能団体SID（インダストリアル・デザイナー協会）が結成された（これは，のちにASIDと名称変更，さらに1965年にはIDSAとなる）．　　　Abe

■4-20｜エーロ・サーリネン　Eero Saarinen［チューリップ・チェア］1957　武蔵野美術大学美術資料図書館
■4-21｜チャールズ・イームズ　Charles Eames　成型合板［イームズ・チェア］1946　武蔵野美術大学美術資料図書館
■4-22｜ジョージ・ネルソン　George Nelson　ハーマン・ミラー社［マシュマロ・ソファ］1956

The Concise History of Modern Design

5章
現代のデザイン
Contemporary Design in the World

羽原粛郎

■5-1

20世紀後半のデザインは新技術開発と経済的社会に協同してモダン・デザイン，いわゆる機能主義デザインのピークを迎えた．人間の生活向上に大いに貢献し，その美しいデザインは，美術館にも永久コレクションとして保存されるような形態と色彩の製品を形成しつつ，デザイン・ポリシーという言葉を生み，その理念の実行に花が咲いた．イタリアのオリヴェッティ，ドイツのライカやブラウン，フランスのシトロエン，アメリカのIBM，ノールやハーマン・ミラーなどがその代表といえるであろう．そして，それらのスタイルはポスト・モダンまたはニュー・モダンへと進みつつある．

デザイナーたちは「われわれに関するかぎり，おそらく芸術についてはほとんど語られないだろう．あるいは，芸術という言葉は新たな内容をもつこととなるだろう」(ヴィルヘルム・ヴァーゲンフェルト　1950年)「美はインダストリアル・デザインの第一の目標ではない」(ヘンリー・ドレフュス　1962年)などと語っている．

デザイナーが，デザインした製品に対して，評論家アルフレッド・H・バーは「……第一級の椅子をデザインすることは，二流の絵を描くよりもむずかしいことであり，……またはるかに有用なことである」と言い，アレクサンダー・ドルナーは，ハーバート・バイヤーなどの作品に接して『"美術"を超えて』(1958)を著述した．また，ロラン・バルトはシトロエンのDS19〈5-1〉を見て「天界から出発した女神(デュス)」だと言ったのである．

■5-1｜フラミニオ・ベルトーニ Flaminio Bertoni　シトロエン社　[シトロエンDS19]

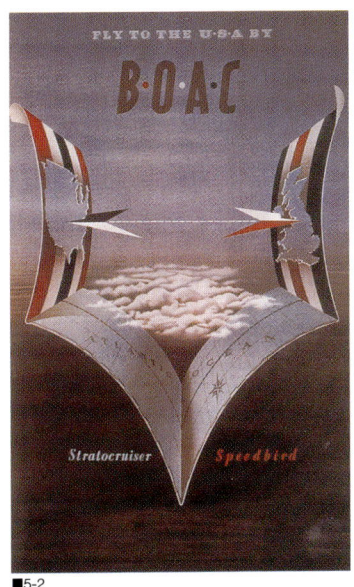

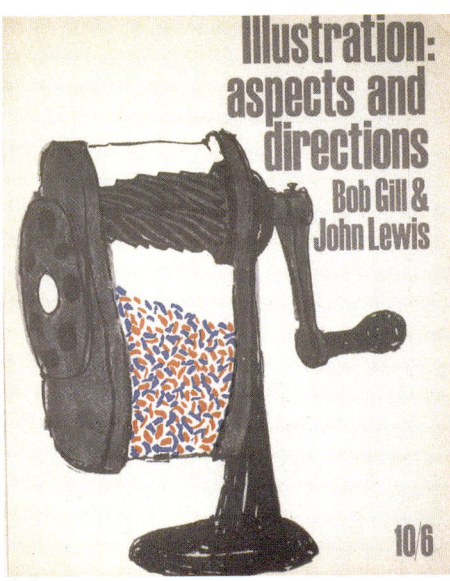

ヨーロッパの現代デザイン

イギリス
正統の見識と先端性

　イギリスは古い様式を守りながら常に正統派の言動を行い、ウエッジウッドの陶磁器やロールス・ロイスのような車を造り、その伝統と節度の守り方は、ちょっと尊大にさえ見えるところがある。しかし、実は意外にそうではない部分も多く、ミニ・クーパー《5-4》やミニ・スカート、またビートルズのような最先端のものを実現する。デザイン・ミュージアムの建設も実に早い。

　20世紀前半、DIAやフランク・ピック、また理論家のハーバート・リード等によって、イギリスのモダン・デザインの活動は始まっており、第二次大戦の末期1944年の暮れに、産業デザイン協議会 CoID（Council of Industrial Design）が設立された。これは戦後の再建あるいは、デザインを通した世界貿易振興を見通してのことである。この種の組織としては世界最初のものであり、産業に対するデザインの振興と支援、それらを機関誌やパンフレットを発行して、グッド・デザイン製品およびデザイナーの地位の向上と啓蒙を行ったのである。そして1951年ロンドンをはじめ主要都市で「英国祭」（ブリティシュ・フェスティバル）を開催し、これまでの最優秀英国製品を選定、展示した。それはやがて1956年、英国のグッド・デザイン製品であることを証明する三角形の黒と白のラベル「デザイン・センター・ラベル」をもって選定品が制度化されることにつながってい

■5-2｜エイブラム・ゲームス Abram Games　ポスター［BOAC］1949
■5-3｜ボブ・ギル Bob Gill［イラストレーション・アスペクト＆ディレクションズ］表紙 1964

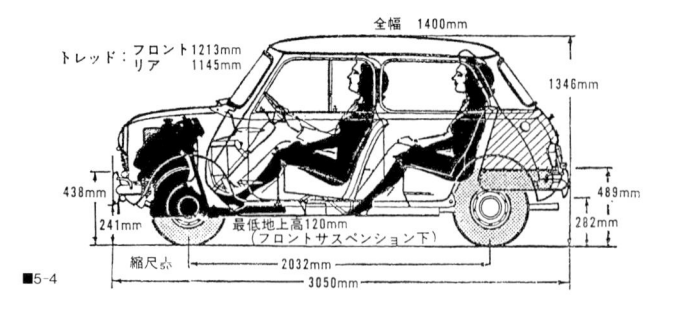

った．同年CoIDによるデザイン・センターが開設され，ハンス・シュレーガーのデザインによるシンボル・マークやポスターをはじめ機関誌『デザイン』の発行など，デザイン振興の組織体制は産業生産における国際販路拡張を目指す方法の模範として，戦後の日本をはじめ，世界各国に大きな影響を与えた．

　CoIDの振興の成功にはエンジニアリング業界の協力が大きく左右していた．そのエンジニアリングが衰退しつつあるという報告「フィルデン・レポート」が1963年発表された．その報告を真剣に受けとめた政府は，それまでのCoIDの活動にエンジニアリング・デザインを包括し，新しく拡大して，再出発することになる．1971年から始まったデザイン協議会DC（Design Council）である．

　更に1982年サッチャー首相は，大臣・産業人・デザイナーを招きみずからが座長となって会議を開催．デザインが，国民生活と経済にとって，いかに重要であるかを明示し，新しい産業振興「サポート・フォア・デザイン・スキーム」（デザイン支援計画）をすることになる．これは政府が経費を補助して，デザイン開発をすることで予想以上の成功を収めている．このように首相みずからがデザインを重要視している．それは英国独特の先見性だろうか．中学校の教科にも，美術とは別に「デザイン」が正課として取り入れられ，大学入学資格の科目にも数学や物理と並んで「デザイン」が同じ扱いになった．

　このようなイギリス・デザインの歴史は実作品にも確実に表れている．古くは1931年新聞『TIME』のために「タイムス・ニューロマン」体を作ったスタンリー・モリソン．『ペンローズ・アニュアル』や『パイオニアズ・オブ・モダン・タイポグラフィ』(1969)で，いわゆるタイポグラフィとは何かを世界に知らしめた，ハーバート・スペンサー．確実な描写力で，的確に伝える1952年のエイブラム・ゲームスの鉄道やBOACのポスター《5-2》，英国的洒落のトーマス・エッカースレー．フリー・ハンドの名手ボブ・ギル《5-3》．1972年から「ペンタグラム」というグループを作ってインダストリアルからヴィジュアルまで総合的に活躍する建築家のテオ・クロスビー，グラフィックのアラン・フレッチャー，コーリン・フォーブス，マーヴィン・カランスキー，インダストリアルのケネス・グランジの5人は，現代のイギリスを代表する最も的確で常識的なデザイン・グループである．かれらはイギリス国内だけの仕事ではなく，日本の企業をはじめ国際的に取り組んでいる．

　他の最先端工業国のように，ハイテクを背景にした工業生産体制が，整ったとは言い難いイギリスではあるが，所々に見られる新しい，ポスト・モダンに向かう「ハイ・デザイン」という考え方を出し，伝統と革新の調和に挑戦しようとする自覚が見えている．たとえば，日本名をG・FORCEという名前で販

売した真空掃除機［サイクロン］などは，重力と遠心力を応用した掃除機であり，デザイナーのジェームズ・ダイソンみずからの開発によってなされている．そこには新しい異様な，有機的な形態と独自の色彩を見る．

また，『ザ・コンラン・ディレクトリー・オブ・デザイン』のエディター，ステファン・ベイリーのようなデザイン専門のディレクターが生まれるのも英国である．今まで言論と思想の熟成をしてきた英国．斜陽ではないか，と言われそうな英国が，新たなコンピュータ時代，文明の革新の時代に，やはり見識のある理念と，その具体的な行動を目指していることが察知される．それは1989年7月ロンドンに開館した「デザイン・ミュージアム」が証明している．

スウェーデン
精密な工業

スウェーデンを初めとする北ヨーロッパの国々．デンマーク，ノルウェー，フィンランド．これらの国は何か共通したものがある．そのほとんどが王室をもち，それぞれが独特の造形の思潮を形成している．ヨーロッパ中央部の早くから高度に工業化した大量生産の国々と違って，伝統的な民族の手工芸を重んじ，あたたかい人間味のある，豊かな自然の恩恵によるクラフト的な製品を生産してきている．さりとて世界中の科学や技術に対して鈍感ではない．むしろ敏感に吸収して各々自国の個性に合った形態と機能を思考し，その材料と質を吟味して，北欧らしいスカンジナビア・ラインとでもいうような文化経済を実行しているのである．

1955年スウェーデン工芸協会とヘルシングボルイ市の共催による「国際建築・工業デザイン・家庭設備展」"H55"が開かれる．これは1930年の「ストックホルム展」以後25年間の総決算で，スウェーデン・デザイン史における二大記念碑だと言われた．そして1957年スウェーデン・インダストリアル

■5-5

・デザイナー協会SIDが設立されるや，1959年には世界初の記念すべき第1回「ICSID総会および世界デザイン会議」を開催し，ストックホルムにスウェーデン・デザイン・センターを設立，その後1966年スウェーデン産業デザイン協会が設立され共に活動している．

スウェーデンは北欧諸国の中では一番の工業国である．スウェーデン鋼は世界的に有名であり，それを使用した工具，バーコ社のスパナなど，「シンプル・イズ・ベスト」の良さがある．その延長としての自動車，サーブやヴォルヴォは世界で最も耐久力がある車である．シクステン・サッソンのデザインになる「サーブ92・93」（1950・56）は丸味をおびた形態にもかかわらず，何か飛行機を思わせる精密なラインがある．同じデザイナーの「ハッセルブラッド」カメラ《5-5》は6×6cmの一眼レフ・カメラの創造であり，1949年以来その形態は，基本的にほとんど変わることがなく，今や世界のプロ・カメラマンの必携のカメラとなった．エレクトロルクスの真空掃除機は1918年から今日に至るまで最も信頼のある掃除機である．

その他，スティグ・リンドベルグの陶器，シグネ・ペルソーン＝メリンの耐熱ガラス製品《5-6》や陶磁の作品は素材と形態を究極まで追求したデザインであり，ブルーノ・マットソンの椅子は，合板や鋼パイプを使いながらも何か他の国と異なるスウェーデン独特の知

■5-5｜シクステン・サッソン　Sixten Sason, ヴィクトル・ハッセルブラッド　Victor Hasselblad　ハッセルブラッド社［6×6カメラ］1949

■5-8

■5-7 ■5-9

的な雰囲気がある．

　グレゴール・パウルソンは子息ニルスとの共著『生活とデザイン：物の形と効用』(1956)では機能主義デザインの用と美を解明した．

デンマーク
家具とクラフトの王国

　デンマークは北欧の中では，ゆるやかな平野にブナの林が点在し，ヨーロッパ各国との交流も盛んな国である．スウェーデンとドイツの間にあり，英国の伝統的美学も忘れてはいない．アルネ・ヤコブセン《5-8》，フィン・ユール，ハンス・ヴェグナー《5-9》，ポール・ケアホルムらの椅子を中心とする一連の家具や照明器具のデザインは，いずれも人間工学と行動学に基づき，また，その素材となる木材・皮・金属等を，生命が通じているがごとく成形し，完成された機能と曲線の美しさは，実に見事である．

　ボーゲ・モーエンセン《5-7》の家具は「シェーカー」と命名されたものもあるように，直角的であるが，その角は温かい丸味があり，聖的な感じすら与える．照明器具のポール・ヘニングセンには「マツカサ」をはじめたくさんの名作がある．カイ・ボイセンの木製動物玩具．銀器ではギオルグ・イェンセンをはじめ，スーパー楕円のピート・ハイン，カイ・フィスカー，ヘニング・コッペルやエリック・マグネッセンの水差しやナイフ・フォークなど，それぞれが個性豊かな曲線の量感のある形態を具現させている．指輪や時計のトゥールン・ビューロ＝ヒューベ《5-12》．ロイヤル・コペンハーゲン社の陶磁器は日本でも評判である．グレース・メイヤーの「ブルー・ライン」やゲルタルド・ヴァセガアドの「ゼミナ」などは何か日本的な雰囲気がある．子供の教育玩具的な「レゴ」．音楽の好きな人ならだれもが注目するB＆O社のハイ・ファイ・システム．オルトフォン社のピックア

■5-6｜シグネ・ペルソーン＝メリン Signe Persson-Melin　コスタ・ボータ社［耐熱ガラス製品］1971
■5-7｜ボーゲ・モーエンセン Børge Mogensen［インテリア家具/テーブル・椅子］1954
■5-8｜アルネ・ヤコブセン Arne Jacobsen［スタッキング・チェア］1952
■5-9｜ハンス・ヴェグナー Hans J. Wegner［Yチェア］1951

ップ．また，1971年より建築家でデザイナーのイエンス・ニールセンをディレクターとして開始されたデンマークの国有鉄道DSBのデザイン・ポリシー．これらはいずれも製品の内側から生じる，使い勝手の良い，高品位の"時間を超越した"デザインを目標としている「デーニシュ・モダン」の健在の証と言えよう．

現在デンマーク・デザイン・センター（1967設立）は通称DDの名称で活発な活動を行っている．

フィンランド
工芸の工業化

スウェーデンの東隣の国，ロシアの西隣，という位置にあるフィンランドは，スラブ的な造形性をもち，東ヨーロッパの体質をもつ特異な国である．その造形性は簡潔であり直截的なところが多い．そして最も新しい，前衛のデザインを素直に取り入れ，それを平易に分解し，一般市民の実生活に製品化している．それはアルヴァー・アールトの建築や家具，照明器具，アルツ・ブルマー，フリードル・キエルベルグ，カイ・フランクやタピオ・ヴィルカラのガラス器や陶器から始まったフィンランドにおける現代のパイオニアたちの仕事が証明している．アールトの建築は，教会の平面図でさえシンメトリーではないし，合板という新材料を最も早くから建築や家具《5-10,11》に使用した．金属とガラスを幾何学的に構成した照明器具，アールト・カーブといってもよいユニークな曲線のガラスの花器と水盤など，その代表例である．カイ・フランクのアラビア陶磁器会社の1953年「キルタ」シリーズから「テーマ」《5-13》シリーズやイッタラ・ガラス器は，機能主義のシンプルなデザインとして広く世界中で親しまれている．これらの先輩たちに続いて，IDのアンティ・ヌルミスニエミ，ユリオ・クッカプロ，陶磁器のウーラ・プロコペ，ガラスの

■5-10｜アルヴァー・アールト Alvar Aalto［肘かけ椅子］1929–1933　武蔵野美術大学美術資料図書館
■5-11｜アルヴァー・アールト美術館
■5-12｜トゥールン・ビューロ＝ビューベ Torun Bülow Hübe ジョージ・ジェンセン社［腕時計］1968
■5-13｜カイ・フランク Kaj Franck アラビア製陶所［テーマの陶器］1950

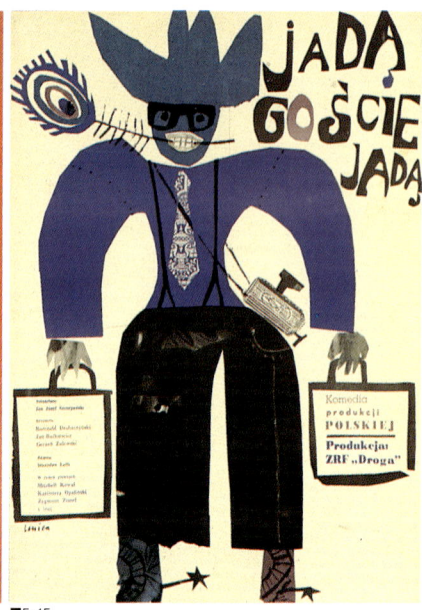

■5-14

■5-15

ティモ・サルパネヴァなど．また，1951年木綿に鮮やかな色と大胆なプリント模様の「マリメッコ＝マリーの仕事着」はアルミ・ラティアとデザイナーのヴォッコ・エスコリン，マイジャ・イソラ，リサ・スヴァントらによって始められ，日本人のフジオ・イシモトも参加した．着やすく自由で開放されたデザインは老若を問わず1965～75年の女性を夢中にさせた．その後，ヴォッコ・エスコリンは独立し自分自身の作品を制作し，渦巻模様など表裏一体の色染めの服地などを発表している．

1979年フィンランド・デザイン協議会が創設された．ICSIDの事務局はベルギーからヘルシンキに移り現在に至っている．このことから現在のフィンランドのデザインに対する積極的な姿勢をうかがうことができよう．

ポーランド
民衆の個性

社会主義国家が多い東ヨーロッパの中でとりわけ有名なデザイン活動をしているのが，ポーランドのポスターである．「第1回国際ポスター・ビエンナーレ会議および国際ポスター展」を1966年開催して以来，世界中の注目を浴びるようになった．資本主義下のような派手な商品のコマーシャル・デザインがないポーランドでは，デザインの主体が公共的，社会的見地からスタートしている．商品広告などのものはなく，ほとんどが映画，演劇，オペラ，スポーツ，サーカスといったものだけである．そのために，東ヨーロッパあるいは西アジア民族のイデオロギー的風土的感覚，才能，エネルギーのすべてが，主たる媒体の文化的ポスターに集中されるのである．良質とはいえない，印刷技術や紙質などを逆

■5-14｜ヘンリク・トマチェフスキー Henryk Tomaszewski ［演劇のポスター］1983
■5-15｜ヤン・レニッツア Jan Lenica ポスター ［Jada goście Jada］1962 武蔵野美術大学美術資料図書館

■5-16

■5-17

■5-18 ■5-19

利用した素朴な人間感情が，千差万別の個性的表現になっている．それらは実に豊富で面白い．自由奔放でエロチックな手法のイラストレーションを奇異にレイアウトするヘンリク・トマチェフスキー《5-14》をはじめロマン・チェシレヴィッチ，マチェイ・ウルバニエッツなど．1975年に開館した，パリのポンピドー・センターのシンボルマークをデザインした，ヤン・レニッツァ《5-15》はパリに住み国際的に活躍している．

ドイツ
厳正な質と機能の形

バウハウスからウルム造形大学に至る，ドイツ・デザインの理念と創造の哲学は，実に偉大であり，世界の知性派デザインに与えた影響は大きい．文化としての現代デザイン，純粋なデザインという哲理と，その形而下の形態との理想的な系譜は，ここを出発点としていると言って過言ではない．マックス・ビルのユンハンス社の一連の「時計」(1957)《5-18》，ハンス・ギュジョロやヘルベルト・リンディンガー，そしてディーター・ラムスへと続くブラウン社のハイ・ファイ・コンポーネント・システムに始まる一連の電機製品，特に"白雪姫の柩"と言われた［ラジオ・レコード・プレイヤーSK4］(1955)《5-17》，シェーバー「シクスタント」(1960)《5-16》．

■5-16｜ディーター・ラムス Dieter Rams ブラウン社［シェーバー・シクスタントSM3］1960
■5-17｜ハンス・ギュジョロ Hans Gugelot，ディーター・ラムス Dieter Rams ブラウン社
［ラジオ・レコードプレイヤーSK 55］1955
■5-18｜マックス・ビル Max Bill ユンハンス社［時計］1957
■5-19｜ハンス・ギュジョロ Hans Gugelot コダック社［スライドプロジェクター・カルーセル S-AV2020］1963

■5-20

■5-21

　ハンス・ロェリストのトーマス／ローゼンタール社の「積み重ね食器TC100」(1958)，ハンス・ギュジョロの「コダック・カルーセルS型スライド・プロジェクター」(1963)《5-19》．オトル・アイヒャーの「ルフトハンザ航空会社のトータル・デザイン」(1962)や「ミュンヘン・オリンピックのコミュニケーション・デザイン」(1972) などがその代表であり，これらはひとつのシステムという思想を，デザインのなかに展開している．

　工学のシステム，造形のシステムは，精密な計算と，厳正な秩序の感覚に基づく構成力によって形成されており，その造形の方法にはドイツ民族に底流する共通の思想がある．伝統のあるカメラや自動車や刃物や工具など．カメラはライカ《5-21》，コンタックス，ローライ・フレックス，ミノックス，大型カメラ：リンフォフなど．車はフォルクスワーゲン，BMW，メルセデス・ベンツ，ポルシェ《5-22》など．刃物は人物をシンボルにしたゾーリンゲン．工具はBOSCHなど．誰でも知っているものである．その他，ヴィルヘルム・ヴァーゲンフェルトから，カール・ポトそしてペーター・ラーケに至る「ナイフやスプーン」．同じくヴァーゲンフェルトからハインリヒ・ローヘルハルトの「ガラス食器」．また，トルーデ・ペトリ・ラーベンからヘルマン・グラッツエに至るコーヒおよびティー・カップなど，抜かすことのできないドイツらしい製品である．これらは皆，技術面においても，形態面においても，常に人間工学や伝統様式の分析をして，なお新しい〈質と形〉を大切にした，清潔で知性の溢れたデザインを完成させている．かつてのマイスターという職能と新しいデザイン運動の合流の結晶がここにある．この思考は基本を「スプーンから都市まで」環境形成として捉えており，ストリート・ファーニチュア，広場のデザイン，路面電車にも浸透しつつある．

　ヴィジュアル・デザインでもグーテンベルクを生んだドイツの正統なる伝統は今日も生きている．デザイン協議会（RfF）のマークなどグラフィック・デザインに機能主義的スタイルを創始した，アントン・スタンコンスキー．日本に人気のある書体「オプチマ」(1958) のヘルマン・ツアップはアメリカ数学会に依託されて，コンピュータによる数学用の書体をデザインしている．これはスイスの数学者オイラーにちなんで「AMS Euler」(1987) と命名された．

■5-20｜オトル・アイヒャー　Otl Aicher　［W・フォン・オッカムの思想と生涯］より
■5-21｜オスカー・バルナック　Osker Barnack　ライカ社　［ライカ M3］1954

■5-22

前述のオトル・アイヒャーは,ミュンヘン・オリンピック1972年に,一連のコミュニケーション・デザインを行い戦中のドイツのイメージを刷新させた.近年にはERCO電機会社のCIがある.さらに彼の住む地域の名前をつけた新書体「ローティス Rotis」(1988)や現代哲学の先駆者W・フォン・オッカムへのオマージュ的グラフィック・デザイン《5-20》は新しい哲理に満ちた表現で,今後の展開が期待されていたが,1991年アイヒャーは不慮の事故により他界し,その成果が惜しまれている.

一方,日本の「キャノンT90」(1988)などのデザインで有名になったルイジ・コラーニは,流体力学的造形の形態を表現して,人間工学的な,論理的,合理的展開をみせている.その有機的な曲面は彼の感性とともに,ひとつのスタイルをもったといえよう.

いずれにしても,ドイツのデザインには,機能性,合理性のある,単純明快なものづくりへの努力がある.そこでは,個から広い環境まで,確実性と耐久性が優先される.だから,ユーモアや冒険性に欠け,堅い感じが与えられる.それは,多数の中産階級が支配的に存在するドイツには,ある基準があるからであり,また,大企業の少ないクラフトマンシップとマネージメントを考慮した中小企業の保守的,堅実な生き方があるからである.

■5-23

■5-24

■ウルム造形大学

オトル・アイヒャー夫妻と初代学長マックス・ビルらの計画によって1955年ドイツ・ウルム市にウルム造形大学・Hochschule für Gestaltungは開校する.ニュー・ジャーマン・バウハウスとも呼ばれたが,新しい時代の総合デザイン大学として諸科学の成果をとり入れたデザインの理論と実践にとりくみ,ブラウン製品やルフトハンザ航空のCIなどを生んだ.1969年閉校したが,現在アルヒーフがその理念を伝えている《5-23,24》.

■5-22|フェルディナント・ポルシェ F.Porsche,エルヴィン・コメンダ E.Kommenda ポルシェ社
[356クーペ] 1950
■5-23|オトル・アイヒャー Otl Aicher ウルム造形大学が行った市民大学のプログラムを伝達するための掲示板 1953(写真は現在のもの) 羽原肅郎撮影
■5-24|マックス・ビル Max Bill ウルム造形大学校舎の回廊 1953−55

市民へのデザイン振興政策も着実である．1951年に連邦会議の決定により，ダルムシュタット市の芸術家村に「デザイン協議会」(Rat für Formgebung：RfF) が設立され，1987年にフランクフルトの見本市会場に移転した．州政府の行っているのが，1962年設立のバーデン・ヴュルテンベルク州産業庁の所管である「シュトゥットガルト・デザイン・センター」である．

また，ミュンヘンに設立されている「ディ・ノイエ・ザムルング」はデザイン関係の活動の多いミュージアムとして注目されている．

1957年ユップ・エルンストによって創刊されたデザイン雑誌『Form』は正統派のデザイン誌として今日なおその信頼度は高い．

■オランダとベルギー
健全な歩み

オランダにはバウハウスにも影響を与えた「デ・ステイル」という立派なパイオニアの歴史があり，1891年電球メーカーから出発した電機メーカー「世界のフィリップス」社がある．1925年頃からデザイン部を置いて，製品にデザインが重要であることを早くから知っていた．機能にもステータスがあり，それによって形態を決める必要があるとして，多様なスタイルの製品を発売した．1948年頃から研究生産された回転式シェーバー《5-26》は，ドイツのブラウン社の振幅式シェーバーと対極的なデザインとして，それぞれのポリシーを表現していて，ヨーロッパ・デザインのオリジナリティの在り方に鋭い意識をもたせたものだ．その後フィリップス社のデザイン部は，1960年に独立したデザイン・センターになり，1980年アメリカのハーマン・ミラー社のディレクター，ロバート・ブレイクを迎えてグローバルなデザイン戦略を行っている．

1950年オランダ工業デザイナー団体KIOが組織され，1961年アムステルダムにオラ

■5-25｜トータル・デザイン Total Design アムステルダム［スキポール空港のサインデザイン］1967
■5-26｜フィリップス社 シェーバー［フィリシェイブ 7743］1953

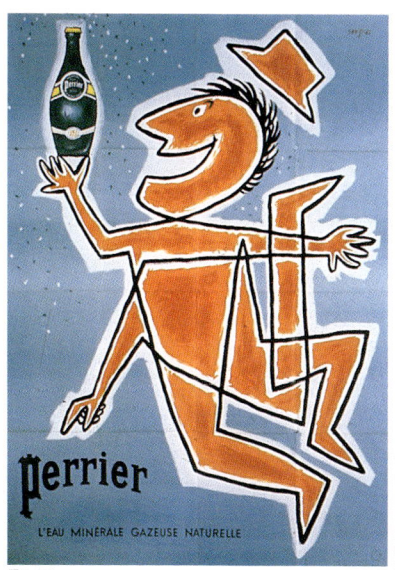

■5-27 　　　　　　　　　　　　　　　　　　　　■5-28

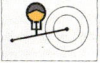

ンダ・デザイン・センターが設立される．1987年にはICSID，IFI，ICOGRADAの合同の世界デザイン会議をアムステルダムで開催「デザイン・レスポンス」をテーマとした．

　グラフィックでは「トータル・デザイン」というグループがあった．日本のデザイナー，綿野茂も参加した．ヴィン・クローエルが中心になって1960年代に行ったアムステルダム・ステデリック・ミュージアムのためのグラフィック・デザインや，1967年のアムステルダムのスキポール空港のサイン・デザイン《5-25》はコミュニケーションのわかりやすさ，スムースに行動できることで完成度が高く，KLM航空の安全な飛行も評判である．

　また，ベルギーでは1964年デザイン・センターが創設され，同年ブルージュでインダストリアル・デザインの教育に関するゼミナールを開催．ここでトーマス・マルドナードの「インダストリアル・デザインの定義」が発表された．（第1章コラム参照）

フランス
機智と合理のデザイン

　デザインはフランス，フランスはパリ，パリはエッフェル塔，また，エスプリ・ヌーヴォーの建築家ル・コルビュジエの住むパリ，そして，ポンピドー・センターでわかるように，これまた独特である．これらの存在の影響なくして，始まらないのがフランスのデザインである．ある部分に対して，あるいはある事象，自然の法則などに対して，徹底的に合理的に，そしてまた主観的にデザインするといってもよいだろうか．例えばシトロエン2CV（1948）とDS19（1955）《5-1》のデザインが同一人物のフラミニオ・ベルトーニによるものだと，だれもが信ずるだろうか．一方はあらゆる要素と素材の機能に対して，もう一方は形態の機能に対して，鋭く要約して自動車の性格を概念化している．流行に従うことなく流行に新風を送るのである．フラン

■5-27｜レーモン・サヴィニャック Raymond Savignac　ポスター［ペリエ］1955
■5-28｜アンドレ・フランソワ André François　ポスター［シトロエン］1964

スのセンスの代表といってよいだろう.

ビッグ社のボール・ポイン・ペン（1950），メカノーマ社の製図ペン，メリオール社の一風変わった入れ方のコーヒー・ポット「シャンボール」(1955)，テライロン社のハカリ，ジッツオー社のカメラ用三脚，端正でシックな香水シャネルのパッケージ・デザインとそのデザイン・ポリシーなど.

1951年ジャック・ヴィエノが中心になって工業デザインの研究・奨励・普及の機関として「工業美学協会」を結成した．そして，1953年第2回ICSID世界会議をパリに招致すべく奔走し，その会議において「工業美学憲章」を発表し，「工業美学とは職場と環境，生産手段と製品等，工業生産に関係した領域における美の学である」と定義した．それはやがてインダストリアル・デザインという言葉のもっている意味と理念に向かって漸次認識されるようになる．1954年ジャック・ヴィエノはインダストリアル・デザイン事務所「テクネス」を設立し，政府は1969年国立ジョルジュ・ポンピドー芸術センターの中にインダストリアル・デザインセンターCCIなどを設立している．

グラフックでは，近代ポスターの父カッサンドルに師事し，1950年「ノン・コミッションド・ポスター（Non-commissioned Poster＝注文によらないポスター）展」を初めて開き，その自由でユーモアに満ちた発想と直截な表現で，たちまち民族をこえて，世界中の人々の心をとらえたレーモン・サヴィニャック《5-27》．その友人のベルナール・ヴィユモ．風刺家のアンドレ・フランソワ《5-28》．硬派ではジャック・ナタンやジャン・カルリュ，ジャン・コラン．異才の文学者でもあるジャン・コクトー．ファッション界のグリュオー．「図版百科シリーズ」の本やシトロエンのCIを作ったロベール・デルピールらがいる．また，タイヤ会社のミシュラン社が始めた世界中の旅行地図は今や万人が認めるグッド・デザインである．

一方，1981年ヨーロッパ共同体各国の主都間を，時速300kmで走りだしたフランスの新幹線TGVや，三角形の洒落た窓をもつ中距離旅客機「キャラベル」のデザインから，英国と共同開発で1969年初飛行，1975年就航し，騒音と大気汚染の公害を出しながらも，止めようとしない超音速旅客機「コンコルド」など，フランスのデザインは新しい創造の好奇心に満ち溢れている．

スイス
精巧と粋のデザイン

ドイツのウルム造形大学の創立に参加し，校舎や椅子などのデザインを行ったマックス・ビルはスイスの出身である．ウルム造形大学閉校後はチューリヒにアトリエをもち，総合のデザイナーとして建築，絵画，彫刻を行いその作品群はマイルストーン的存在となっている．

スイスと言えば精密機械，とくに時計は枚挙にいとまがないが，オメガやロレックスのデザイン・ポリシーは一見に値しよう．オメガは長年オリンピックの公式時計として，その技術は世界屈指の存在であった．ロレックスは1953年，自動巻防水時計オイスター・パーペチュアルがエベレスト山初登頂に成功したときの，公式装備の時計として正確であった，と報道されるや一躍世界中に有名となった．オイスター・パーペチュアル，サブマリーナ5512／5513型を基本とする，機能に徹したデザインは，この種の時計デザインの先鞭をつけた．レコード・プレイヤーのトーレンス124型は，正確な回転を最小のスペースで端正に仕上げられ，LP時代マニアの垂涎の的であった．ヴィクトル・ノックスの士官用万能ナイフ「チャンピオン」は1945-49年アメリカ陸軍からの注文によって評判となり，今やスイス・アーミー・ナイフとして一家一刃の必需品となりつつある．1958年クルト・ネフによって始められたネフ社の玩具は木を主体として作られ，明快な形，温

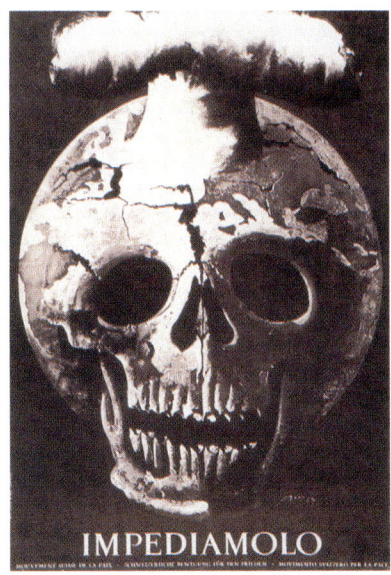

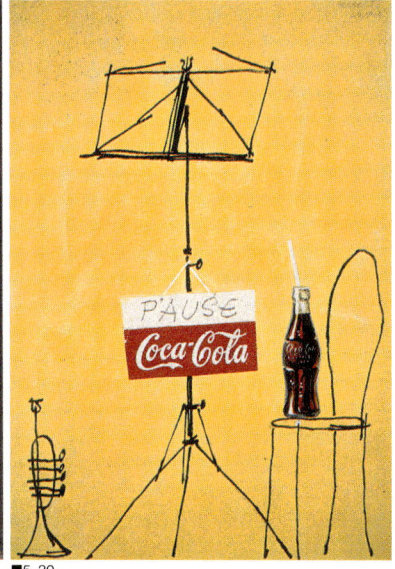

■5-29

■5-30

かい爽やかな色彩は大人になっても捨てることのできない愛着と精度をもっている．

　バーゼルの近郊ドイツ領に，家具会社「ヴィトラ」が，設計をフランク・ゲーリーに依頼して1989年開館した「ヴィトラ・デザイン・ミュージアム」は椅子を主としたミュージアムであるが，その建築およびコレクションはデザイン史に一石を投ずるものだ．

　ヴィジュアル・デザインでは，前章記述のいわゆるスイス派（チューリヒとバーゼル）のタイポグラフィと並行して，清潔な民族的感覚の作品がある．スイスのレオナルド・ダ・ヴィンチと言われたハンス・エルニ《5-29》，童画のような素朴さと写真のような写実力をもつヘルベルト・ロイピン《5-30》やドナルド・ブルン．

　またスイスは印刷界にも精巧な技術と表現を発揮しており，『TM』誌（1925創刊）やヴァルター・ヘルデーク編集の『グラフィス』誌（1944創刊）が世界中の印刷界やグラフィック・デザイナーに与えた影響は大きい．1957年マックス・ミーディンガーによって「ノイエハース・グロテスク」という名前で始められた「ヘルベチカ書体」の文字や，同年アドリアン・フルティガーによってデザインされた，「ユニバース書体」の文字は，清潔なスイスのようで，また宇宙的でアノニマスな，くせのない書体は，いずれも現在，世界中の道路標識をはじめ，空港やEXPO会場など公共の場所に使用される最も適切な書体の模範となっている．

イタリア
創造形態の異才たち

　イタリアはレオナルド・ダ・ヴィンチを生んだ創造の才能に満ちた明るい国である．これは良いと思う発想と，形態と色彩と材料に技術が伴ったら，すぐ製造してしまう．その創造の方法は，一見無思想のように見えるが，決してそうではない．美しい建築や彫刻や絵

■5-29｜ハンス・エルニ　Hans Erni　ポスター［IMPEDIAMOLO］1954
■5-30｜ヘルベルト・ロイピン　Herbert Leupin　ポスター［コカコーラ］1953

■5-31

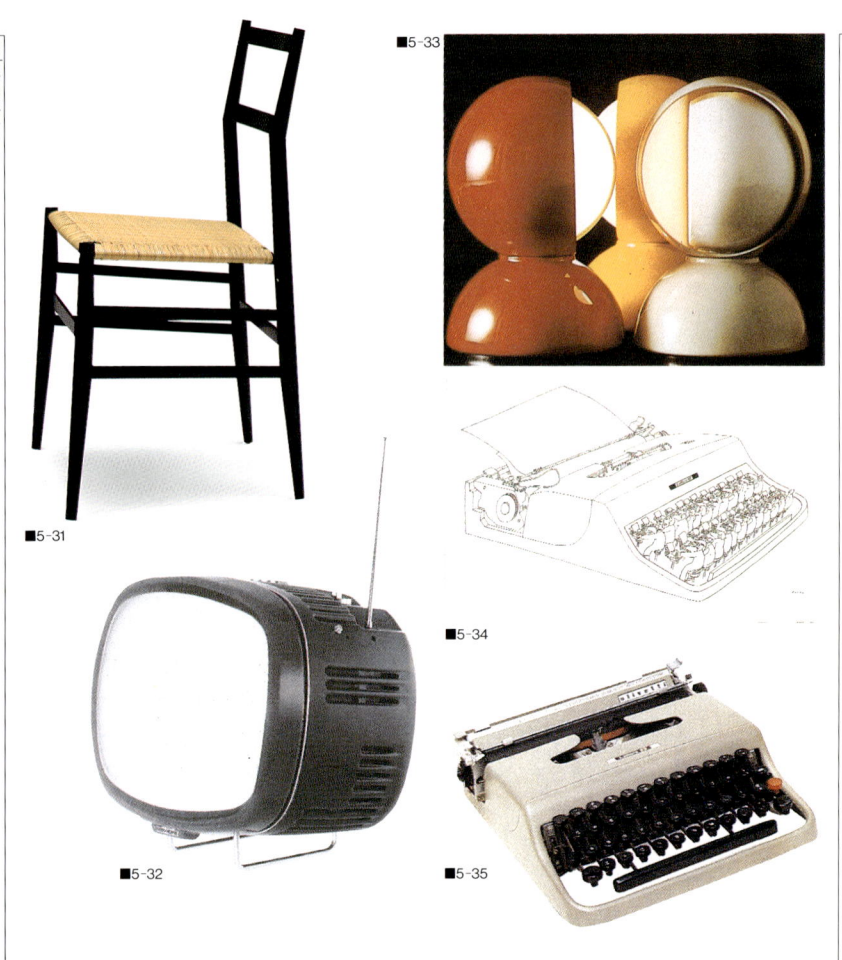

■5-33

■5-34

■5-32

■5-35

画の元祖がここにあり，その偉大な歴史と風土を背景にした，鋭い感性の創造物は，また新しい造形の哲学と伝統を生んでいく．モダン・デザインではジオ・ポンティ《5-31》のような建築家で画家でインダストリアル・デザイナーで編集者という万能の人物がいる．建築から始まるその造形活動も豊かだが，彼の創刊になるデザイン雑誌『ドムス』（1928創刊）は本格的デザイン専門誌の始まりである．その後メンディーニやベリーニに引き継がれて，今日なおその影響力は大きい．また企業家の中でデザイン・ポリシーなるものを打ち出したのも，イタリアのオリヴェッティ社をぬかすわけにはゆかない．そのオリヴェッティのタイプライターで有名なマルチェロ・ニッツォーリ《5-35》，エットーレ・ソットサス，ペリー・キング＆サンチャゴ・ミランダ．グラフィックでは前章でも触れたジョヴァンニ・ピントーリや建築家出身でイラストレーターのジャン＝ミッシェル・フォロン《5-34》がいる．

建築家カルロ・スカルパの家具やその息子

■5-31｜ジオ・ポンティ Gio Ponti 椅子［スーパーレジェーラ］1957
■5-32｜マルコ・ザヌーソ Marco Zanuso ポータブルテレビ［Doney］1963
■5-33｜ヴィコ・マジストレッティ Vico Magistretti テーブルランプ［Eclisse］1965
■5-34｜ジャン＝ミッシェル・フォロン Jean-Michel Folon オリヴェッティ社 ポスター［Lettera 32 Olivetti Per Tutti］
■5-35｜マルチェロ・ニッツォーリ Marcello Nizzoli オリヴェッティ社 タイプライター［レッテラ22］1950

■5-36

■5-38

■5-37

■5-39

■5-40

Contemporary Design in the World

　夫婦トビアとアフラ・スカルパの家具と調度品，マルコ・ザヌーソの即物的デザインのポータブル・ラジオやテレビ"Doney"(1963)《5-32》．合成樹脂を上手に使用するヴィコ・マジストレッティの時計や照明器具《5-33》．ケトル，コーヒー・メーカーなど，つぎつぎと独特の形態でデザインを一新するミュンヘン生まれのリチャード・サッパー《5-36》．有機的で知的なカスティリオーニ兄弟の照明器具や移動型ステレオ《5-37》．その他，家具を主にしてフランコ・アルビーニ，ガエ・アウレンティ，スタジオ・B. P. R.，ジョエ・コロンボなど．インダストリアルを主にして，建築家でもあるアンジェロ・マンジャロッティ，ロドルフォ・ボネット，マリオ・ベリーニ，リカルド・ダリージ．

　無用の用的作品で，驚嘆させるエンゾ・マリとブルーノ・ムナリ《5-38》．自動車レースやCIAMやトリエンナーレのポスターなど．イタリアの行事や柱用のカレンダーのマックス・フーバー．ラ・リナセンテ百貨店の名作ポスターのローラ・ラムなど．

....

■5-36｜リチャード・サッパー　Richard Sapper　アレッシー社［メロディの鳴るケトル 9091］1983
■5-37｜アキーレ・カスティリオーニ　Achille Castiglioni　ブリオンベガ社［移動型ステレオ］1964-65
■5-38｜ブルーノ・ムナリ　Bruno Munari　絵本『Animals for Sale』1957
■5-39｜エンリコ・ピアジオ　Enrico Piaggio　スクーター［ヴェスパ］1957　写真はVespa PX Euro 3型
■5-40｜ピニンファリーナ　Pinin Farina［チシタリア 202GT］1946 ⓒ 1993 The Museum of Modern Art, New York, Gift of the Manufacturer

またヴェニスはムラノ島のガラス作品．映画「ローマの休日」で一躍有名になったピアジオのスクーター，ヴェスパ《5-39》．自動車のフェラーリやフィアット，そのデザイナー，ピニンファリーナ《5-40》やダンテ・ディアコーザ，ワーゲン・ゴルフのジョルジェット・ジウジアーロなど……あげれば枚挙にいとまがない．

一方，1923年モンツァから始まり1933年にミラノに移る「ミラノ・トリエンナーレ展」はインダストリアル，インテリア，建築までを網羅した国際展で，各国が競って出品し，特に戦後世界のデザイン界が抱いた希望は大きい．さらにミラノのラ・リナセンテ百貨店が1954年に設けた「黄金コンパス賞」も，その賞を海外，たとえば，ニューヨークの近代美術館のデザイン活動（1956），デンマークのデン・ペルマネンテ（1958），イギリスのCoID（1959）などにも与え，世界のデザイナーはもちろんのこと，企業家にも文化的経済のあることを明示した．1959年からこの賞の運営をイタリア・デザイン協会ADI（1956設立）に依託，その厳選された製品は世界的に高く評価されている．

ポスト・モダン

ポスト・モダンという見方は，建築では建築家チャールズ・ジェンクスが1977年に著した『ポスト・モダンの建築言語』から広く知られるようになった．デザインでは1981年イタリアのアルテミデの社長ジスモンデがデザイナーのエットーレ・ソットサスJr.と組んで「メンフィス・ショップ」《5-41》を作った．それはソットサスを中心とする数十名の建築家やデザイナーにオブジェを依頼して，それをメンフィス・ショップで展示したのが，契機となったものである．その波紋は

■5-41｜［メンフィス］ポスター
■5-42｜ルイジ・コラーニ Luigi Colani キャノン社 カメラ［キャノン T90］1988
■5-43｜スウォッチ社［スウォッチ・コレクション］1988

とくに日本には強く拡がってきたように思う．

また，フィリップ・ジョンソン設計のAT＆Tビル（1979-83）もイギリスのチッペンデール様式の家具を模した建築として，ポスト・モダンというスタイルを実現させたことはすでに承認済みである．

ポスト・モダンはどのように展開するのであろうか．「メンフィス・ショップ」は80年代の半ばに店を閉じ，ソットサスも終焉の宣言をしたという．しかし，前述のルイジ・コラーニの［キャノンT90］《5-42》(1988)といい，スイスの時計［スウォッチ］《5-43》(1988〜)といい，確実に新しい造形の波は広がっている．多種多様な，新しいデザインが試みられて，世間のようすを伺っている．

デザインは多くの要素をもっている．芸術的側面，技術的側面，社会的側面，経済的側面，現代デザインを語るとき，そのウエイトはいずれも重い．デザイナーはその在り様，その相互作用を研鑽し，真のデザインを実現することが今また新たに望まれている．

アメリカの現代デザイン

20世紀後半の始まり，1950-60年代におけるアメリカのデザインは戦勝国アメリカを象徴する最もよい時代である．

ニューヨーク近代美術館は，1951年「8台車」，1953年「10台車」の展覧会を開催．これは自動車デザインの美学のための展示会，機械と美の統合であり，動く彫刻と評された．また，1959年フォーチュン誌が，見識者たちの調査を基にして「The 100 "Best Designed" Products」と題する特集を編集発行するなど，モダン・デザインの指導的立場にあった．

デザイン・ポリシーの確立からCIへ

企業におけるデザイン・ポリシーを早くから思考していたのもアメリカである．1950年代からデザイン・ポリシーを企業経営の重要な要素として設定していたのである．その良い例が，ハーマン・ミラー，ノール，IBMなどである．ハーマン・ミラー社はデザイン顧問にジョージ・ネルソンを迎え，1946年ニューヨーク近代美術館の「イームズによる，新しい家具」展の一連の家具を発展させて製造させ，「ワン・ピース・セル」の構造をもった［イームズ・チェア］《4-21》を完成させる．一方，ノール社はミース・ファン・デル・ローエの［バルセロナ・チェア］《3-42》をはじめ，エーロ・サーリネンの［チューリップ・チェア］《4-20》，彫刻家ハーリー・ベルトイアーの［ワイヤー・チェア］などを製造する．これらは主たる材料を鉄と合成樹脂，形態を有機的な曲面によって，それまでの木材を主とした家具の形態と概念を一新させ，新建築の空間に対応した，20世紀の最も代表的なモダン・デザインとして登場した．IBMの社長トーマス・J・ワトソンはプロダクト・デザインをノーマン・ベル・ゲッデス事務所からエリオット・ノイスへと接続して行わせ，1961年ボール球一個で，文字を印字する画期的な［セレクトリック・タイプライター］《5-45》を完成させた．グラフィック・デザインは，ポール・ランド《5-44》によって，IBMのロゴタイプおよびIBM専用のアルファベットの制作，そしてデザイン・マニュアルを作り，一連のPR活動を行わせた．この成果がすなわち企業のアイデンティティとして成功し，CIの一代ブームの始まりと

■5-44

■5-45

なったのである．同じポール・ランドのウェスティング・ハウス，レイモンド・ローウィのシェル石油などを経て，ウィリアム・ゴールデンとルー・ドーフスマンによるCBSのCIへと進む．情報化時代の幕開けである．

■ アート・ディレクター・システム

前章で触れられている『LIFE』『バザー』『ヴォーグ』をはじめとするアート・ディレクター・システムは30年代のM. F. アガの『ヴァニティ・フェア』また，30年代から始まった『フォーチュン』のようにT.M.クレランドから40年代のウィル・バーティン，50年代のレオ・リオーニ，60年代のウォルター・アルナーへと続く名アート・ディレクションもあれば，ヘンリー・ウォルフのように50年代は『エスカイヤー』から『ハーパース・バザー』，60年代は『ショー』〈5-46,47〉の創刊に参加するというように，アート・ディレクターの移動が激しいのも実力社会アメリカの特徴といえよう．

その他，50-60年のオットー・ストーチによる『マッコール』など，ほとんどの雑誌がアート・ディレクションの成果をはげしく競い合った時期である．1962年4号で廃刊となったがハーブ・ルバリンの強烈なアメリカン・タイポグラフィーの『エロス』，対象をデザイナーとした専門誌として1950年アレクセイ・ブロードビッチによる『ポートフォリオ』は，ビッグ・ピクチャー＝ビッグ・イラストレーション＋ビッグ・フォトグラフィでブロードビッチのデザイン思想の真髄が具現された雑誌であったが，これも3号で廃刊となっている．しかし，いずれも豊饒な黄金時代のアメリカで行われた，贅沢な実験の成果であった．その華麗なる花火のようなエディトリアル・デザインの力は美しい啓蒙となって，日本をはじめ世界のデザイナーに与えた感動は大きい．

■5-44｜ポール・ランド Paul Rand IBM社［IBM］1981
■5-45｜エリオット・ノイス Eliot Noyes IBM社［セレクトリック・タイプライター］1961

■5-46

■5-47

■5-48

■5-49

　また，1954年創刊の『インダストリアルデザイン』誌のデザインを行ったアルヴィン・ラスティーグ《5-48》や1960年の『ニューヨーク・ヘラルド・トリビューン』の日曜版『ニューヨーカー』のピーター・パラゾー，シャマイエフ・アンド・ガイスマー・アソシエイツの仕事，ソール・バスの映画タイトル・デザインなどはアメリカにおける知的でウィットに富んだ表現のデザイナーとして，その洒落た品格のある色調とデザインは高い評価を受けている．

　その他，原子力船ノーチラス号を描いた科学的なポスター作家のエリック・ニッチェなども印象的な作品を残している．広告の分野では広告代理店のDDBが手掛けた日本のソニーやドイツのフォルクスワーゲン車の一連の広告がある《5-49》．対象の特徴を熟知・吟味して考え出される機智に溢れたコピーと余白を生かした簡潔なレイアウトは60年代当時の広告界の一世を風靡した．その頃出版されたマーシャル・マックルーハンの「メディアはメッセージである」などは，ひとつの意識革命として，ヴィジュアル・デザインに一石を投じた．

写真とイラストレーション

　ビッグ・フォトグラフィ，ビッグ・イラストレーションのアメリカには写真家やイラストレーターの協力による優れた作品が多い．

■5-46,47｜ヘンリー・ウォルフ Henry Wolf 『SHOW』の表紙と中見開 1961・1963
■5-48｜アルヴィン・ラスティーグ Alvin Lustig レコード・ジャケット「アントニオ・ヴィヴァルディ」 1953
■5-49｜DDB社　[フォルクスワーゲンの広告──5,000,000台目のフォルクスワーゲンをご覧に入れようと思ったのですが……売れてしまったのです] 1962

■5-52 Ambler Music Festival/Institute of Temple University

■5-50  
■5-51
■5-53

写真はアーヴィング・ペン，リチャード・アベドン，ヒロ・ワカバヤシなどによるファッション写真の構成．イラストレーションでは1963年『文字をめぐる愛とよろこび』《5-53》を著し，社会的な発言者でもあるベン・シャーン，『パスポート』などの著者，知的漫画・画家ソール・スタインバーグ《5-51》，社会風刺のトミー・アンゲラー，60年代のサイケデリックな作品を残しているピーター・マックス．アメリカの中のアメリカという感じのノーマン・ロックウェルとポール・デイヴィス《5-50》．プッシュピンスタジオを率いて60年代のアメリカを紹介し，コマーシャル・アートの中に人間の匂いを吹き込み，コマーシャルを超えた人間解放を存在させた広告界の革命児ともいえるミルトン・グレイザー《5-52》とシーモワ・クワストらがいる．

■5-50｜ポール・デイヴィス Paul Davis 『ホライズン』誌「現代の動物誌」より［「飾り立てた頬白」-エリザベス・テーラー］
■5-51｜ソール・スタインバーグ Saul Steinberg レコード・ジャケット ［バルトーク/ミクロコスモス］1950
■5-52｜ミルトン・グレイザー Milton Glaser ［アンブラ音楽祭］1967
■5-53｜ベン・シャーン Ben Shahn ［文字をめぐる愛とよろこびより〈道化師〉］1963

日本の現代デザイン

第二次世界大戦は1945年8月15日,日本の無条件降伏によって終わるが,戦勝国アメリカでは,その前年の1944年に,すでにアメリカ・インダストリアル・デザイナー協会(IDSA)が設立され,イギリスでも1944年にインダストリアル・デザイン審議会(CoID)が設立されている.それほど,英米はデザインというものを重要視して20世紀の後半は出発しているのである.

しかし,日本も終戦の翌年からデザインの分野も急激に活動を始める.通産省工業技術院・産業工芸試験所の活動は,その機関誌『工芸ニュース』の復刊によって広められ,また,通産省は海外市場調査会(現・日本貿易振興会=JETRO)を設立し,海外への輸出振興を主なる目的として外国から有名デザイナーを招待して研鑽すると同時に,欧米に多数のデザイン留学生を派遣した.帰国した留学生たちは,デザインのさまざまな分野で活動しその後の日本のデザイン界に指導的な役割を果すことになる.

大戦後のインダストリアル・デザイン

1952年に「日本インダストリアルデザイナー協会(JIDA)」が佐々木達三,明石一男,剣持勇,小杉二郎,柳宗理,渡辺力ら25名によって設立される.毎日新聞社は斉藤豊人の発案によって第1回新日本工業デザインコンペティションと工業デザイン展覧会を開催した.後述の日宣美賞がグラフィック・デザイン界の新人登竜門だとすれば,この通称「毎日コンペ」は日本インダストリアル・デザイン界の登竜門であった.柳宗理,小杉二郎,佐藤章蔵,真野善一,その他多くのデザイナーを輩出した.

この頃,レイモンド・ローウィのデザインしたタバコ「ピース」(1952)や彼の訳書『口紅から機関車まで』(1953),またエドガー・カウフマンJr.の『近代デザインとは何か?』等の訳書が発売され,デザインというものの社会的役割が具体的なかたちでいっそうクローズアップされ,一般市民に認識されつつあった.

■5-54 柳宗理 天童木工[バタフライ・スツール]1956

5 現代のデザイン

■5-55

■5-56

■5-57-a

■5-57-b

　専門家の間でも視覚的（ヴィジュアル）なデザインと工業（インダストリアル）デザイン，およびデザインの研究と教育のように各々が独立した分野を築きつつあった．デザインの学問的系統化および教育問題を研究対象とする研究団体として「デザイン学会」が発足した．

　インダストリアルデザインでは，小杉二郎が機械類，交通機関，工作機械，電気器具をやり，柳宗理は陶器，金属器による日用食器，生活用品にとくに力を入れた《5-54》．柳は独特の豊満なフォルムを確立し世界的な評価も高い．渡辺力は家具を中心とした室内（インテリア）に関係する器具《5-56》を経済的かつ知的に形成させ，剣持勇は家具《5-57-a》とインテリアをダイナミックにまた機能的に結びつけ，臨機応変にその才能を発揮し，豊口克平は実験主義的に形態を追求した家具，機器，公共のディスプレイ等を行ってきた．

　東京芸術大学の小池岩太郎を中心にGroup Koikeとして栄久庵憲司，岩崎信治，柴田献一，逆井宏，曽根靖史を創立メンバーとするGKインダストリアルデザイン研究所や，金子至，秋岡芳夫，河潤之介らのKAKも生まれた．GKはヤマハのオートバイ《5-57-b》や音響機器をはじめデザインのさまざまな分野の仕事を手掛け現在では世界屈指のデザイン事務所となった．KAKはセコニックの写真露出計など，堅実なデザインで今日に至っている．

　1955年，敗戦から10年が経過し，日本は神武景気と形容されるほどになった．主たる目的を国際的な対応として，勝見勝，浜口隆一，清家清，亀倉雄策，石元泰博らによって組織されていた小さな集団が「日本デザインコミッティー」となって，これらの人たちが選んだ製品が，東京の松屋銀座にグッドデザインコーナーとして設置された．メンバーは若い世代が参加しつつも現在までグッドデザインの啓蒙的な運動の役割をしながら，一般市民との良い流通のコーナーとなっている．

■5-55｜イサム・ノグチ［あかり］1952-88
■5-56｜渡辺力［ひも椅子］1952
■5-57-a｜剣持勇デザイン研究所［丸椅子・籐］1959
■5-57-b｜GKインダストリアルデザイン研究所（岩崎信治）＋ヤマハ発動機［オートバイYA-11 125］1956

■5-58

■5-59 ■5-60

　1955-60年は外国から日本の製品のイミテーションを指摘されたりしたが，戦後のデザイン運動の第一次のピークであり，すべての領域においてその活動は開花したといってよい．行政面でも通産省に意匠奨励審議会が設置され，グッドデザイン（Ｇマーク）商品選定事業が始まり，デザイン課が設置（1958）され「機械デザインセンター」が設立された．国立近代美術館でニューヨーク近代美術館のコレクションの中からエドガー・カウフマンJr.『近代デザインとは何か？』（143頁参照）に掲載された製品を基盤にした欧米の本格的機能主義の，いわゆるモダン・デザインを集めた「20世紀のデザイン展」（1957）が開催され，その端正に形成された美しさは多くのデザイナーに感動を与えた．

　この頃，異才イサム・ノグチによる［あかり］（1952-88）《5-55》やコンペによって実現した逆井宏による公衆電話ボックス（1954），東芝から売り出された通称電気釜（電気自動炊飯器1955）《5-58》，ナショナルのラジオDX530型（1953），富士電機のデルタ型扇風機（1956），ソニーのトランジスターラジオ（1958）《5-59》，マツダの三輪トラック（1954），日産のダットサン1000（1955）などは当時の欧米に比べれば貧しいながらも，素材を生かし，装飾のないシンプルな形態をしたモダン・デザインで，日本独特のデザインの黎明であった．

　1956年頃から国鉄（JR）にデザインが導入され，栗谷川健一は北海道の観光ポスターを明るい油絵のように描いた《5-60》．また，東京の山手線を緑，中央線を朱，京浜東北線を青，総武線を黄色に彩色し，101-103型の車両デザインも洗練された機能主義の形体に仕上げられて運行されている．その恩恵は自然の恩恵のようになって，市民自身は無意識に乗降している．このような状態こそ公共のデザインとして好例といえるだろう．

■5-58｜東芝［電気炊飯器］1955
■5-59｜ソニー［トランジスターラジオTR-610］1958
■5-60｜栗谷川健一　国鉄ポスター［Hokkaido 風車］1956

大戦後のグラフィック・デザイン

1951年「日本宣伝美術会（日宣美）」（JAAC）が板橋義夫，山名文夫，髙橋錦吉，原弘らによって結成され第1回展を開いた．毎年展覧会を開催し，第3回展より公募制をとり，その最高賞である日宣美賞をはじめとする受賞作家を，グラフィック・デザイナーとしてデビューさせた．粟津潔，杉浦康平，和田誠，勝井三雄，石岡瑛子らのデザイナーを輩出し，1970年の解散まで，日本のグラフィック・デザイン界の登竜門として，またデザイナーの社会的な発言と地位向上に大きく貢献した．

広告を主に仕事とするデザイナーたちが，アート・ディレクター（AD）制を確立する目的を主軸に掲げて「東京アド・アートディレクターズ・クラブ（現・東京アートディレクターズ・クラブ＝ADC）を新井静一郎，今泉武治，藤本倫夫，川崎民昌，祐乗坊宣明らによって設立．日宣美解散後は，その主なメンバーを吸収して現代日本の最も主流をなす団体として活動している．

1955年10月には日本橋髙島屋において，「グラフィック55」展が開催された．東京銀座に，星型のナショナルのネオン・サイン《5-61》をはじめ服部和光のショー・ウインドーの伊藤憲治，「原子エネルギーを平和産業に！」など，幾何学的構成と力強いレイアウト派の亀倉雄策《5-64》，「いき」な感覚のイラストレーションと色彩の早川良雄《5-62》，精密で淡く優しいイラストレーションの大橋正，写真植字を使用して「森林」という形象詩的なタイポグラフィや「広告づくりは花火づくり」などと発言した山城隆一《5-63》，それに原弘，河野鷹思の当時の日宣美の主要メンバーにポール・ランドが招待作家として参加した．

ここには彼らデザイナーの意思と実働の作

■5-61｜伊藤憲治［ナショナル・ネオンサイン］1954
■5-62｜早川良雄［第10回春の秀彩会］リーフレット表紙 1953
■5-63｜山城隆一 ポスター［団・芥川・黛3人の会］1955

品が展示された．この時から彼らは単なる応用美術と決別し，コミュニケーション機能をふまえたヴィジュアル・デザイナーとしての出発を明確にしたのである．絢爛とした個性と質の高い印刷を通しての展覧は大変な反響を呼び，日本のグラフィック・デザイナーの地位を確信に満ちたものにした．それは以後の後継者を刺激し，これを期に若人が，グラフィック・デザインに希望を抱いたことは間違いない．

▍世界デザイン会議と東京オリンピック

1960年5月7日から16日まで東京・産経ホールを中心に開催された「世界デザイン会議」（World Design Conference 1960 in Tokyo）は，日本国内の企業を含むデザイン関係者はもちろんのこと世界に向けて，日本のデザインの存在を認識させる一大イベントであった．まず，「デザイン」という英語の言葉自体がこの会議で世界共通のデザインの意味内容を認識し合ったと言ってよいだろう．

世界デザイン会議は東京宣言を採択し「われわれは人種・言語・国家の相違を超え現代に生きる人間として互いに会い，知り，話すことの価値をここにあらためて認識する．われわれは今日の世界がこのような相互理解と相互寄与の場を必要としていることを確信する．われわれは来たるべき時代が，人間の権威ある生活の確立のために現代よりもいっそう力強い人間の創造的活動を必要としていることを確信し，われわれデザイナーに課せられた責任が重大であることを自覚する」と結んだ．この会議によって世界中のデザイナーは，初めて横のつながり，すなわち，グラフィック，インダストリアル，クラフト，インテリアそして建築家，都市計画家までが同一の立場に立って会議をし，デザインの各分野の相互強調を認識したのである．それはやがて迎える「東京オリンピック」（1964）「日

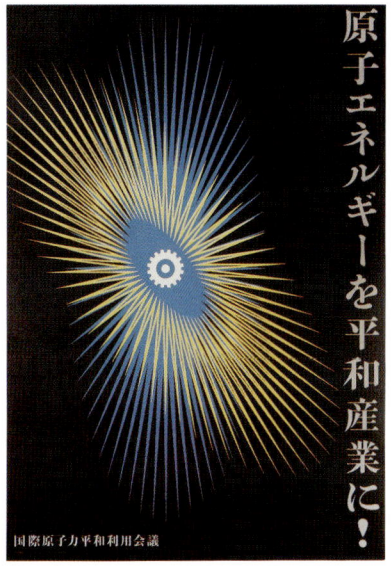

■5-64

本万国博覧会」（1970）などの大規模な公共事業の総合的なデザインの契機となった．

世界デザイン会議の中心的な推進者の一人であった勝見勝は，東京オリンピックにおいて総合的なアート・ディレクションを引き受けコミュニケーション分野のデザイン・ポリシーを実地に示した．まずシンボルマークは6人の指名コンペによって亀倉雄策の作品に決定．海外でも高く評価された．ポスターも亀倉雄策を中心に村越襄・早崎治によって三部作品が制作された．各競技種目はピクトグラムによって統一した．この世界の言語を超えた絵言葉＝ピクトグラムは，大変な好評を得た．以後のオリンピックおよび万国博において，デザインがもたらす一般社会や市民への貢献の一分野として各国が非常に力を入れることになる．その先鞭をつけたと言ってよい．それはまた，グラフィック，インダストリアル，建築，都市環境にいたるデザイナーたちに同一ヴィジョンを描かせた，

■5-64｜亀倉雄策　ポスター［原子エネルギーを平和産業に！］1956

■5-65

■5-66

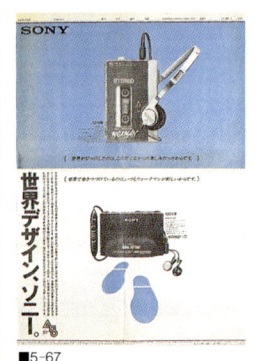

■5-67

システム的な方法，モジュール的な思考などはこの頃生まれた各デザイン界の共通言語と方法であった．

60・70年代のインダストリアル・デザイン

　1965年日本インダストリアルデザイナー協会は第1回日本インダストリアル・デザイン会議を開催した．「インダストリアル・デザインの今日の役割を探る」と題してID（インダストリアル・デザイン）と都市，IDと公共，IDと市民，IDと文明，IDと産業，IDの開発，IDと貿易，IDと教育の各分科会を行った．以後，ほとんど毎年開催し，日本におけるインダストリアル・デザインをより確実なものとしていった．

　1970年，大阪で開催された「日本万国博覧会」で世界中から日本の産業におけるデザインは認識されるようになったと言ってよい．この頃多くのデザイナー協会も法人化されている．日本クラフトデザイン協会，日本インテリアデザイナー協会，日本パッケージデザイン協会，日本ジュウリーデザイナー協会などである．また各地にデザインセンターが設立された．

　1973年，日本で初めて，ICSID（国際インダストリアルデザイナー団体協議会）の世界会議が日本の古都京都で開催され（ICSID '73京都），通産省は2回目のデザインイヤーを敷いて，日本全国にデザインの重要性を認識させた．「人の心と物の世界」というテーマのもとに開催された会議は，日本人の形而上学的アプローチと西欧人発言者の実利主義的アプローチの差を理解させるのに有効であり，日本独特のビヘイビアと底の知れないパワーを世界のデザイナーに感じさせた会議で

■5-65｜倉俣史朗［How High the Moon］1986
■5-66｜喜多俊之　カッシーナ社［ウインク・チェア］1979
■5-67｜ソニー［ウォークマン新聞広告］朝日新聞 1989. 10. 13.

■5-68　　　　■5-69

あった．
　1979年7月1日，ひとつの新星が誕生する．それはSONYの［ウォークマン］《5-67》である．ウォークマンは，音響の革命であり，瞬く間に世界を制覇し，音楽の聴き方を変え，価値観を変えた．
　70年代の終わりモダン・デザインからポスト・モダンの活動への移行が顕著になってくる．記号化できない新しい家具を創造し続けた倉俣史朗《5-65》．［ウインク・チェア］で自由な動きと見事な色彩を造形化した喜多俊之《5-66》．1968年第1回ブラウン賞を受賞しメンフィスに参加した梅田正徳，正統派の川上元美，前衛の大橋晃朗．オーソドックスにイタリアで活躍する松永真樹，細江勲，蓮池槇郎，ガラスの船越三郎や横山尚人．また，デザインという言語が設計という意味をもつとすれば，山中成夫の箱根細工，戸村浩のMove Form，吉本直貴のThe Yoshimoto Cubeはまさにデザイン思考によって具現した造形作品である．
　1989年にはICSID会議「かたちの新風景：情報化時代のデザイン」が名古屋で開催されこの年を通産省はみたびデザインイヤーとし，10月1日を日本の「デザインの日」と制定した．

60・70年代のグラフィック・デザイン

　［海を返せ］《5-68》や「横組・新聞の提案」など，社会的なイラストレーションと新しい日本の視覚へ新風を送ったのは粟津潔である．
　「LPジャケット」のデザインを発表して以来，杉浦康平は，常に日本はもちろん国際的に活躍し，視知覚の新しい世界を彼独自の純粋の形態としての「デザイン」を発明する．彼の仕事は真理の「デザイン」へ向かう最も模範的な作品の生成である．光学的な透明の色彩構成の効果をもつ線図形，文字の美しさと字間の関係を整理したタイポグラフィの提案に始まり，時間と地形図との関係を表した［時間軸変形地図］《5-69》，立体眼鏡で見る天体図『星の本』に展開する，人間の身体的機能と自然科学の絶対関係を発見し，デザインという根源の認識と現代科学とを接合させている．それは，自然＝宇宙のもつ秩序や摂理と同質の現象を杉浦独特の哲理で見せている．このような方法を継承する中垣信夫，高田修地らの追求するデザインの分野，すなわち地

■5-68｜粟津潔 ポスター［海を返せ］1955
■5-69｜杉浦康平 協力 中垣信夫，高田修地他［時間軸変形地図］1969

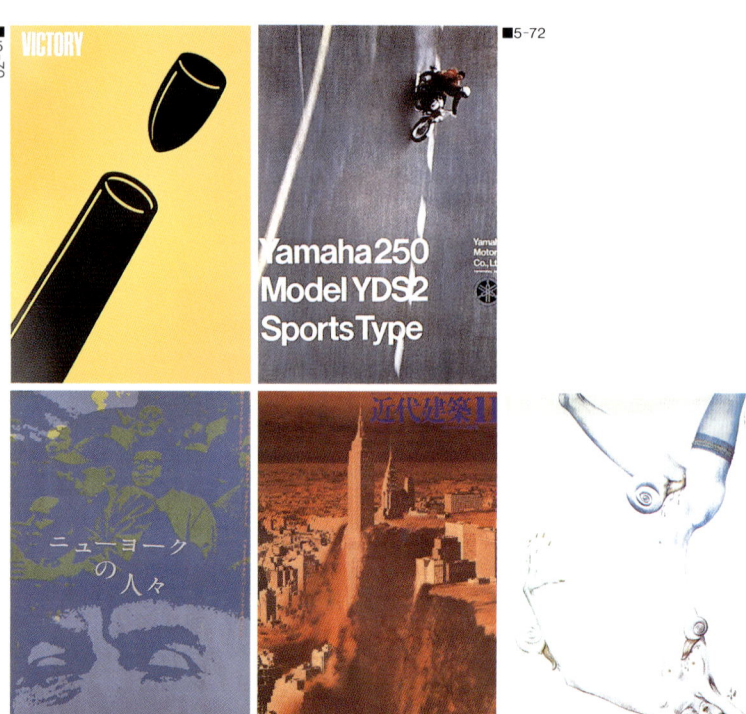

図やダイヤグラムやブック・デザインなどは，理知的に構成されるデザインを目指すものとして重要である．

　1965年の「ペルソナ展」は，だまし絵＝視覚トリックを大胆な構図によって行った福田繁雄《5-70》，繊細に輻湊する幾何学的抽象から出発した永井一正《5-76》，広告の中に美しいスピード感と爽やかな構成を見せる細谷巖《5-72》，写真や印刷の新技術を有機的に組み入れる勝井三雄《5-71》，何を描いても好意的なユーモアをもつ，和田誠《5-74》，独特の日本の平安的色調による平面構成の田中一光．左手でレオナルドのように描く宇野亜喜良《5-73-b》，横尾忠則《5-77》，木村恒久，片山利弘，粟津潔らによって開催されそれぞれの個性が解放され，大きな反響を呼んだ．

　1968 - 70年初頭は日本だけでなく世界中で学生運動，大学紛争が激化した時期であり，高度成長の中で，日本宣伝美術会が解散し，工業製品の使い捨て化が始まり，各地で大気の汚染，公害問題が起こり始めていた．その中でデザイナーの意識も，いわゆる装飾を排したモダン・デザインから脱出して，ポスト・モダンへみずからの情念ともいうべきものを表現した作品が出現する．素朴派の写実描写によって，流行のタレントを描いた横尾忠則．写真のコラージュによってアイロニカルに超現実の風景を表現した木村恒久《5-73-a》.

■5-70｜福田繁雄　ポスター［VICTORY］1975
■5-71｜勝井三雄　ポスター［ニューヨークの人々］1956
■5-72｜細谷巖　ポスター［ヤマハ・オートバイ］1961
■5-73-a｜木村恒久『近代建築』表紙［都市はさわやかな朝をむかえる］1975
■5-73-b｜宇野亜喜良ポスター［CIEL DE LIT］1968

■5-74

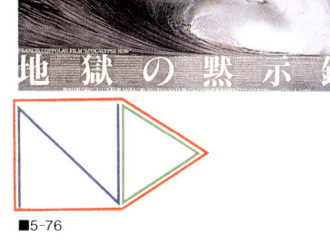

■5-77

■5-75

■5-76

■5-78

Contemporary Design in the World

　石岡瑛子の映画などへの参加《5-75》や五十嵐威揚の立体物のように範囲をひろげた試みもなされている．河北秀也の地下鉄のポスター［帰らざる傘］に代表される新しいコンセプト，淡葉克己や新島実の文字や構図の提案的作品．また，淡井潔のように展覧会の目録など，ある特異な分野に主軸をおいて，斬新なタイポグラフィのエディトリアル・デザインを展開している者が現れ始めている．

　1976年，日本標準分類に「デザイン業」の項が新設．旧日本宣伝美術会所属のデザイナーが中心となって新しくさまざまなスタイルを一堂にあつめ，多様化していく企業社会に向け日本グラフィックデザイナー協会（JAGDA）を設立し，いよいよ多種多様のデザインを自他ともに要求してくる．田中一光などはより日本調を新展開させて国際的になっている《5-78》．また，アート・ディレクターシステムも成熟し，デザインにコンピューターが導入され始め，企業におけるコーポレート・アイデンティティー，いわゆるCI時代へと向かう．しかしCIといっても宣伝広告におけるCIのみがとくに盛んで，製品（商品）のデザインにまでおよんでいないのが現状である．

Habara

■5-74｜和田誠 レコード・ジャケット［ORCHESTRAL SPACE］1966
■5-75｜石岡瑛子 ポスター［地獄の黙示録］1980
■5-76｜永井一正［日本デザインセンターのコーポレート・マーク］1960
■5-77｜横尾忠則 ポスター［TADANORI YOKOO:A Climax at the age of 29］1965
■5-78｜田中一光 ポスター［UCLA大学のための日本舞踊］1981

■世界に花開いた日本のデザイン

　1994年9月25日から11月20日までアメリカのフィラデルフィア美術館において"Japanese Design：A Survey Since 1950"，直訳すれば「1950年以降の日本デザインの概観」とでもいう，大展覧会が開催された．

　同館は古くは1876年のフィラデルフィア万国博以来，広く日本の美術・工芸をアメリカに紹介してきた．現代芸術においても，マルセル・デュシャンの「大ガラス」作品をはじめその遺作があり，また，コンスタンチン・ブランクーシ等の名作をコレクションしている，世界でも屈指の名門美術館である．そのフィラデルフィア美術館のキュレーター，キャサリン・B・ヒーシンガーとフェリエス・フィッシャー，それに編集・制作のジョージ・H・マーカスらが，5年を費やして日本のデザインを分析研究した．

　その結果，日本のデザインの特徴として「Compactness＝小型化」「Simplicity＝簡素」「Asymmetry＝非対称」「Craftmanship＝職人芸」「Humor＝諧謔」という5つの要素を選び出し，それに基づいて，戦後1950年から1994年まで45年間の日本のデザイン界のプロダクト，グラフィック，ファッション，工芸など多岐にわたるジャンルから，実際に来日して作品を選び出した．これが，総数250余点の展示品を通じて戦後の日本デザイン史を一望できる，世界で初めての包括的な展覧会となった．

　同館での開催の後，イタリアは"Design Giapponese Una Storia dal 1950"としてTriennale di Milano Palazo dell'Arteで1995年3月17日から5月14日まで．ドイツでは"Japanisches Design seit 1950"としてデュッセルドルフのKunsthalleで1995年7月9日から9月10日まで．フランスでは"Design Japonais 1950－1990"としてパリのポンピドゥー・センターで1996年2月14日から4月29日まで開催された．そして最後に日本のサントリーミュージアム［天保山］で「made in Japan 世界に花開いた日本のデザイン」と題して1996年5月23日から7月11日まで開催された．展覧会と同時に企画された図録は英・仏・独・伊・日の5か国語で編纂され，文献としても充実した内容となっており，戦後50年の日本デザイン史を総括する資料としても価値あるものとなっている．

Habara

■5-79

■5-80

■5-81

■5-79,80｜英語版図録 "Japanese Design：A Survey Since 1950" 表紙デザイン：勝井三雄　1994
■5-81｜独語版図録 "Japanisches Design seit 1950"の表紙　1995

The Concise History of Modern Design

附章
現代デザインの諸相
The Various Aspects of the Present Design

向井周太郎＋森啓

中欧の復活——近代（モデルネ）の検証と21世紀への問い

■6-1

デザイン——近代のプロジェクト

　本書第1章「デザイン史を理解するために」の冒頭の言葉にあるように，デザインの理論と歴史についての系統的な記述は，それぞれ，ハーバート・リードとニコラウス・ペヴスナーによって始められた．そのペヴスナーの著作の一つ『モダン・デザインの展開——モリスからグロピウスまで』（白石博三訳，みすず書房）というタイトルの副題にみられるように，ウィリアム・モリスのアーツ・アンド・クラフツ運動から世紀末のアール・ヌーボーを経て，ドイツ工作連盟（ヴェルクブント）運動からグロピウスによって創設されたバウハウスへと至るという発展の流れが，近代デザインの成立史として一つの規範的な考え方であった．

　本書の記述も，その歴史の文脈に沿っている．この文脈は，近代の生産方式の変化に対応して工芸（アート・アンド・クラフト）をどのように脱皮，変容させるかという課題への取り組みから，機械生産のための新しい造形（デザイン）原理の形成へと至る進化史的な発展の歴史観にもとづいている．

　しかし1960年代半ば以降は，先進工業国の物の過剰と大衆消費社会の急速な進行によって，そうした近代デザインの歴史観や規範が解体され，それぞれのデザイン運動やスタイルが共時的現象のように相対化されていった．とりわけ「理念なき時代」ともいわれた1970年代からポスト・モダン現象の1980年代にかけては，バウハウスの運動なども，機能主義的なモダニズムという一面的な観点から厳しい批判の対象となった．

　しかし1990年代に入って，また新たな近代の検証が始まった．とりわけ欧州では，展覧会やデザイン会議などを通して，あらためて「モリスからバウハウスへ」という近代デザイン運動の流れを，ヨーロッパが相互に共

■6-1｜中欧とは，広義には，東西はロシアとフランスの間，南北は北海・バルト海とアドリア海の間に広がる地域をいう．

■ ハンガリー・アヴァンギャルド

第一次世界大戦末期,ハプスブルク帝国崩壊後の1919年のハンガリー評議会共和国の成立と崩壊という政情を背景に,ハンガリー・アヴァンギャルドの多くの人は,その主導者ラヨシュ・カシャークをはじめ国外とくにウィーンとベルリンで活躍するようになった.ベルリンを活動の場としたモホリ＝ナギは1923年バウハウスに招聘され,バウハウスはさらに多くのハンガリー芸術家の活動の場となる.マルセル・ブロイヤー,アンドール・ヴァイニンガー,オッティ・ベルガー,ファルカス・モルナール,シャンドル・ボルトニュイクなども,このワイマール共和国での実験に積極的に参加した人々であった.

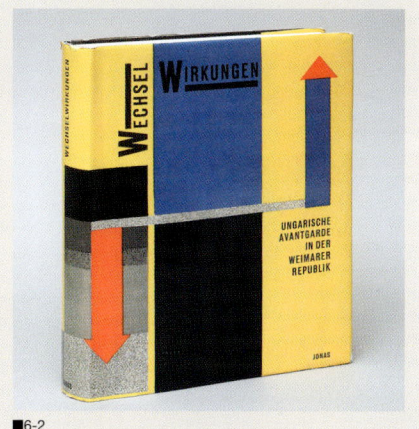

■6-2

有する歴史的,文化的,精神的アイデンティティとして再確認しようとする試みが多面的に行われてきた.その根底にあるのは,近代デザイン運動がユートピアへ向けた社会改革的な「モデルネ」とも呼ばれる近代のプロジェクトであったという共通の認識である.

中欧の復活と新たな鉱脈の発見

こうした契機の一つは,あの1989年の,西欧と東欧を分断していた鉄のカーテンの劇的な崩壊と,再び東西を一つに結ぶ「中欧(中央ヨーロッパ)」の復活であった.そこに1930年代以降ナチズムとスターリニズムによって断絶されていた,東西欧州が共有する20世紀初頭の「ユートピア」に向けた壮大な実験の鉱脈があらためて再発見されたといえる.

もう一つは欧州連合 (EU) の実現である.EUの発足は,21世紀のヨーロッパにおける新しいユートピア像へ向けた壮大な社会変革への歩みにほかならない.近代デザイン運動の文脈に寄せていえば,ドイツ工作連盟の創設メンバーの一人でその推進者であった政治家フリードリヒ・ナウマン (79頁参照) の「中央ヨーロッパ統合案」(1915年) や,オーストリアの政治学者クーデンホーフェ・カレルギーの「汎ヨーロッパ連盟案」(1924年) などによって描かれてきた新しい市民社会としてのヨーロッパ・ユートピアの夢の実現への第一歩ともいえる.

したがって,1990年代以降の「モリスからバウハウスへ」という流れは決して単線的なものではない.むしろその東西を越えた中欧諸国の諸地域と,人々のネットワークや相互交流による星座のような複数的関係性の文化的・精神的な動態の多面性が検討されている.とくに東欧アヴァンギャルドとの関係性や,それぞれの固有性に新たな光があてられ,またロシア・アヴァンギャルドとの交流の新たな視界も開かれている.

「中欧」とは,東西はロシアとフランスの間,南北は北海・バルト海とアドリア海の間を指している.そしてこの地域は,中央ヨーロッパを意味するドイツ語の「ミッテルオイローパ (Mitteleuropa)」という語で呼ばれるこ

■6-2 ｜「相互作用 ワイマール共和国におけるハンガリー・アヴァンギャルド」展図録
Neue Galerie, Kassel 1986

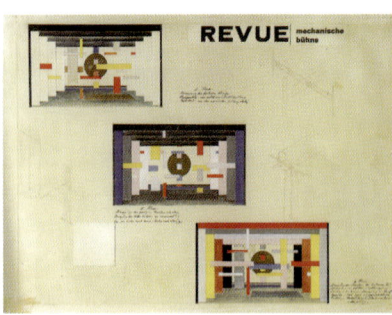

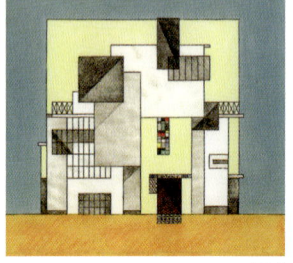

とも多い．しかし「中欧」とは単なる地理的な概念ではない．むしろこの地域のゲルマン，スラブ，マジャール（＝ハンガリー），ユダヤ，ラテン，オリエントなど，これら多民族の長い交わりの歴史のなかで育まれた，万華鏡のように多様性に満ちた文化と，その魂のアイデンティティをさす概念である．

1986 年に旧西ドイツ・カッセルで大規模な「相互作用」と題された「ワイマール共和国におけるハンガリー・アヴァンギャルド」展が開催されたが，その開催趣旨は，ワイマール共和国時代におけるハンガリー・アヴァンギャルドの活動を早くも欧州東西が共有するユートピアへの実験と位置づけ，まさに中欧の復活の予兆に先駆けたものであった．

東欧諸国では，1980 年代後半からソビエト連邦でゴルバチョフによって進められた政治体制の改革運動「ペストロイカ」以前から，ハンガリーの作家ゲオルギー・コンラッドやチェコの作家ミラン・クンデラなどの発言を通じて，この「中欧復活」の気運が胎動し始めていた．1989 年，ハンガリーの国境開放に始まる東欧の自由化と，それに続くベルリンの壁の崩壊はまさにその活動の実現でもあった．

こうした東欧の自由化の前後から 2000 年代前半にかけ，毎年長期短期の滞欧の機会を得ていた筆者にとって，この中欧の復活と東欧アヴァンギャルドの新たな鉱脈との直接的な出会いの経験はきわめて衝撃的で，ヨーロッパ 1920 年代における生活世界のあるべき近代性へむけた芸術革命の，まさにその多極的な広がりの連接と豊穣さについての驚きに満ちた新たな発見であった．

■6-3｜アンドール・ヴァイニンガー Andor Weininger 舞台設計［機械的レビュー］の3場面 1926
球形劇場の提案と同時期のプロジェクト．ヴァイニンガーは1923年から27年にかけてバウハウス舞台工房で活動．
■6-4｜ラースロー・モホリ＝ナギ László Moholy=Nagy 舞台設計［ホフマン物語］第1幕（オリンピア）1928
モホリ＝ナギがバウハウスを辞任してベルリンで最初に手がけた舞台装置．
■6-5｜オッティ・ベルガー Otti Berger［織糸の触覚板］（モホリ＝ナギの演習で）1928
ベルガーは1931-32，バウハウスの織物工房長として活動．
■6-6｜アンドール・ヴァイニンガー Andor Weininger［住宅 ファンタジア］のスケッチ 水彩と墨 1922

■6-7

■6-9

■6-8　　　　　　　　　　　　　　　　　　■6-10

　すでに中欧の復活から20余年，この間に欧米をはじめ日本においても，中東欧アヴァンギャルドについての研究が若い世代の研究者の輩出とともに急速に進み，この10年余りの間に日本における研究成果としての良書も刊行され始めている．それらの研究内容については参考文献の項に挙げた研究著作に委ねることにし，ここでは筆者が「中欧の復活」を契機に直接経験したデザイン会議や展覧会やプロジェクトなどから，近代の検証にかかわる主な事項を報告しておきたい．

■東西ドイツの統一と中欧デザイン会議

　1990年10月3日の東西ドイツの統一に合わせて，同月11日から14日にかけ，オーストリアのウィーンで開催された初の「中欧デザイン会議」は，中欧復活の動きにいち早く呼応したものだった．会議の目的は，中欧が文化として共有する19世紀末から20世紀にかけての芸術・デザイン運動の精神を再検討し，中欧の歴史的，文化的，精神的なアイデンティティをあらためて再確認しようとするものだった．そのうえで，中欧における生活世界の新しいヨーロッパ像に向けて，デザイン推進の共通の理念と共同のネットワークとを再形成しようという壮大な試みであった．

　したがって会議の参加国は，中欧としてバルト三国，ポーランド，チェコスロバキア，ハンガリー，ユーゴスラビア，ルーマニア，東西ドイツ，スイス，ルクセンブルク，オランダ，ベルギー，フランス，イタリア，オーストリアおよび，まだソ連と緊張関係に

■6-7,8,9,10｜1907年に創設されたドイツ工作連盟の理念を継承し，
1912年に設立されたオーストリア工作連盟が1932年にウィーンに建設した住宅団地．
中欧デザイン会議において，工作連盟運動が社会的共通資本としての住宅や環境の質的形成に貢献したという再検証として，
同団地の見学会を行なった．図版は住宅の外観とインテリアの一部．
6-9,10 向井周太郎撮影

あったバルト三国からはラトビアが代表としてようやく開会に間に合い，万雷の拍手で迎え入れられるという感動的な場面もあった．かつまた近代デザイン運動において，中欧と共通の知的教養の基盤をもつ北欧四国がオブザーバーとして参集し，会場は一段と熱い空気で充たされていた．

会議ははじめに中欧文化のアイデンティティを検証するために，参加国の主な国々が，それぞれ近代のプロジェクトとしてユートピアをめざして芸術・デザイン運動をどのように展開してきたかを呈示した．それぞれの展開には，政情も異なり，国や民族による地域文化の固有性があり，同時代に共有された構成主義にしても独自の特色がある．それらの報告から，中欧文化のアイデンティティとして，それぞれの地域文化の差異や特質による共時的な多様性を確認し，同時にそれらの多様性の根底には，イギリスのラスキンやモリス以来の芸術・デザイン運動の理念を継承してドイツでおこり，オーストリア，スイスから北欧や東欧の諸国におよんだ工作連盟（ヴェルクブント）運動からバウハウスに至るという，近代デザイン運動の流れを共有していることが再確認された．

しかも工作連盟運動が，機械産業における製品の良質化だけでなく，生活世界における住宅や環境などの社会的共通資本の質的形成にも大きく寄与したという，デザインの社会改革的な意義も再確認された．冒頭にも述べたように，その根底にあるのはヨーロッパ近代のデザイン運動が社会改革的な近代のプロジェクトであったという共通の認識である．

そのような中欧のアイデンティティに照らし，会議の総括で採択された宣言のひとつとしてたいへん感銘深かったのは，「中欧におけるデザイン活動はアメリカ型の消費社会のためのデザイン行為には寄与しない」という提言だった．これは，現代のグローバリゼーションや市場原理主義とは一線を画するEU政治とも連接（リンク）した21世紀のあるべきデザイン姿勢の表明であったといえる．

そしてこの会議は，1994年にドイツ・エッセンでシュテファン・レンギエル，ノルベルト・ボルツらエッセン大学デコード・ワーキンググループによって企画開催された「ヨーロッパのデザイン――デザインと政治の使命」という最初のEUデザイン会議へと引き継がれていった．

■アヴァンギャルドと全的な構想力の知

中欧デザイン会議の前後から，堰を切ったようにドイツを中心に東欧およびロシア・アヴァンギャルドとそれらの作家の再検討が始まり，中欧の連帯を標榜する大規模な企画展や個々の作家展が次々と開かれた．また，それらの新たな資料の刊行や運動誌の復刻なども行われてきた．

中欧デザイン会議に続いて，展覧会のなかでもとくに欧州東西が共有するユートピアへ向けた多様な芸術実験の鉱脈を現面化させた契機のひとつは，1992年にデュッセルドルフとワイマールの近隣都市ハレで開催された「K.I.／構成主義インターナショナル1922―1927年・ヨーロッパ文化のユートピア」展である．これもまた中欧の復活に呼応して，ちょうどその70年前の1922年5月末にデュッセルドルフで開催された大規模な第1回デュッセルドルフ国際美術展と「進歩的芸術家同盟」結成のための国際会議と，同年9月にワイマールでもう一度行われた同国際会議とを，再び跡づけて現代の意義を検証しようとするものであった．

中欧におけるこの1922年の，いわゆる構成主義者とダダイストが集結した一大イベントがまさに「K.I.／構成主義インターナショナル」（創造的労働共同体）結成の出発点であった．（101頁参照）　この試みは，東欧のアヴァンギャルドにロシア構成主義との交流関係をふくめて，ダダ，デ・ステイル，バウハウスなどの構成主義とを重ね合わせて，その展開

■6-11 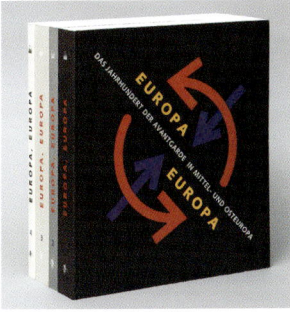　　　　　　　　　　　■6-12 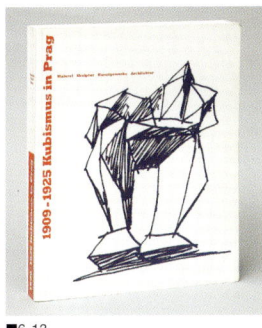　　　　　　　　　　　■6-13

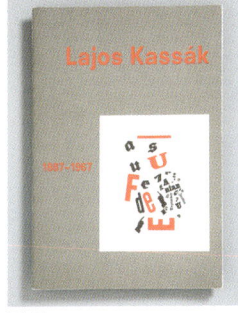

■6-14 　　　　　　　　　　　■6-15 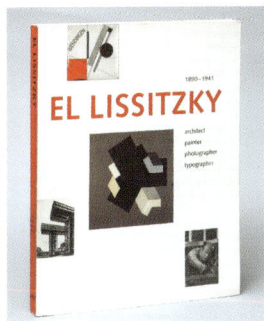　　　　　　　　　　　■6-16

　の広がりと多様性を検証し，あらためて「構成」という概念の全体性を喚起させるものであった．まさにこの「構成」概念は，造形の構成原理から，あるべき社会や生活世界の構成，その展開のための国境や領域を越えた人的交流の連帯・ネットワークの構成にまで及ぶ，実にホーリスティック（全的）な構想力の知であった．

　いまひとつは，1994年にボンで開催された「ヨーロッパ・ヨーロッパ」展である．この展覧会は「中東欧におけるアヴァンギャルドの世紀」という副題のもと，造形芸術，写真，ビデオ・アート，建築，文学，演劇，映画，音楽，マニフェストやドキュメントなどを一堂に集め，20世紀初頭から1990年代に至る中東欧の20世紀前衛芸術の活動の多様な全貌を，はじめて1つの「ヨーロッパ」像として展望した最大規模の展覧会であった．

　この展覧会も中欧の復活に呼応するものだが，20世紀のヨーロッパ像をアヴァンギャルドの世紀として見立てる壮大な企てであり，しかも，デザインにつながる造形芸術や建築だけでなく，映像関係から，文学，演劇，音楽など芸術全体を包括して，その意味を検証するものであった．

　今日の職能的な専門分化によって発展したデザイン諸領域の専門知から見れば，一見歴史を遡行するかにみえるが，その前衛芸術の同時代性と自律的に全体へと迫る革新的な志向性や構想力は，先の構成主義の「構成」概念にみられた脱領域的な知の全体性とともに，現代デザインの自己変革の必要性にとって啓示的である．

■6-11｜「K.I.」展図録 1992 Kunstsammlung Nordrhein-Westfalen, Düsseldorf.
　　　表紙画はモホリ＝ナギの他者に電話で指示を伝え描かせる電話絵画［EM1］1922
■6-12｜「ヨーロッパ・ヨーロッパ」展図録全4巻 1994 Kunst- und Ausstellungshalle BRD, Bonn
■6-13｜「1909-1925 プラハのキュービズム」展図録 1991 Kunstverein für Rheinlande & Westfalen, Düsseldorf
■6-14｜「ラヨシュ・カシャーク 1887-1967」展図録 1989 Heinrich-Heine-Institut, Düsseldorf
■6-15｜「チェコ・アヴァンギャルド 1922-1944」展図録 1990 Kunstverein in Hamburg / Museum Bochum
■6-16｜「エル・リシツキー 1890-1941」展図録 1990 Municipal Van Abbemuseum, Eindhoven

■MAの創設者ラヨシュ・カシャーク

1980年代末からの東欧およびロシア・アヴァンギャルドの再検討のなかでも、ラヨシュ・カシャーク、エル・リシツキー、カレル・タイゲなどの詩的構想にもとづく越境的な全的活動がとくに注目される。ここではハンガリー前衛芸術運動の主導者で、詩人、作家、画家、行動主義グループ「MA（今日）」（1915）の創設者であるカシャークの事例を挙げる。

■6-17

■6-18　　　■6-19

■21世紀のデザインを問う──ダルムシュタット芸術家コロニーで

1991年、20世紀最後の10年の入り口に立ち、ドイツ工作連盟（72-78頁参照）は21世紀にむけて新しい生活世界の理念や問題を考え、それを次世紀へと提言していこうというプロジェクトをダルムシュタット芸術家コロニー（49頁参照）で提起した。それは中欧デザイン会議に続く、まことに注目すべき出来事であった。そのプロジェクトの構想は、ドイツ工作連盟アカデミー「文明ラボラトリウム」と名づけられた「文明の在り方」をも問うもので、同年11月1日と2日に、この構想の起案者でダルムシュタット工科大学教授のベルント・モイラーと、共同起案者でドイツ工作連盟事務局長のレギネ・ハルターの呼びかけにより、構想討議の国際会議が開かれた。招待スピーカーはヨーロッパ圏から23人と日本からの筆者とで、それぞれ人文・社会・自然科学、芸術、建築、デザインの専門家たちである。さらに政治・行政、企業、市民団体、ジャーナリズムなどからオブザーバー40人を加え、この構想をめぐってまる2日間、たいへん活発な熱い討論が交わされた。

このダルムシュタット芸術家コロニーは、イギリスのヴィクトリア女王の孫にあたる

■6-17 ｜ラヨシュ・カシャーク Lajos Kassák　行動主義雑誌『MA』別冊緑号 1921
■6-18 ｜ラヨシュ・カシャーク Lajos Kassák　行動主義雑誌『MA』国際音楽演劇特集号 1924
■6-19 ｜ラヨシュ・カシャーク Lajos Kassák　とラースロー・モホリ＝ナギ László Moholy=Nagyの共著『新しい芸術家の書』（ドイツ語版）Wien/Berlin 1922

■6-21

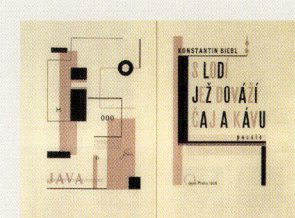

■6-20

■ポエティズムを提起したカレル・タイゲ

　カレル・タイゲは，1920年プラハで，詩人のネズヴァルらと共に芸術集団「デヴィエトシル」を結成し，チェコ・アヴァンギャルド運動を理論的に牽引した．評論家，編集者，建築家，デザイナーとして活躍したタイゲは，ネズヴァルと共に，「ポエティズム」という領域を横断する全的な形成概念を提起した．また「絵画詩」という形象詩論によってチェコ独自のブックデザインの展開に寄与した．

■6-22　　　　　■6-23

　ヘッセン大公の構想によって建設された19世紀末のドイツ・ユーゲントシュティル運動の一つの拠点であり，イギリスのラスキン，モリスから工作連盟，バウハウスへと至る近代デザインのドイツ，そして中欧への歴史的な中継点であった．この記念すべき地でまた新たな「モデルネ」の運動が始まっていた．

　この構想討議は文明形成のための活発な討論を口火として，トーマス・マルドナード（13頁参照）によって「近代化」と「近代性」についての概念規定がなされ，生活世界にとって重要なのは「近代化」そのものではなく，「近代性」であるということが再確認された．そしてここでも，近代デザインが近代文明，すなわち技術や産業や市場経済による「近代化」を社会的・文化的観点からあるべき生活世界の「近代性」，すなわち真の豊かさに向けて再編していくためのいまひとつの近代のプロジェクトであったということが再確認された．

　だが現代にあっては，工業先進国の物の過剰や南北格差，自然環境の激変，市場のグローバル化，IT革命などをはじめ多くの問題群を前に，デザインが単に様式や造形を通してのみ社会的，倫理的規範を示すことは難しく，デザインの不断の自己変革が必要である．会議は文明の進展をあらためて不断の自省のプロセスと捉え，「自省的文明の形成」という

■6-20｜カレル・タイゲ Karel Teige ビーブルの詩集『紅茶とコーヒーを運ぶ船とともに』ブックデザイン 1928
■6-21｜カレル・タイゲ Karel Teige ネズヴァルの詩集『アルファベット』ブックデザイン 1926
タイゲがミルチャ・マイエロヴァのダンスをタイポグラフィとフォトモンタージュによって構成したタイポフォトの金字塔．
■6-22｜パヴェル・ヤナーク Pavel Janák［一家族住宅のスケッチ（ヤクベック氏のために）］1911
■6-23｜パヴェル・ヤナーク Pavel Janák［陶製蓋付き容器］1911
チェコスロヴァキアでは，早くにキュービズムが開花し，日常の器物や家具から建築にまで波及した（98頁参照）．

■ダルムシュタット芸術家コロニーのいま

ダルムシュタット芸術家コロニー（49頁参照）では，1991年にドイツ工作連盟のプロジェクト「文明ラボラトリウム」構想討議の国際会議が開催された．ヨーゼフ・マリア・オルブリヒやペーター・ベーレンスの設計した自邸など，今も残る芸術家たちの住宅は，ミュージアムとともに市民の散策の場となっている．

■6-24
■6-25

テーマをこのプロジェクトの羅針盤とした．

その後「使用の再点検」というテーマをはじめ，1995年まで継続された国際会議の成果は21世紀への提言とされた．

■近代デザイン運動100年の検証と歴史の意義

2007年にはドイツ工作連盟創設100周年を迎え，ミュンヘンのピナコテーク・デア・モデルネにおいて，大規模な「ドイツ工作連盟100年・1907－2007」展が開催された．同時に，そのドキュメンテーションの刊行や各地支部ごとの展覧会やシンポジウムなどとともに，「工作連盟はなお必要か？」という厳しい自らの問いとも対峙したその意義の多面的な検証が行なわれた．

また2009年にはバウハウス創立90周年の検証があり，この間の東欧アバンギャルドの研究とも重ねて，バウハウスの新たな研究著書も多数刊行されている．

また2003年には，バウハウスの理念を継承して1953年に設立されたウルム造形大学（155頁参照）が創立50周年を迎えた．その際，ウルム美術館で現代デザインの課題を照らす新たな視座から，このわずか15年間（1968年閉校）のデザイン運動が，世界のデザイン教育やデザイン方法論に与えた影響の広がりや意義について，展覧会の構成や論

■6-26
■6-27
■6-28
■6-29

集の刊行などで多面的な検証がなされた．それに伴い多くの研究書籍も刊行されている．これも，第二次世界大戦後の50年代の出来事として未来を展望するための主要な近代の検証のひとつであった．

欧州では，近代デザインの歴史は過去のものではなく，再帰的検証によって常にあらためられ，まさに現実に生きているのである．

Mukai

■6-24｜ヨーゼフ・マリア・オルブリヒ Josef Maria Olbrich 設計［オルブリヒ自邸］1901 向井周太郎撮影
■6-25｜ペーター・ベーレンス Peter Behrens 設計［ベーレンス自邸］1901 向井周太郎撮影
■6-26,27,28,29｜「ドイツ工作連盟100年・1907-2007」展図録341頁より
ドイツ工作連盟の機関誌『werk und zeit』1982-2006年の中から選択された「グローバルとローカル」，「新しい風景—工業地帯や都市の再生」，「未来の住まい」
「生のかたちの変遷—脳と機械，精神と機械，人間と他の動物たちとの関係」などの特集事例．

印刷文字生成技術に合わせたデザイナーの作業の変遷

■6-30

電子メディアの文字も印刷文字と共通のデジタル・フォーマット

　この世紀に入ってほぼ10年を経た2010年の終わり頃，新聞の経済面に「日本の電子メディアの出稿広告費が，プリントメディアの出稿広告費を上回る」という記事を見た．

　これは，パソコンのネット上や携帯等の情報端末に掲載される広告費が，従来の新聞雑誌広告や商業印刷物の広告費を上回ったということで，日本の民生用の産業の動向を示す一つの指標ともいえる広告費の媒体利用の割合の変化を意味している．

　社会的な様々な活動の中で，「印刷するとい う機能」の減少が明らかになったといえよう．

　しかし，見方を変えて電子メディアの画面を眺めると，動く画像に惹き付けられもするが，他方確定的なメッセージは文字を通じて，人々に伝わることに気づかされるのだ．

　これらのデジタル文字は，この四半世紀の印刷文字の生成技術を基盤としている．

　この文では，デジタル文字に至る印刷文字の生成技術の進展とそれに連動するデザイナーの仕事の変容を述べてみたい．

　このページの図版《6-30》は，和文を構成する「ひらがな」を提示している『東京築地活版製造所の初号明朝活字書体見本帳』1917（大正6）年6月改正版である．

■6-30 『東京築地活版製造所の初号明朝活字書体見本帳』1917

附章　現代デザインの諸相

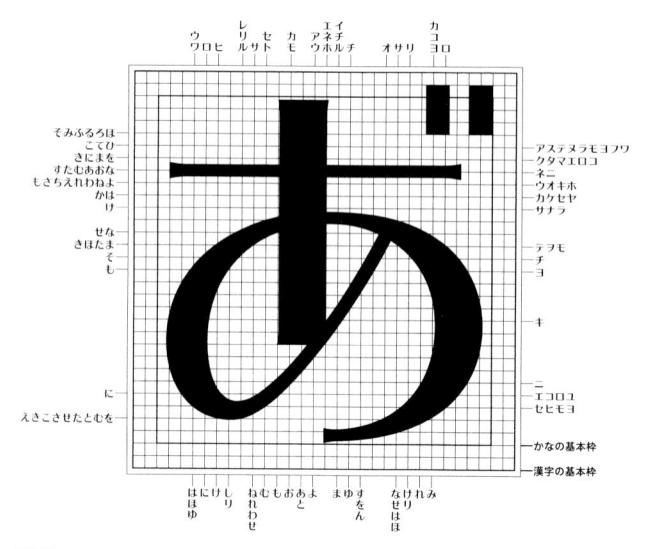

■6-31

　和文活字は,「一字一角」と呼称された正方形の字面を1ユニットにするシステムで,この見本帳が刊行された大正6年には,鋳造技術の導入の明治期初頭から50年を経て,一字一字のひらがなは明朝体の漢字に見合う完成度の高い書体を形成している.

　鉛を主体とする金属活字による組版の文字面を印刷する活版印刷は,第二次世界大戦後の昭和40年代まで,その導入期からほぼ100年間にわたって,新聞,雑誌,書籍の文字印刷の主流であった.活版の表現形式の決定者の多くは編集者であり,アーティストとしては原弘等少数のパイオニア的存在を見ることができる.

　1948(昭和23)年に,新潟県長岡市の津上製作所が国産のベントン彫刻機を開発制作し,新聞社,大日本印刷等の大手印刷会社と,岩田母型等の鋳造する活字書体が順次に細身に変わり,日本中の印刷物の紙面が明るくなった.

　大正期から開発され,第二次世界大戦後に広く使用された文字組版のシステムは,写真植字である.光学的写真的手法で印画紙に文字組を形成し,印刷された.石井茂吉と森澤信夫の共同作業により造り出され,後に石井は,写研となる写真植字機研究所を東京に,森澤はモリサワとなる森澤写真植字機製作所を関西におこした.この文字組版のシステムは,諸橋轍次博士の『大漢和辞典』のような書籍の本文組を形成することもあったが,その当初は広告宣伝の印刷物に使用されることが多く,デザイナーたちに歓迎された.ファッション,各種の家電製品,AV機器,そして自動車と高度経済成長に合わせて,社会を先導してゆく産業の拡大生産を支える広告や各種の商業印刷物に,写植は広く使用された.

　出版社系の週刊誌の創刊等の雑誌印刷,各種の全集等の社会の知的な欲求に応じた書籍のための活版印刷と重層化しながら,写真植字のシステムは自動化された機械とともに新

■6-31｜グループ・タイポ「タイポス」の字形の横線と縦線分析のための起筆線図 1960年代
『図録タイポグラフィ・タイプフェイスのいま、デジタル時代の印刷文字』女子美術大学 2004

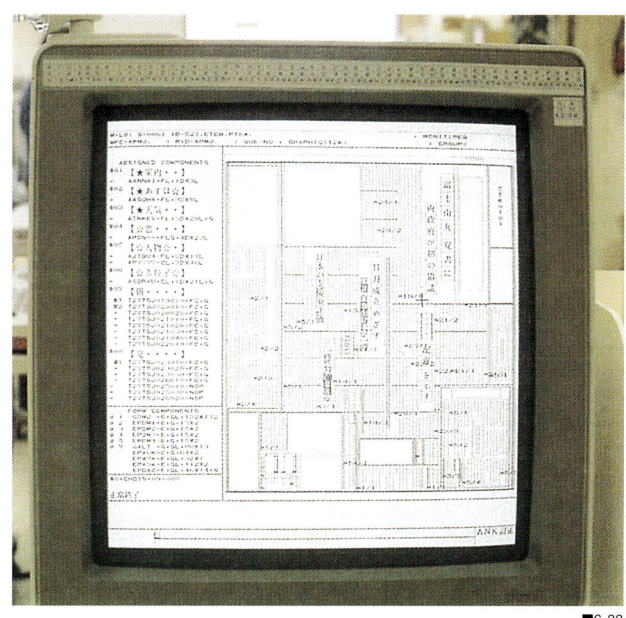

■6-32

しい印刷書体を送り出してゆく.

その一例として，グループ・タイポ（桑山弥三郎・伊藤勝一ら5人）の設計書体「タイポス」の「ひらがな」の起筆線図をあげる《6-31》.

「タイポス」は，当初，仮名の字体のみの書体であったが，字体の骨格の分類整理，字形を構成するエレメントの設定，定規とコンパスの使用など，従来の各種の活字の書体設計に当たった彫師やマエストロたちの頭と腕の中にあった書体のコンセプトを紙上に顕在化させ，その明るい書体イメージは，縦組の週刊誌の文芸作品の組版をはじめ，多くの女性誌等に使用された.

コンピューター化された新聞の編集印刷統合システム

20世紀の後半に，コンピューター技術の進展によって，デザイン領域，印刷システムに多様な変化が生じた.

■6-33

その最初の大きな変化と考えられるものに，新聞の電子編集の達成がある.

日本の2つの新聞社，日本経済新聞社と朝日新聞社が，1960年代の末に，それぞれ個別に新しい新聞制作の場の研究に入り，当時，コンピューター界の巨人と称されていたアメリカのIBM社に，日本語組版の新しいシステム化，CTS＝Computerized Typesetting Systemの依頼を行った．漢字仮名交じり文，縦組で，それぞれの社の組版のノウハウが組み込まれている日本語による新聞制作のシス

■6-32,33｜朝日新聞社の電子編集システムのモニター上の紙面レイアウト 1990頃
中林淳「新聞の電子編集」リョービイマジクス『アステ』第8号 1990

■6-34

■6-35

印刷のシステムの変化

テムのプログラム化は，容易ではなかったらしい．

　IBM社開発事業部の開発努力により，日経・朝日の両社に，統合化され一本化されたプログラムが，1970年代の半ば過ぎには提示され，日本側の自社の書体データや担当者の開発技術の習熟等と合わせ，世界で最初のコンピューター制御の新聞編集印刷の統合システムが，日本で始動することになった．

　このシステムを，日本経済新聞社はNikkei Anneccs，朝日新聞社はNELSONと，それぞれ呼称した．日経は，1970年代後半に，一部のページから電子編集を開始，朝日は1980年4月の築地の新社屋完成移転を機に，全ページの電子編集を開始させた．

　読売新聞等他の新聞社も，富士通等の協力を得て，編集制作の電子化を進めた．

　これによって，明治の初頭から，金属活字の活版印刷により多数の新聞を印刷してきた日本の新聞社は，活字の組版，紙型による鉛の版と活版輪転機に代えて，デジタル化された新しいシステムで新聞を編集製版し，オフセット輪転印刷機を使用して，その高速化を推し進めることとなった．

　1980年代から1990年代にかけて，印刷デザインの領域においてコンピューターの利用による仕事の進め方が大きく変化した．

　小型のパーソナルコンピューター（パソコン）が普及し，印刷デザインの領域ではアップル社のマッキントッシュが広く使用された．1984年に発売されたマッキントッシュは，「マウス」と「アイコン」の組み合わせによる使いやすさもあったが，何よりも「画像情報」と「文字情報」をまとめる操作に大きな力を発揮した．

　「アップルのマッキントッシュとアドビのデジタルフォントとキヤノンのレーザーショット（プリンター）が，カリフォルニアで出会い，DTP = Desk-top Publishingが誕生した」とその頃いわれた．「DTP」というコンセプトが，「WYSIWYG = What You see is what you get．（見たままのものをあなたは手にすることができる）」の語とともに，日本の印刷とデザインの世界に衝撃を与えた．やがて，粗いドットではあったが和文

■6-34,35｜朝日新聞社の電子編集システムのモニター画面と，そのレーザープリンター出力の校正用紙 1990頃
中林淳「新聞の電子編集」リョービイマジクス『アステ』第8号 1990

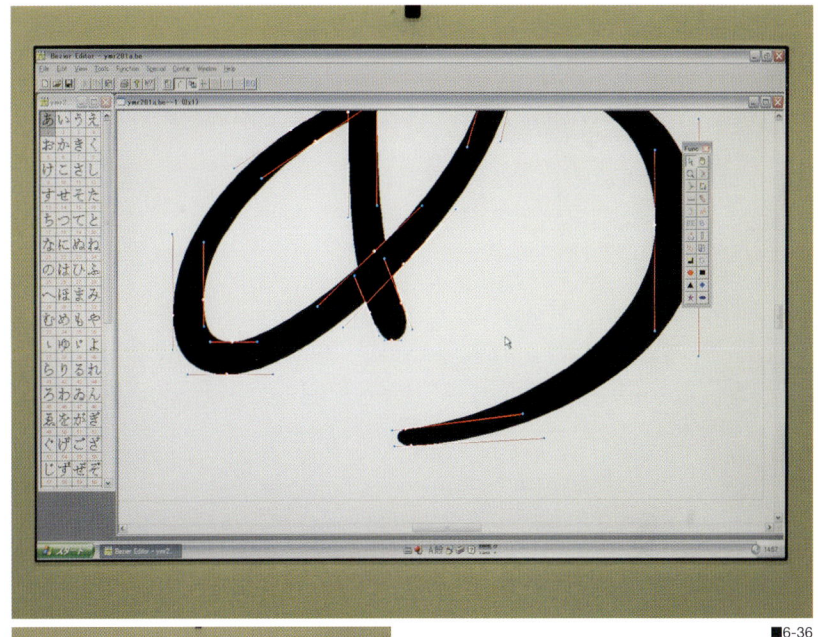

■6-36

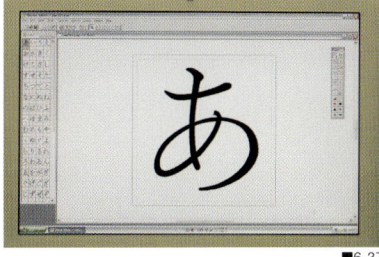

新しい書体設計の仕事

1980年代の終わり頃から印刷書体はデジタル書体に変わった.

このページの「あ」の図版《6-36,37》は,字游工房（主宰・鳥海修）の設計書体「游明朝体R」のアウトライン設計画面で,上の図は拡大して字形の細部をチェックしているところである.

現在の印刷書体には,旧活字書体,旧写植書体をデジタル化した「モリサワリュウミン」や「大日本印刷の秀英体」等があり,少し前からは,「大日本CTS書体」「凸版印刷CTS書体」「精興社書体」等がある.

デジタル書体として新しい構想のもとに設計された大日本スクリーン製造の「ヒラギノ」のファミリー,アドビの「小塚明朝」「小塚

■6-37

のデジタル文字のプリンターが出現し,マッキントッシュとそのソフトのグレードアップ,バージョンアップが続いた.日本語ワープロによる日本語組版が普及し,CEPS＝Color Electronic Prepress System という語が使用され,デジタル化されたカラー写真を組み合わせてレイアウトする統合化のプログラムを用いて,デザイナーが印刷製版のための最終イメージを決定する局面を受け持つことになった.デザイナーを取り巻く環境が変化し,このデジタルデータの作成が,デザイナーの仕事となった.

■6-36,37｜字游工房(鳥海修)の「游明朝体R」設計画面 『印刷文字の生成技術』女子美術大学 2010 世利隆之撮影

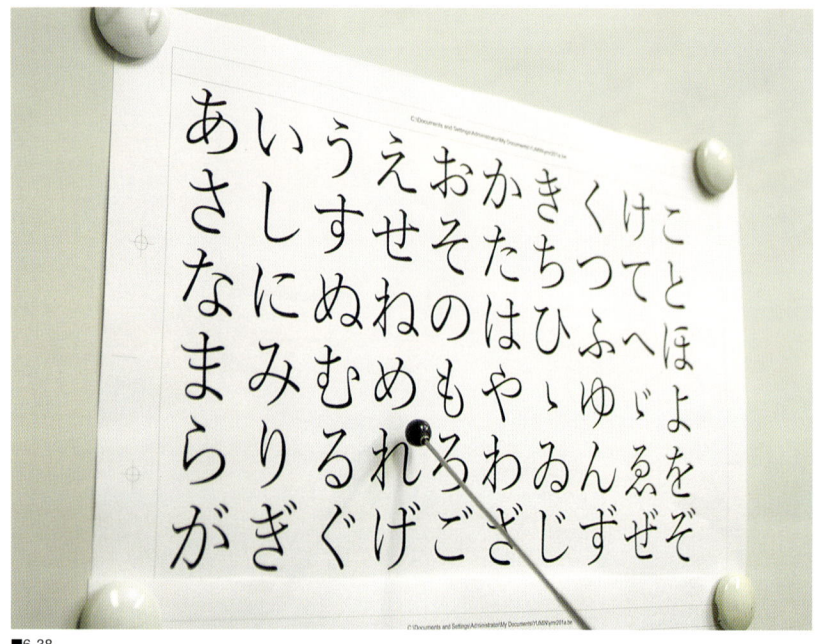

■6-38

　ゴシック」，片岡朗の「丸明朝体」，字游工房の「游明朝体」「游ゴシック体」等が著名な書体である．

　新しいアウトライン書体設計支援ソフトには，いくつかの優れた電子的な手法が用意されている．スケルトンと呼ばれる一本の骨格の線を描き，それを基本軸とし，インターポレーションやエクストラポレーションと呼ばれる手法により，様々なウエイト（太さ）を描くことが可能で，ファミリー化は容易になった．さらに，ブレンディングと呼ばれる手法で，欧文であれば，ローマン体の様々な形状のセリフやサンセリフ体までをも描くことが可能であって，和文書体では，明朝体もゴシック体も同一骨格から作図が可能である．

　「小塚明朝」「小塚ゴシック」は，このような手法によって設計された書体である．

　従来の和文の印刷書体は，どのような印刷内容にも対応できるようないわゆる汎用書体であった．漢字の字種の膨大な量も，1つの書体が一人の字彫り職人のライフワークになるなどの重い制約となっていた．

　上図《6-38》は「游明朝体R」のひらがなである．設計当初のコンセプトは，藤沢周平の時代小説を組むというところにあった．

　コンピューターの支援による書体設計ソフトは，このような書体のイメージ設定に，一昔前とは遥かに異なる利便性を提供しているように見える．

　新しいイメージを持った個性的な書体の登場が期待される．

Mori

■6-38｜字游工房（鳥海修）の書体設計過程　「游明朝体R」の「ひらがな五十音図」を完成．壁に貼りバランスをチェック．
『印刷文字の生成技術』女子美術大学 2010 世利隆之撮影

掲載作品データ

1章
デザイン史を理解するために

- 1-1｜ヴァルター・グロピウス Walter Gropius 設計 バウハウス資料館外観 1976-1978 ベルリン 向井周太郎撮影
- 1-2｜ピエール・ボナール Pierre Bonnard ポスター『ラ・ルヴュ・ブランシュ』誌 1894 カラー・リトグラフ 80.0×62.0cm サントリー・グランヴィルコレクション
- 1-3｜リヒャルト・P ローゼ Richard P.Lohse ［街頭のギャラリー］ チューリヒ 1961『Neue Grafik New Graphic Design Graphisme actuel 11』
- 1-4｜マックス・ビル Max Bill ［街頭のギャラリー］ チューリヒ 1961『Neue Grafik 11』
- 1-5｜街頭のポスター、フランクフルト
- 1-6｜街頭のポスター、ヘルシンキ
- 1-7｜スーパーグラフィック（ビルディングへのグラフィック）、シカゴ
- 1-8-a,b｜ユルゲン・ブルム Jürgen Blum 企画制作[Open Book]
- 1-8-a｜キラ・ハヌシュ Kira Hanusch 「みんな」と「ひとり」の混成ことば 向井周太郎撮影
- 1-8-b｜ピエル・ガルニエ Pierre Garnier 母音「aeiou」で小鳥たちのさえずりを表象 向井周太郎撮影
- 1-9-a｜［グーテ・フォルム展］ バーゼル 1949『R.P.Lohse:Neue Ausstellungsgestaltung, 1953』
- 1-9-b｜マックス・ビル Max Bill著『フォルム』の表紙と作品頁
- 1-10｜［グッド・デザイン展］ シカゴ 1950『R.P.Lohse: Neue Ausstellungsgestaltung, 1953』
- 1-11｜モホリ＝ナギ László Moholy-Nagy ［ライト＝スペース・モデュレーター］ 1922-30 向井周太郎撮影
- 1-12｜エティエンヌ＝ルイ・ブレ E.-L.Boullée ［ニュートン記念碑案］ 1784 Bibliothèque Nationale, Paris
- 1-13｜クロード＝ニコラ・ルドゥー C.-N.Ledoux ［河川監視人の家］ 1773-79 Bibliothèque Nationale, Paris
- 1-14｜クロード＝ニコラ・ルドゥー C.-N.Ledoux ［農地管理人の家］ 1780頃 Bibliothèque Nationale, Paris
- 1-15｜［鉄の橋］ コールブルックデール 1777-81 Judges Limited, Hastings, England
- 1-16｜トーマス・テルフォード T.Telford ［テムズ橋の計画］ 1801『J.Joedicke:Geschichte der modernen Architektur, 1958』
- 1-17｜ジョーゼフ・パクストン Joseph Paxton 設計 移築後の［水晶宮］
- 1-18｜ロンドン万国博の展示館［水晶宮］ リトグラフ 37.0×71.0cm Victoria & Albert Museum, London
- 1-19｜オーエン・ジョーンズ Owen Jones ［水晶宮の交差部の装飾］ 水彩 85.0×63.5cm Victoria & Albert Museum, London
- 1-20｜『ディキンソンの総合絵図録』のうちの1枚［フランスの展示品セクションの部分］ 1854 手彩色によるリトグラフ 34.0×49.6cm Victoria & Albert Museum, London
- 1-21｜［エルンスト・アルバンの高圧蒸気機関］ 1840 Deutsches Museum, München
- 1-22｜トーネット社［アームチェア］ 1900頃 ブナ材 74.5×52.7×55.7cm ©1993 The Museum of Modern Art, New York, Philip Johnson Fund
- 1-23｜トーネット Michael Thonet ［ロッキングチェア］ 1860 ブナ材・籐 101.0×53.0×101.0cm 埼玉県立近代美術館
- 1-24｜［シェーカー教の肘かけロッキング・チェア］ 1850-60頃 カーリー・メープル、カバ、藤他 114.3×58.7×66.4cm

2章
近代デザインの鼓動

- 2-1｜ウィリアム・モリス 1880
- 2-2｜ジョン・ラスキン John Ruskin ［カーサ・ロレダン正面の大理石象嵌の習作］ ヴェネツィア 1845 水彩 32.4×26.7cm
- 2-3｜バーン＝ジョーンズ Edward C.Burne-Jones,ウィリアム・モリス William Morris タピストリー［フローラ］ 1990 168.0×92.0cm The Rector and Fellows of Exeter College
- 2-4｜ウィリアム・モリス William Morris ［壁紙］ 1884
- 2-5｜ウィリアム・モリス William Morris ［壁紙］ 1878
- 2-6｜ウィリアム・モリス William Morris ［壁紙］ 1882
- 2-7｜レッド・ハウス外観 1860
- 2-8｜レッド・ハウス居間 1860
- 2-9｜レッド・ハウス居間の暖炉 1860
- 2-10｜ケルムスコット・プレス『チョーサー著作集』装丁 1896 モリサワコレクション
- 2-11｜ヴォイジー C.F.A.Voysey ［ケルムスコット版チョーサーのためのキャビネット］ 1899 オーク材 133.0×88.0×48.0cm Cheltenham Art Gallery & Museums, Glos./The Bridgeman Art Library, London
- 2-12｜アシュビー C.R.Ashbee ［銀器］
- 2-13｜マックマードー A.H.Mackmurdo 『ホビー・ホース』表紙 1884
- 2-14｜マッキントッシュ Charles Rennie Mackintosh ［ウィロー・ティールーム］ グラスゴー 1903
- 2-15｜マッキントッシュ Charles Rennie Mackintosh ［自邸のキャビネット］ 1900頃
- 2-16｜マッキントッシュ Charles Rennie Mackintosh ［グラスゴー美術学校図書室照明］ 1907-09
- 2-17｜マッキントッシュ Charles Rennie Mackintosh ［椅子］ 1902 39.0×41.0×141.0cm（複製） 武蔵野美術大学美術資料図書館
- 2-18｜ティファニー L.C.Tiffany ［マムシ草花瓶］ 1900-12 高47.6cm The Cornig Museum of Glass, Cornig, New York
- 2-19｜ガイヤール Eugéne Gaillard ［飾り棚］ 1900 木材、一部ブロンズ Museum of Decorative Art, Copenhagen
- 2-20｜オルタ Victor Horta 設計 自邸 1898-1900
- 2-21｜ギマール Hector Guimard 設計 カステル・ベランジェ門扉 1894-98
- 2-22｜ギマール Hector Guimard 設計 パリ地下鉄駅入口

- 2-23｜ギマール Hector Guimard 設計 パリ地下鉄, ポルト・ドーフィーヌ駅 1900頃
- 2-24｜ルネ・ラリック René Lalique［胸元飾り とんぼの精］1897-98頃 金、七宝、ダイアモンド他 23.0×26.6cm Calouste Gulbenkian Museum
- 2-25｜モーリス・ブヴァル Maurice Bouval［ブロンズ像］
- 2-26｜ウィリアム・ド・モーガン William de Morgan［花器］1888-89 陶器 高14.8cm Birmingham Museums and Art Gallery
- 2-27｜エミール・ガレ Emile Gallé［ひとよ茸ランプ］1900-04 ガラス 高83.0cm 北澤美術館
- 2-28｜ドーム兄弟 Anguste & Antonin Daum［菫文ガラス器セット］1900頃 ガラス 高40.0cm 北澤美術館
- 2-29｜エミール・ガレ Emile Gallé［テーブル 赤とんぼ］Musée de l'Ecole de Nancy
- 2-30｜トゥールーズ=ロートレック Henri de Toulouse-Lautrec［ディヴァン・ジャポネ］1892 77.5×59.2cm
- 2-31｜アルフォンス・ミュシャ Alphonse Mucha［サロン・デ・サン第20回展覧会］1896 63.0×43.0cm
- 2-32｜グラッセ Eugène Grasset［マルキインク どのインクよりも素晴しい］1892 116.0×75.0cm
- 2-33｜『ユーゲント』表紙
- 2-34｜エンデル August Endell エルヴィラ写真館 1898
- 2-35｜エックマン Otto Eckmann 見返しデザイン
- 2-36｜ペーター・ベーレンス Peter Behrens 設計 自邸の門扉 ダルムシュタット 1901
- 2-37｜リーマーシュミット Richard Riemerschmid［椅子］1900-01 高86.0cm Museum Bellerive, Zürich
- 2-38｜ヴァン・ド・ヴェルド Henry van de Velde［机］1899 樫材、真ちゅう
- 2-39｜ヴァン・ド・ヴェルド Henry van de Velde［ディナーセットより皿］1903頃 磁器マイセン、ザクセン王立磁器製作所 径26.7cm
- 2-40｜ブルーノ・タウト Bruno Taut『アルプス建築』1919
- 2-41｜オルブリヒ Joseph Maria Olbrich 設計 分離派館 1898 ウィーン
- 2-42｜ヴィラ・ヴァーグナーⅠ・ステンドグラス［ウィーンの森の秋］
- 2-43｜オットー・ヴァーグナー Otto Wagner［郵便貯金局の換気口］1903-12
- 2-44｜ヨーゼフ・オフマン Josef Hoffmann［ガラス器］1914 ガラス 高17.0cm『Glaskunst der Moderne』1992
- 2-45｜ヨーゼフ・オフマン Josef Hoffmann「小型机」1905 樫材 Österreichisches Museum für Angewandte Kunst, Wien
- 2-46｜オルブリヒ Joseph Maria Olbrich 設計 エルンスト・ルードヴィヒ館入口
- 2-47｜ダルムシュタット芸術家村 1899
- 2-48｜ヨーゼフ・オフマン Josef Hoffmann 設計 ストックレー邸 1905-11 ブリュッセル
- 2-49｜アドルフ・ロース Adolf Loos［多角形の吊りランプ］1904-06 真ちゅう、切子ガラス 直径30.0cm
- 2-50｜ガウディ Antonio Gaudi 設計 カサ・バトリョ 1904-06
- 2-51｜ガウディ Antonio Gaudi［椅子］1902 オーク材 96.0×65.0×52.0cm
- 2-52｜『タイムズ』1805年11月7日号 活版印刷
- 2-53｜ニコラ・ジャンソン Nicolas Jenson、クロード・ガラモン Claude Garamond、ウィリアム・カスロン William Caslon、ジョン・バスカヴィル John Baskerville、ジャンバティスタ・ボドニ Gaveliere Giambattista (Giovanni Battista) Bodoni Daniel Berkeley Updike［Printing Types］Doverより
- 2-54｜劇場ポスター 1836 活版印刷
- 2-55｜ウォルター・クレイン Walter Crane［古いお友だちのアルファベット］より 1875 木口木版 25.8×22.8cm
- 2-56｜ケイト・グリーナウェイ Kate Greenaway［窓の下で］より 1878 木口木版色刷 24.0×19.3cm
- 2-57｜ウィリアム・モリス William Morris（活字・装飾）バーン=ジョーンズ Edward C.Burne-Jones（挿絵）「チョーサー著作集」より巻頭見開きページ 1896 活版印刷 42.5×29.2cm モリサワコレクション
- 2-58｜オーブリー・ビアズリー Aubrey Beadsley［黒肩衣］『サロメ』（オスカー・ワイルド作）1894
- 2-59｜コブデン・サンダースン T.J.Cobden Sanderson、エメリー・ウォーカー Emery Walker『聖書』より巻頭ページ、見出しカリグラフィ エドワード・ジョンストン Edward Johnston 1903 活版2色刷
- 2-60｜ヨーゼフ・ニセフォール・ニエプス Joseph Nicéphore Niépce 現存する世界最古の写真 1826 アスファルト感光材 20.3×16.3cm Gernsheim Collection, Humanities Research Center, The University of Texas, Austin
- 2-61｜携帯型カメラ・オブスキュラ 18世紀 L'abbé Nollet [Lecon de Physique Experimentale] より
- 2-62｜イードウェアード・マイブリッジ Edweard Muybridge［駆る馬］1878 Georg Eastman House, Rochester, New York
- 2-63｜W.I.チャドウィック製ステレオカメラ 1885 マホガニー材（ボディ）16.5×21.0×28.0cm ナカガワ・フォト・ギャラリー
- 2-64｜月面ステレオ写真 1860頃 ロンドン ナカガワ・フォト・ギャラリー
- 2-65｜フェリックス・ベアト Felix A.Beato［眠れる美女］人工着色写真『F.ベアト幕末日本写真集』より 横浜開港資料館
- 2-66［眠れる美女］アンベール『幕末日本図絵』より 横浜開港資料館
- 2-67｜ジュール・シェレ Jules Chéret［サクソレイン（安全灯油）］1892 カラー・リトグラフ 122.7×87.0cm サントリー・グランヴィルコレクション
- 2-68｜ピエール・ボナール Pierre Bonnard［フランス・シャンパーニュ］1891
- 2-69｜アルフォンス・ミュシャ Alphonse Mucha［メディア］1898 カラー・リトグラフ 208.0×78.0cm
- 2-70｜トゥールーズ=ロートレック Henri de Toulouse-Lautrec［ムーラン・ルージュのラ・グーリュ］1891 カラー・リトグラフ 170.0×121.0cm サントリー・グランヴィルコレクション
- 2-71｜アレクサンドル・スタンラン Théophille Alexandre Steinlen［ヴァンジャンヌの殺菌牛乳］1894 カラー・リトグラフ 133.0×95.0cm Musée des Art Décoratif, Paris
- 2-72｜ジョン・エヴァレット・ミレト John Everett Millais［ピーアス石鹸］1884 カラー・リトグラフ（原画は油彩）
- 2-73｜ベガースタッフ兄弟 J.W.Beggarstaff［カサマとう

もろこし粉］1900 140.7×92.5cm

■2-74｜ウィリアム・H・ブラッドリー William H.Bradley ポスター『チャップ・ブック』誌 1895 カラー・リトグラフ 56.2×39.7cm サントリー・グランヴィルコレクション

■2-75｜マックスフィールド・パリッシュ Maxfield Parrish ポスター『スクリブナーズ』誌 1897 カラー・リトグラフ 50.5×36.2cm ©1993 The Museum of Modern Art, New York

■2-76｜ヨーゼフ・マリア・オルブリヒ Josef Maria Olbrich ポスター［第2回分離派展］1898 カラー・リトグラフ 155.0×68.0cm 京都工芸繊維大学美術工芸資料館 AN.3332

■2-77｜ルチアン・ベルンハルト Lucien Bernhard ポスター［スティラー靴］1912 カラー・リトグラフ 70.0×95.5cm

■2-78｜カール・オットー・チェシュカ Carl Otto Czeschka『ニーベルングの歌』挿絵より 1909 カラー・リトグラフ 15.0×14.0cm

■2-79｜ルードヴィヒ・ホールヴァイン Ludwig Hohlwein ポスター［PKZ］1908 カラー・リトグラフ 127.0×96.5cm 川崎市市民ミュージアム

■2-80｜コロマン・モーザー Koloman Moser［ヴェル・サクレム］目次 1899 19.1×17.9cm

■2-81｜川原慶賀［職人尽し図 機織］江戸後期（文政期）絹本着色 27.7×42.4cm National Museum of Ethnology, Leiden, Netherland

■2-82｜時太郎可候（葛飾北斎）［不厨庖即席料理］1793 木版印刷 葛飾北斎美術館

■2-83｜北斎派［提灯張り図］江戸後期（文政頃）水彩 31.5×45.3cm Bilbliothèque Nationale, Paris

■2-84｜中島仰山［ウサギウマ］1876 22.3×33.3cm 東京国立博物館

■2-85｜本木昌造［崎陽新塾製造活字目録］1872 活版印刷

3章
デザインの実験と総合

■3-1｜ペーター・ベーレンス Peter Behrens［AEG 電気ポット］1902 向井周太郎撮影

■3-2,3｜ペーター・ベーレンス Peter Behrens 設計 タービン工場外観・内部 1908-09 ベルリン

■3-4,5｜ペーター・ベーレンス Peter Behrens［AEGアーク燈］新旧モデル 1912

■3-6｜リヒャルト・リーマーシュミット Richard Riemerschmid［フォーク・ナイフ・スプーン］1912頃

■3-7｜ドイツ工作連盟［商品カタログ］1916

■3-8｜ヴァン・ド・ヴェルド Henry van de Velde 設計 DWB展の劇場 1914 ケルン

■3-9｜ブルーノ・タウト Bruno Taut 設計 DWB展のガラスのパヴィリオン 1914 ケルン

■3-10｜ヴァルター・グロピウス Walter Gropius 設計 DWB展のモデル工場・事務所 1914 ケルン

■3-11｜フリッツ・ヘルムート・エームケ Fritz Hellmut Ehmcke［DWB展のポスター］1914

■3-12｜ヴァン・ド・ヴェルド Henry van de Velde［革張リクッション付きマホガニー材のロッキングチェア］1904 Museum für Kunsthandwerk, Frankfurt/Main

■3-13｜ル・コルビュジエ Le Corbusier, ピエール・ジャヌレ Pierre Jeanneret 設計 住宅（ヴァイセンホーフ・ジードルング）1927

■3-14｜ヴァルター・グロピウス Walter Gropius［バウハウス創立宣言書］表紙はリオネル・ファイニンガー Lyonel Feininger の木版画 1919

■3-15｜ヴァン・ド・ヴェルド Henry van de Velde 設計 元ザクセン大公立美術大学校舎、1919年より国立ワイマール・バウハウスの本部とアトリエの校舎 向井周太郎撮影

■3-16｜グンタ・シュテルツル Gunta Stölzl［ウールと人絹とのコントラストによるテーブルクロス］1923 118.0×100.0cm『Bauhaus』1992

■3-17｜マルセル・ブロイヤー Marcel Breuer［角材アームチェア］1923 着色カエデ材、ホースヘア貼り、97.0×56.0×60.5cm『Bauhaus』1992

■3-18｜アルマ・ブッシャー Alma Buscher［玩具・積木の船］1923『Bauhaus』1992

■3-19｜マリアンネ・ブラント Marianne Brandt［茶こし付きティーポット］1924 真ちゅう（内部銀メッキ）、黒檀、高7.5cm『Bauhaus』1992

■3-20｜テオドール・ボーグラー Theodor Bogler［陶器・ティーポット］1923 高10.5cm『Bauhaus』1992

■3-21｜テオドール・ボーグラー Theodor Bogler［陶器・籐の持ち手付きティーポット］1923 高12.0cm『Bauhaus』1992

■3-22｜ヨハネス・イッテン Johannes Itten［予備教育課程で行われた材料および構成研究の実験例］

■3-23｜ヴァルター・グロピウス Walter Gropius, アドルフ・マイヤー Adolf Meyer 設計 ゾマーフェルト邸の玄関ホール（階段の彫刻はヨースト・シュミット、椅子はマルセル・ブロイヤー）1920-21

■3-24｜グロピウスが1923年の『バウハウスの理念と形成』で示した［教育課程の構成図］『Bauhaus』1992

■3-25｜ヘルベルト・バイヤー Herbert Bayer『ワイマール国立バウハウス1919-23』の表紙 1923

■3-26｜ヘルベルト・バイヤー Herbert Bayer［イルミネーション回転広告球］1924

■3-27｜ヘルベルト・バイヤー Herbert Bayer［新聞キオスク］1924 紙、テンペラ、コラージュ、64.5×34.5cm『Bauhaus』1992

■3-28｜ヨースト・シュミット Joost Schmidt［デッサウ市観光案内パンフレット］の表紙 1928 リトグラフ、68.5×47.5cm『Bauhaus』1992

■3-29｜ヨースト・シュミット Joost Schmidt ポスター［ワイマール国立バウハウス展（1923年7月-9月）］1923『Bauhaus』1992

■3-30｜ヴァルター・グロピウス Walter Gropius 設計 デッサウ市立バウハウス校舎 1925-26 向井周太郎撮影

■3-31｜デッサウ・バウハウス校舎の内部、バウハウス舞台の劇場を兼ねた講堂 1925-26 向井周太郎撮影

■3-32｜マルセル・ブロイヤー Marcel Breuer［パイプ安楽椅子］1925 73.0×77.0×68.5cm

■3-33｜カール・J・ユッカー Karl J.Jucker, ヴィルヘルム・ヴァーゲンフェルト Wilhelm Wagenfeld［ガラス・スタンドの卓上ランプ］1923-24 高38cm ランプ径16.0cm『Bauhaus』1992

■3-34｜ヨーゼフ・アルベルス Josef Albers［ティーグラス］1926 陶器・ガラス カップ径9.0cm

■3-35｜ヘルベルト・バイヤー Herbert Bayer 雑誌『バウハウス』1号表紙 1928『Bauhaus』1992

- ■3-36｜アニー・アルベルス Anni Albers［織物・壁掛け］1926 三重織，175.0×118.0cm『Bauhaus』1992
- ■3-37｜ヨーゼフ・アルベルス Josef Albers［予備教育課程で行われた実験例（材料研究の一つ，錯視現象の展開・二次平面における三次元的仮構性）］1928頃
- ■3-38｜ヨーゼフ・アルベルス Josef Albers［予備教育課程で行われた実験例（紙の材料研究，切り込みのみによる平面から立体へのメタモルフォーゼ）］1927
- ■3-39,40｜モホリ＝ナギ László Moholy-Nagy『バウハウス双書』8「絵画・写真・映画」の表紙とエディトリアル・デザイン例
- ■3-41｜建築家・山脇巌（当時の留学生）コラージュ［バウハウスへの打撃］1932『Bauhaus』1992
- ■3-42｜ミース・ファン・デル・ローエ Mies van der Rohe［バルセロナ・チェアー］1929 ステンレススチール，革 75.0×75.0×75.0cm
- ■3-43｜オスカー・シュレンマー Oskar Schlemmer バウハウス舞台［三組のバレエ］の衣装 1926『Bauhaus』1992
- ■3-44｜ヴァシリー・カンディンスキー Wassily Kandinsky［色彩セミナーで行われた形態と色彩との共感覚的実験研究］
- ■3-45｜ヴァシリー・カンディンスキー Wassily Kandinsky［カラーシークエンスの研究より：ローター・ラングのカラースケールの作品］1926-27頃 19.8×44.5cm『Bauhaus』1992
- ■3-46｜モホリ＝ナギ László Moholy-Nagy［ある機械的道化のための総譜草案―形・運動・音・光（色）・香りの総合］
- ■3-47｜パウル・クレー Paul Klee「自然研究への道」の図式 1923『Bauhaus』1992
- ■3-48｜ル・コルビュジエ Le Corbusier［水差しとコップ―空間の新しい世界］1926 油彩 Galerie Taisei 100.0×81.0cm
- ■3-49｜パブロ・ピカソ Pablo Picasso［ギター］1913 木炭，紙，板，66.4×49.6cm The Museum of Modern Art, New York, Nelson A.Rockefeller Bequest
- ■3-50｜ルネ・ラリック René Lalique［立像 シュザンヌ］1925 オパルセントガラス 高22.5cm ルネ・ラリック美術館
- ■3-51｜レオン・バクスト Leon Bakst 雑誌『Comœdia Illustré』表紙 1911
- ■3-52｜ドナルド・デスキー Donald Deskey［3面スクリーン］1929 Virginia Museum of Fine Arts, Gift of Sydney and Frances Lewis Foundation Courtesy of Alastair Duncan
- ■3-53｜ポール・ポワレ Paul Poiret［Amours, délices et orgues］1925
- ■3-54｜J.デュナン Jean Dunand［イヤリング，ブレスレット］1925頃 銀，漆
- ■3-55｜ウィリアム・ヴァン・アレン William van Alen 設計 クライスラービル 1930
- ■3-56｜ポール・フェール［スクリーン］Courtesy of Alastair Duncan
- ■3-57｜ソニア・ドローネー Sonia Delaunay［クレオパトラ］のための衣裳 1918 水彩 57.0×36.5cm
- ■3-58｜カッサンドル A・M・Cassandre ポスター［ノルマンディ号］1935 リトグラフ 100.0×62.0cm 川崎市市民ミュージアム
- ■3-59｜シャルル・ルーポ Charles Loupot ポスター［1925年展］1925 58.8×38.0cm
- ■3-60｜チェコ 立体派建築部分
- ■3-61｜ピエト・モンドリアン Piet Mondrian［赤と黄と青のあるコンポジションI］1921 103.0×100.0cm Haags Gemeentemuseum
- ■3-62｜ファン・ドースブルフ Theo van Doesburg［コントラ・コンポジション16］1925 Haags Gemeentemuseum
- ■3-63｜アウト J.J.P.Oud カフェ［デ・ユニエ ファサード案］1924-25
- ■3-64｜リートフェルト Gerrit Thomas Rietveld［レッド・アンド・ブルー・チェア］1918 ブナ材，ラッカー塗 87.0×83.0×60.0cm
- ■3-65｜ファン・ドースブルフ Theo van Doesburg カフェ・オーベット 1928
- ■3-66｜リートフェルト Gerrit Thomas Rietveld［シュレーダー邸 ダイニング照明］1924
- ■3-67｜リートフェルト Gerrit Thomas Rietveld［シュレーダー邸 アトリエ照明］1924
- ■3-68｜ヘンドリック・ペートルス・ベルラーヘ Hendrik Petrus Berlage アムステルダム株式取引所 1898-1903
- ■3-69｜モンドリアンのニューヨークのアトリエ 1944 2月-3月 ©Photo by flitz Glarner Courtesy Galerie Tokoro,Tokyo
- ■3-70｜アムステルダム派 海運ビル内部 1911-16
- ■3-71｜ミハエル・デ・クレルク Michel de Klerk 設計 アイヘン・ハール・アパート 1919-21
- ■3-72｜ミハエル・デ・クレルク Michel de Klerk 設計 アイヘン・ハール・アパート内部 1919-21
- ■3-73｜ミハエル・デ・クレルク Michel de Klerk［hall fireplace 下絵］1905
- ■3-74｜『ウェンディンヘン』誌3巻2号表紙 1920
- ■3-75｜サンテリア A.Sant' Elia［発電所 下絵］1914 インク・鉛筆・紙 31.0×20.5cm
- ■3-76｜ジャコモ・バッラ Giacomo Balla［未来派の服のデザイン］1913-14 水彩・鉛筆・紙 29.0×21.0cm
- ■3-77｜ジャコモ・バッラ Giacomo Balla［カプローニ機をあしらった皿のデザイン］1925-30 テンペラ・鉛筆・紙 23.0×29.0cm
- ■3-78｜カルロ・カルラ Carlo Carra［参戦論者の式典］1914
- ■3-79｜カジミール・マレーヴィッチ Kasimir Malevich［黒の矩形と赤の正方形］1915頃 Wilhelm-Hack-Museum, Ludwigshafen am Rhein
- ■3-80｜ウラジーミル・タトリン Vladimir E.Tatlim［第三インターナショナル記念塔］1920
- ■3-81｜ウラジーミル・タトリン Vladimir E.Tatlim［椅子］
- ■3-82｜エル・リシツキー EL' Lissitzky［プロウンH333］1923 44.5×44.0cm
- ■3-83｜ラウル・ハウスマン Raul Hausmann［機械的な頭部］1919-20 木，皮革，アルミニウム 33.0×19.0×19.0cm Musée Nationale d'Art Moderne, Paris
- ■3-84｜エル・リシツキー EL' Lissitzky［展示室のデザイン ハノーバー］1927-28
- ■3-85｜スーチン Nikolai Suetin［カップ・アンド・ソーサー］1923 カップ 高7.3cm ソーサー 径15.9cm
- ■3-86｜クルト・シュヴィッタース Kurt Schwitters［メルツバウ］1923-36頃 393.0×580.0cm（展覧会用再構成

1988) Sprengel Museum, Hannover
■3-87|アレクサンドル・ヴェスニン Aleksandr Vesnin [5×5=25] 1921 22.0×12.6cm A.V.Shchusev Museum of the History of Architecture, Moscow
■3-88|ポポーヴァ Lyubov' Popova [舞台装置] 1922 50.0×69.0cm State Tret'yakov Gallery, Moscow
■3-89|ステパーノヴァ Stepanova [衣装] 1922 インク, 35.5×34.5cm State Bakhrushin Museum, Moscow
■3-90|ロトチェンコ Aleksandr M.Rodchenko 労働者クラブのインテリア(国際装飾美術展ソヴィエト館内) パリ モスクワ展 1979 復元
■3-91|ロトチェンコ Aleksandr M.Rodchenko『LEF』表紙 1923 23.0×14.8cm
■3-92|ポスター [MAVO] 1923
■3-93|トマーソ・マリネッティ F.Tommaso Marinetti 未来派のタイポグラフィ [未来主義者の言葉] 1919
■3-94|オスカー・シュレンマー Oskar Schlemmer ポスター [三組のバレエ] 1921 カラー・リトグラフ 81.5×56.0cm
■3-95|モホリ=ナギ László Moholy-Nagy「絵画,写真,映画」見開きページのタイポグラフィ 1925
■3-96|ヘルベルト・バイヤー Herbert Bayer ポスター [カンディンスキー展] 1926 オフセット・リトグラフ 47.0×62.0cm
■3-97|エル・リシツキー EL'Lissitzky, ハンス・アルプ Hans Arp [Kunstism展のカタログの表紙] 1929 26.3×20.6cm
■3-98|ファン・ドースブルフ T.van Doesburg, クルト・シュヴィッタース K.Schwitters [ダダの夕べ] プロシュアのタイポグラフィ 1922 カラー印刷 30.2×28.6cm ©1993 The Museum of Modern Art, New York, Gift of Philip Johnson, Jan Tschichold Collection
■3-99|グスタフ・クルツィス Gustave Klutsis [5ヵ年計画のためのポスター] 1930 122.5×82.5cm
■3-100|ジョン・ハートフィールド John Heartfield [選挙を呼び掛けるポスター] 1928
■3-101|エル・リシツキー EL' Lissitzky ポスター [U.S.S.R.展] 1929 122.5×88.0cm
■3-102|ヘルベルト・マター Herbert Matter 観光ポスター [スイスへ車で] 1935 99.5×62.5cm
■3-103|シュルツ=ノイダム Schulz-Neudamm 映画ポスター [メトロポリス] 1926 リトグラフ 210.0×92.7cm
■3-104|フィクス=マッソウ P.Fix-Masseau 鉄道ポスター [EXACTITUDE 正確に] 1932 オフセット・リトグラフ 99.0×60.0cm
■3-105|ヘルベルト・バイヤー Herbert Bayer [ユニバーサル・タイプ] 1926
■3-106|ピエト・ツワルト Piet Zwart タイポグラフィ [ハーグの印刷会社トリオのカタログ表紙] 1929
■3-107|ヤン・チヒョルト Jan Tschichold ポスター [写真家展] 1938 オフセット・リトグラフ 63.5×89.0cm
■3-108|オットー&マリー・ノイラート Otto and Marie Neurath [ISOTYPE] 1920年代からの活動
■3-109,110|『ライフ』誌創刊号の表紙と別号の見開きページ 1936・1937
■3-111|アレクセイ・ブロードビッチ Alexey Brodovitch『ハーパース・バザー』誌のデザイン 1939
■3-112|CCAの「西洋の偉大な理念(Great Ideas of Western Man)」のシリーズ広告のひとつ, チャールズ・コイナー Charles Coinerの推奨によるマクナイト・コーファー Mcknight Kaufferのデザイン 1953
■3-113|ジョヴァンニ・ピントーリ Giovanni Pintori [オリヴェッティ社のポスター] 1950 オフセット・リトグラフ 71.0×50.7cm
■3-114,115|CCAの[世界地理地図帳(World Geographic Atlas] 1953
■3-116,117|『ノイエ・グラーフィク』誌のタイポグラフィ 1959
■3-118|ヨーゼフ・ミューラー=ブロックマン Josef Müller-Brockmann [音楽会ポスター] 1958 カラー印刷 127.9×90.5cm ©1993 The Museum of Modern Art, New York, Gift of the designer, 2012 by ProLitteris, CH-8033 Zurich & SPDA, Tokyo
■3-119-a|エーミール・ルーダー Emil Ruder バーゼル工芸専門学校の教科の集大成『タイポグラフィ』 1967 28.0×22.5cm
■3-119-b|マルセル・ヴィス Marcel Wyss [シュピラーレ 6/7] 号表紙 1958
■3-119-c|ペーター・ケートマン Peter Keetmann [シュピラーレ 8] 号表紙 1960
■3-120,121|カール・ゲルストナー Karl Gerstner『ディ・ノイエ・グラーフィク (die neue Graphik)』表紙・中見開 1959
■3-122|橋口五葉 夏目漱石著『吾輩ハ猫デアル』の装本 1905 各23.0×15.3cm 日本近代文学館
■3-123|岡田三郎助 ポスター [三越呉服店] 1907 石版刷
■3-124|ポスター [赤玉ポートワイン] ad.片岡敏郎 d.井上木宅 p.河口写真館 1922 京都工芸繊維大学美術工芸資料館 AN.3725
■3-125|多田北烏 ポスター [講談社 大評判の九大雑誌] 1927 91.0×61.0cm 武蔵野美術大学美術資料図書館
■3-126|杉浦非水 ポスター [東京地下鉄道株式会社] 1927
■3-127|竹久夢二 ポスター [郷土的清楽作画竹久夢二展覧会] 1931 58.0×39.0cm
■3-128|河野鷹思 映画ポスター [髷と淑女] 1931
■3-129,130|恩地孝四郎『書窓』タイポグラフィ アオイ書房刊 1936 23.0×16.2cm
■3-131|名取洋之助 雑誌『NIPPON』表紙 表紙デザイン:河野鷹思 1934 編集制作日本工房 国立国会図書館
■3-132|原弘 雑誌『FRONT(フロント)』表紙 1943 日本近代文学館
■3-133|山名文夫 新聞広告 [資生堂香水] 1950

4章
アメリカのインダストリアル・デザイン

■4-1|エドワード・ダレル・ストーン Edward Durell Stone 設計 ニューヨーク近代美術館 1939
■4-2|ダンクマー・アドラー Dankmar Adler, ルイス・サリヴァン Louis Sullivan 設計 ギャランティ・ビル 1894-95 バッファロー 向井周太郎撮影
■4-3|フランク・ロイド・ライト Frank Lloyd Wright 設計 ユニティ教会内部 1906 オーク・パーク 向井周太郎撮影
■4-4|[T型フォード] 1908

掲載作品データ

■4-5｜ノーマン・ベル・ゲッデス Norman Bel Geddes［外洋定期客船模型］1932 木材・樹脂他 42.0×173.0×30.5cm Museum of the City of New York
■4-6｜ウォルター・ドーウィン・ティーグ Walter Darwin Teague ラジオ［ブルーバード］1937-40 ミシガン州ジャクソン・スパルトン社製造 ガラス，金属，木材，115.6×110.5×39.0cm
■4-7｜レイモンド・ローウィ Raymond Loewy 冷蔵庫［コールド・スポット］1938
■4-8｜レイモンド・ローウィ Raymond Loewy［鉛筆削り］
■4-9｜ノーマン・ベル・ゲッデス Norman Bel Gaddes［空中レストラン模型］1929-30
■4-10｜レイモンド・ローウィ Raymond Loewy［ローウィとペンシルバニア鉄道の機関車］1937-39
■4-11｜ラッセル・ライト Russel Wright［銀食器類］1933
■4-12｜ラッセル・ライト Russel Wright［"アメリカン・モダン"食器］1939年発表　陶器 水差し高27.0cm The Brooklyn Museum
■4-13｜ハロルド・ヴァン・ドーレン Harold van Doren［ラジオ］1930-33 The Brooklyn Museum
■4-14｜ヘンリー・ドレフュス Henry Dreyfuss［人体測定図］
■4-15｜モホリ=ナギ László Moholy-Nagy ポスター［ニュー・バウハウス］1937
■4-16｜バックミンスター・フラー Buckminster Fuller［ダイマクション・カー］1932-33
■4-19｜バックミンスター・フラー Buckminster Fuller［フラー・ドーム］1953
■4-20｜エーロ・サーリネン Eero Saarinen［チューリップ・チェア］1957 強化プラスチック，アルミ 81.0×61.0×66.0cm 武蔵野美術大学美術資料図書館
■4-21｜チャールズ・イームズ Charles Eames［イームズ・チェア］1946 成型合板 49.0×54.0×76.0cm 武蔵野美術大学美術資料図書館
■4-22｜ジョージ・ネルソン George Nelson ハーマン・ミラー社［マシュマロ・ソファ］1956

5章
現代のデザイン

■5-1｜フラミニオ・ベルトーニ Flaminio Bertoni　シトロエン［シトロエンDS19］
■5-2｜エイブラム・ゲームス Abram Games ポスター［BOAC］1949
■5-3｜ポップ・ギル Bob Gill［イラストレーション・アスペクト＆ディレクションズ］表紙 1964
■5-4｜アレック・イシゴニス Alec Issigonis［ミニ・クーパー］© 二玄社『ミニ・ストーリー 小型車の革命』
■5-5｜シクステン・サッソン Sixten Sason, ヴィクトル・ハッセルブラッド Victor Hasselblad ハッセルブラッド社［6×6カメラ］1949
■5-6｜シグネ・ペルソーン=メリン Signe Persson-Melin コスタ・ポータ社［耐熱ガラス製品］1971
■5-7｜ボーゲ・モーエンセン Børge Mogensen［インテリア家具／テーブル・椅子］1954
■5-8｜アルネ・ヤコブセン Arne Jacobsen［スタッキング・チェア］1952
■5-9｜ハンス・ヴェグナー Hans J.Wegner［Yチェア］1951 73.5×55.0×52.0cm

■5-10｜アルヴァー・アールト Alvar Aalto［肘かけ椅子］1929-33 白かば材合板 65.0×60.0×87.0cm 武蔵野美術大学美術資料図書館
■5-11｜アルヴァー・アールト美術館
■5-12｜トゥールン・ビューロ=ヒューベ Torun Bülow-Hübe ジョージ・ジェンセン社［腕時計］1968 ステンレススティール製（デンマーク製）文字盤径3.3cm
■5-13｜カイ・フランク Kaj Franck アラビア製陶所［テーマの陶器］
■5-14｜ヘンリク・トマチェフスキー Henryk Tomaszewski［演劇のポスター］1983
■5-15｜ヤン・レニッツァ　Jan Lenica ポスター［Jada goście Jada］1962 83.0×58.0cm 武蔵野美術大学美術資料図書館
■5-16｜ディーター・ラムス Dieter Rams ブラウン社［シェーバー・シクスタントSM3］1960
■5-17｜ハンス・ギュジョロ Hans Gugelot, ディーター・ラムス Dieter Rams ブラウン社［ラジオ・レコードプレイヤー SK 55］1955
■5-18｜マックス・ビル Max Bill ユンハンス社［時計］1957 直径30.0cm
■5-19｜ハンス・ギュジョロ Hans Gugelot コダック社［スライドプロジェクター・カルーセルS-AV2020］1963
■5-20｜オトル・アイヒャー Otl Aicher［W.フォン・オッカムの思想と生涯］より
■5-21｜オスカー・バルナック Osker Barnack ライカ社［ライカ M3］1954
■5-22｜フェルディナント・ポルシェ F.Porsche，エルヴィン・コメンダ E.Kommenda ポルシェ社［356クーペ］1950
■5-23｜オトル・アイヒャー Otl Aicher ウルム造形大学による市民のための掲示板 羽原肅郎撮影
■5-24｜マックス・ビル Max Bill ウルム造形大学校舎の回廊 羽原肅郎撮影
■5-25｜トータル・デザイン Total Design アムステルダム［スキポール空港のサインデザイン］1967
■5-26｜フィリップス社 シェーバー［フィリシェイブ 7743］1953
■5-27｜レーモン・サヴィニャック Raymond Savignac ポスター［ペリエ］1955 リトグラフ 161.0×117.0cm
■5-28｜アンドレ・フランソワ André François ポスター［シトロエン］1964 90.3×62.2cm
■5-29｜ハンス・エルニ Hans Erni ポスター［IMPE-DIAMOLO］1954
■5-30｜ヘルベルト・ロイピン Herbert Leupin ポスター［コカコーラ］1953
■5-31｜ジオ・ポンティ Gio Ponti 椅子［スーパーレジェーラ］1957 83.0×41.0×47.0cm
■5-32｜マルコ・ザヌーソ Marco Zanuso ポータブルテレビ［Doney］1963
■5-33｜ヴィコ・マジストレッティ Vico Magistretti テーブルランプ［Eclisse］1965
■5-34｜ジャン=ミッシェル・フォロン Jean-Michel Folon オリヴェッティ社　ポスター［Lettera 32 Olivetti PerTutti］68.0×100.0cm
■5-35｜マルチェロ・ニッツォーリ Marcello Nizzoli オリヴェッティ社 タイプライター［レッテラ22］1950
■5-36｜リチャード・サッパー Richard Sapper アレッシー社［メロディの鳴るケトル 9091］1983

■5-37│アキーレ・カスティリオーニ Achille Castiglioni ブリオンベガ社［移動型ステレオ］1964-65
■5-38│ブルーノ・ムナリ Bruno Munari 絵本『Animals for Sale』1957
■5-39│エンリコ・ピアジオ Enrico Piaggio スクーター［ヴェスパ］1957 Vespa PX Euro 3型
■5-40│ピニンファリーナ Pinin Farina［チシタリア202GT］1946 アルミニウム 147.0×125.0×401.0cm ©1993 The Museum of Modern Art, New York, Gift of the Manufacturer
■5-41│［メンフィス］ポスター
■5-42│ルイジ・コラーニ Luigi Colani キヤノン社 カメラ［キヤノンT90］1988
■5-43│スウォッチ社［スウォッチ・コレクション］1988
■5-44│ポール・ランド Paul Rand IBM社［IBM］1981
■5-45│エリオット・ノイス Eliot Noyes IBM社［セレクトリック・タイプライター］1961
■5-46,47│ヘンリー・ウォルフ Henry Wolf『SHOW』の表紙と中見開 1961・1963 33.5×26.1cm
■5-48│アルヴィン・ラスティーグ Alvin Lustig レコード・ジャケット「アントニオ・ヴィヴァルディ」1953 31.5×31.5cm
■5-49│DDB社［フォルクスワーゲンの広告─5,000,000台目のフォルクスワーゲンをご覧に入れようと思ったのですが……売れてしまったのです］1962
■5-50│ポール・ディヴィス Paul Davis『ホライズン』誌「現代の動物誌」より"飾り立てた頬白"エリザベス・テーラー］
■5-51│ソール・スタインバーグ Saul Steinberg レコード・ジャケット［バルトーク／ミクロコスモス］1950
■5-52│ミルトン・グレイザー Milton Glaser［アンバー音楽祭］1967
■5-53│ベン・シャーン Ben Shahn［文字をめぐる愛とよろこびより〈道化師〉］1963
■5-54│柳宗理 天童木工［バタフライ・スツール］1956 成型合板 39.0×31.0×42.0cm
■5-55│イサム・ノグチ［あかり］1952-88 60.0×40.0cm
■5-56│渡辺力［ひも椅子］1952
■5-57-a│剣持勇デザイン研究所［丸椅子・籐］1959
■5-57-b│GKインダストリアルデザイン研究所（岩崎信治）＋ヤマハ発動機［オートバイYA-11 125］1956
■5-58│東芝［電気炊飯器］1955
■5-59│ソニー［トランジスターラジオ TR-610］1958
■5-60│栗谷川健一 国鉄ポスター［Hokkaido 風車］1956
■5-61│伊藤憲治［ナショナル・ネオンサイン］1954
■5-62│早川良雄［第10回春の秀彩会］リーフレット表紙 1953 25.7×35.2cm
■5-63│山城隆一 ポスター［亀・芥川・黛 3人の会］1955
■5-64│亀倉雄策 ポスター［原子エネルギーを平和産業に！］1956
■5-65│倉俣史朗［How High the Moon］1986 スチールエキスパンドメタル 69.5×95.5×82.5cm
■5-66│喜多俊之 カッシーナ社［ウインク・チェア］1979 スチール，ウレタン，布 95.0×78.0×90.0〜135.0cm
■5-67│ソニー［ウオークマン新聞広告］朝日新聞 1989.10.13

■5-68│粟津潔 ポスター［海を返せ］1955
■5-69│杉浦康平 協力 中垣信夫，高田修地他［時間軸変形地図］1969
■5-70│福田繁雄 ポスター［VICTORY］1975 103.0×72.8cm
■5-71│勝井三雄 ポスター［ニューヨークの人々］1956 103.0×72.8cm
■5-72│細谷巌 ポスター［ヤマハ・オートバイ］1961 103.0×72.8cm
■5-73-a│木村恒久『近代建築』表紙［都市はさわやかな朝をむかえる］1975
■5-73-b│宇野亜喜良 ポスター［CIET DE LIT］1968
■5-74│和田誠 レコード・ジャケット［ORCHESTRAL SPACE］1966 オフセット印刷 31.5×31.5cm
■5-75│石岡瑛子 ポスター［地獄の黙示録］1980 206.0×145.6cm
■5-76│永井一正［日本デザインセンターのコーポレート・マーク］1960
■5-77│横尾忠則 ポスター［TADANORI YOKOO：A Climax at the age of 29］1965 103.0×72.8cm
■5-78│田中一光 ポスター［UCLA大学のための日本舞踊］1981 103.0×72.8cm
■5-79, 80│英語版図録 "Japanese Design：A Survey Since 1950" 表紙デザイン：勝井三雄 1994
■5-81│独語版図録"Japanisches Design seit 1950"の表紙 1995

附章
現代デザインの諸相

■6-2│「相互作用　ワイマール共和国におけるハンガリー・アヴァンギャルド」展図録 Neue Galerie, Kassel 1986
■6-3│アンドール・ヴァイニンガー Andor Weininger 舞台設計［機械的レビュー］の3場面 1926
■6-4│ラースロー・モホリ＝ナギ László Moholy-Nagy 舞台設計［ホフマン物語］第1幕（オリンピア）1928
■6-5│オッティ・ベルガー Otti Berger［織糸の触覚版］（モホリ＝ナギの演習で）1928
■6-6│アンドール・ヴァイニンガー Andor Weininger［住宅 ファンタジア］のスケッチ 水彩と墨 1922
■6-7,8,9,10│1907年に創設されたドイツ工作連盟の理念を継承し、1912年に建設されたオーストリア工作連盟が1932年にウィーンに建設した住宅団地
6-9,10│向井周太郎撮影
■6-11│「K.I.」展図録 1992 Kunstsammlung, N.W. Düsseldorf. 表紙画はモホリ＝ナギの他者に電話で指示を伝え描かせる電話絵画［EM 1］1922
■6-12│「ヨーロッパ・ヨーロッパ」展図録全4巻 1994 Kunst - und Ausstellungshalle der BRD, Bonn
■6-13│「1909-1925 プラハのキュービズム」展図録 1991 Kunstverein für Rheinlande & Westfalen, Düsseldorf
■6-14│「ラヨシュ・カシャーク 1887-1967」展図録 1989 Heinrich-Heine-Institut, Düsseldorf
■6-15│「チェコ・アヴァンギャルド 1922-1944」展図録 1990 Kunstverein in Hamburg / Museum Bochum
■6-16│「エル・リシツキー 1890-1941」展図録 1990 Municipal Van Abbemuseum, Eindhoven
■6-17│ラヨシュ・カシャーク Lajos Kassák 行動主義雑

掲載作品データ

誌『MA』別冊緑号 1921
- 6-18|ラヨシュ・カシャーク Lajos Kassák 行動主義雑誌『MA』国際音楽演劇特集号 1924
- 6-19|ラヨシュ・カシャーク Lajos Kassákとラースロー・モホリ=ナギ László Moholy-Nagy の共著『新しい芸術家の書』（ドイツ語版）Wien/Berlin 1922
- 6-20|カレル・タイゲ Karel Teige ビーブルの詩集『紅茶とコーヒーを運ぶ船とともに』ブックデザイン 1928
- 6-21|カレル・タイゲ Karel Teige ネズヴァルの詩集『アルファベット』ブックデザイン 1926
- 6-22|パヴェル・ヤナーク Pavel Janák ［一家族住宅のスケッチ（ヤクベック氏のために）］1911
- 6-23|パヴェル・ヤナーク Pavel Janák ［陶製蓋付き容器］1911
- 6-24|ヨーゼフ・マリア・オルブリヒ Josef Maria Olbrich 設計［オルブリヒ自邸］1901 向井周太郎撮影
- 6-25|ペーター・ベーレンス Peter Behrens 設計［ベーレンス自邸］1901 向井周太郎撮影
- 6-26,27,28,29|「ドイツ工作連盟100年・1907-2007」展図録341頁より
- 6-30|「東京築地活版製造所の初号明朝活字書体見本帳」1917
- 6-31|グループ・タイポ「タイポス」の字形の横線と縦線のための起筆線分析図 1960年代
『図録タイポグラフィ・タイプフェイスのいま．デジタル時代の印刷文字』女子美術大学 2004
- 6-32,33|朝日新聞社の電子編集システムのモニター上の紙面レイアウト1990年頃 中林淳「新聞の電子編集」リョービイマジクス『アステ』第8号 1990
- 6-34,35|朝日新聞社の電子編集システムのレーザープリンター出力の校正用紙とそのモニター画面 1990年頃 中林淳「新聞の電子編集」リョービイマジクス『アステ』第8号 1990
- 6-36,37|字游工房（鳥海修）の「游明朝体R」設計画面 『印刷文字の生成技術』女子美術大学 2010 世利隆之撮影
- 6-38,39|字游工房（鳥海修）の書体設計過程「游明朝体R」の「ひらがな五十音図」を完成．壁に貼りバランスをチェック．『印刷文字の生成技術』女子美術大学 2010 世利隆之撮影

写真資料提供　アクタス＋アリス・ファーム＋粟津潔＋伊藤憲治＋大村次郷＋小野雄一＋学習研究社＋勝井三雄＋カッシーナジャパン＋川崎市市民ミュージアム＋川添泰宏＋神田昭夫＋北澤美術館＋木村恒久＋キヤノン＋京都工芸繊維大学美術工芸資料館＋栗谷川健一＋埼玉県立近代美術館＋サントリー・グランヴィルコレクション＋下村純一＋ジョージ・ジェンセン・ジャパン＋ソニー＋スタジオイフ＋高見堅志郎＋天童木工＋東京国立博物館＋東京新聞＋東芝＋成川商会＋日本デザインセンター＋ノールインターナショナルジャパン＋羽原肅郎＋早川良雄＋平井広行＋藤塚光政＋水戸芸術館現代美術センター＋向井周太郎＋武蔵野美術大学資料図書館＋森啓＋モリサワ＋ヤマハ発動機＋横浜開港資料館＋ルネ・ラリック美術館＋和爾祥隆＋Bibliothèque Nationale, Paris＋Birmingham Museums and Art Gallery＋Deutsches Museum München＋Gallerie Taisei＋Gallerie Tokoro×LIFE MAGAZINE/PPS Haags Gemeentemuseum＋Musée Nationale d'Art Moderne, Paris＋Museum Bellerive, Zürich (Marlen Perez)＋Museum für Kunsthandwerk, Frankfurt/Main＋Museum of Decorative Art, Copenhagen＋National Museum of Ethnology, Leiden＋The Bridgeman Art Library, London＋The Museum of Modern Art, New York＋Victoria & Albert Museum, London＋The Corning Museum of Glass, Corning, New York＋Virginia Museum of Fine Arts＋Wilhelm-Hack-Museum, Ludwigshaufen am Rhein

美術著作権協会（SPDA, Tokyo）
ADAGP/SPADEM/BILD-KUNST/PROLITTERIS

写眞撮影および掲載にあたってそれぞれの所蔵者の許可をいただきました．ここに感謝いたします．

参考文献

デザイン史概説・総説

- ■現代デザイン入門|勝見勝 鹿島出版会（SD選書1）1965年
- ■美術・建築・デザインの研究I・II|N.ペヴスナー 鈴木博之・鈴木杜幾子訳 鹿島出版会 1980年
- ■現代デザイン理論のエッセンス――歴史的展望と今日の課題|勝見勝監修 ぺりかん社 1966年
- ■近代デザイン史――二十世紀のデザインと文化|ペニー・スパーク 白石和也・飯岡正麻訳 ダヴィッド社 1993年
- ■近・現代デザイン発達史序説|ジョスラン・ドゥ・ノブレコーポレイト・コミュニケーションセンター編訳 丹青社 1992年
- ■グレートデザイン物語|J.ダブリン 金子至他訳 丸善 1985年
- ■20世紀のデザイン|展覧会図録 国立近代美術館編 朝日新聞社 1957年
- ■美術とデザインの歴史――ヴィクトリア&アルバート美術館コレクション|池上忠治監修 藤田治彦編 NHKきんきメディア 1992年
- ■イギリスの社会とデザイン モリスとモダニズムの政治学|菅靖子 彩流社 2005年
- ■英国のインダストリアルデザイン|N.キャリントン 中山修一 織田方人訳 晶文社 1983年
- ■スカンジナビアデザイン|エリック・ザーレ 藤森健次訳 彰国社 1964年
- ■インダストリアル・デザイン|ハーバート・リード 勝見勝・前田泰次訳 みすず書房 1957年
- ■インダストリアル・デザイン――環境形成をめざして|W.ブラウン=フェルトヴェーク 阿部公正訳 彰国社 1972年
- ■ラスキン――眼差しの哲学者|ジョージ・P.ランドウ 横山千晶訳 日本経済評論社 2010年
- ■モダン・デザインの源泉――モリス アール・ヌーヴォー 20世紀|ニコラウス・ペヴスナー 小野二郎訳 美術出版社 1976年
- ■モダン・デザインの展開――モリスからグロピウスまで|ニコラス・ペヴスナー 白石博三訳 みすず書房 1957年
- ■モダン・デザイン全史|海野弘 美術出版社 2002年
- ■社会思想家としてのラスキンとモリス|大熊信行 論創社 2004年
- ■日本のデザイン運動|出原栄一 ぺりかん社 1989年
- ■日本の近代デザイン運動史 1940年代～1880年代|工芸財団編 ぺりかん社 1990年
- ■近代デザインの歩み――デザイナーのために|橋本太久磨 理工学社 1967年
- ■近代デザイン史|柏木博監修 武蔵野美術大学出版局 2006年
- ■近代工芸運動とデザイン史|デザイン史フォーラム編（藤田治彦責任編集）2008年
- ■デザインの20世紀|柏木博 日本放送出版協会（NHKブックス）1992年
- ■デザインの歴史と用語|編集参画：高見堅志郎・長谷川堯・美術出版社（『美術手帖』5月号増刊）1968年
- ■新版デザイン概説|佐口七朗編著 ダヴィッド社 1984年
- ■日本デザイン小史|日本デザイン小史編集同人編 ダヴィッド社 1970年
- ■近代日本デザイン史|長田謙一・樋田豊郎・森仁史 編 美学出版 2006年
- ■関西モダンデザイン前史|宮島久雄 中央公論美術出版 2003年
- ■関西モダンデザイン史|宮島久雄 中央公論美術出版 2009年
- ■インダストリアルデザインの歴史|J.ヘスケット 栄久庵祥二・GK研究所訳 晶文社 1985年
- ■産業工芸試験所30年史|工業技術院産業工芸試験所 1960年
- ■デザインの軌跡――日本デザインコミッティーとグッドデザイン運動|商店建築社 1977年
- ■近代日本の産業デザイン思想|柏木博 晶文社 1979年
- ■戦後日本デザイン史|内田繁 みすず書房 2011年
- ■「モダン昭和」展|展覧会図録 阿部公正・小倉忠夫・高見堅志郎・大浜治子・樋田豊次郎監修 NHKサービスセンター 1987年
- ■「1920年・日本」展|展覧会図録 1988年 朝日新聞社 東京都美術館他
- ■精緻の構造――日本のインダストリアルデザイン|日本インダストリアルデザイナー協会他編 六耀社 1983年
- ■現代家具の歴史|K.マング 安藤正雄訳 A.D.A.EDITA 1979年
- ■家具と室内意匠の文化史|小泉和子 法政大学出版局 1972年
- ■西洋家具文化史|崎山直・崎山小夜子 雄山閣出版 1975年
- ■台所道具の歴史|山口昌伴・GK研究所編 柴田書店 1976年
- ■ヴィジュアルコミュニケーションの歴史|W.アイヴィンス 白石和也訳 晶文社 1984年
- ■芸術と広告|展覧会図録 セゾン美術館・兵庫県立近代美術館・朝日新聞社文化企画局編 朝日新聞社 1991年
- ■西洋広告文化史上・下|春山行夫 講談社 1981年
- ■体験的デザイン史|山名文夫 ダヴィッド社 1976年
- ■アドバタイジング・アート史展 1950-1990――広告という時代透視法|展覧会図録 東日本鉄道文化財団 1993年

デザイン概説

- ■造形と科学の新しい風景|ジョージ・ケペッシュ佐波甫・高見堅志郎訳 美術出版社 1966年
- ■視覚言語――絵画・写真・広告デザインへの手引 G.ケペッシュ グラフィック社訳 グラフィック社 1973年
- ■口紅から機関車まで上・下|L.ローウィ 藤山愛一郎訳 学風書院→鹿島出版会 1953年→1981年
- ■生活とデザイン――物の形と効用|G.パウルソン 鈴木

正明訳 美術出版社 1961年
- 生活の芸術化 ラスキン、モリスと現代｜池上惇 丸善ライブラリー 丸善 1993年
- デザイン宣言｜W.D.ティーグ G.K.研究所訳 美術出版社 1966年
- 芸術と技術｜L.マンフォード 生田勉・山下泰訳 岩波書店（岩波新書）1985年
- 技術と文明｜L.マンフォード 生田勉訳 美術出版社 1972年
- 世界建築宣言文集｜U.コンラーツ編 阿部公正訳 彰国社 1970年
- 織りなされた壁──近代建築への30年｜下村純一 グラフィック社 1983年
- 第一機械時代の理論とデザイン｜R.バンハム 石原達二・増成隆士訳 鹿島出版会 1976年
- 機械化の文化史──ものいわぬものの歴史｜ジークフリート・ギーディオン 栄久庵祥二訳 鹿島出版会 2008年
- 複製技術時代の芸術｜W.ベンヤミン 野村修也訳 晶文社 1970年
- 眼の隠喩｜多木浩二 青土社 1982年
- 百万人のデザイン｜N.ドレフュス 勝見勝訳 ダヴィッド社 1959年
- グッド・デザイン｜勝見勝編 新潮社 1958年
- デザイン教育 ダイナミズム｜宮脇理編 建帛社 1993年
- デザインの哲学｜嶋田厚 講談社 1978年
- 道具の政治学｜柏木博 冬樹社 1985年
- 日用品のデザイン思想｜柏木博 晶文社 1984年
- インダストリアル・デザイン｜GKインダストリアルデザイン研究所 社会思想社（教養文庫）1963年
- デザインのイデオロギーとユートピア｜G.ゼレ 阿部公正訳 晶文社 1980年
- 生きのびるためのデザイン｜ヴィクター・パパネック 阿部公正訳 晶文社 1974年
- 人間のためのデザイン｜ヴィクター・パパネック 阿部公正・和爾祥隆訳 晶文社 1985年
- ［美術］を超えて｜A.ドルナー 嶋田厚監訳 勁草書房 1992年
- デザイン思考｜阿部公正 美術出版社 1978年
- モダンデザイン批判｜柏木博 岩波書店 2002年
- かたちのセミオシス｜向井周太郎 思潮社 1986年
- かたちの詩学 morphopoiesis I. II.｜向井周太郎 美術出版社 2003年
- 生とデザイン かたちの詩学 I｜向井周太郎 中央公論新社（中公文庫）2008年
- デザインの原像 かたちの詩学 II｜向井周太郎 中央公論新社（中公文庫）2009年
- デザイン学 思索のコンステレーション｜向井周太郎 武蔵野美術大学出版 2009年
- ふすま──文化のランドスケープ｜向井一太郎・向井周太郎 中央公論新社（中公文庫）2007年
- 勝見勝著作集｜全5巻 グラフィックデザイン編 講談社 1986年
- 柳宗悦全集｜全9巻 柳宗悦 筑摩書房 1981年

ヴィジュアル・デザイン

- 洞窟絵画から連載漫画へ──人間コミュニケーションの万華鏡｜L.ホグベン 寿岳文章・林達夫・平田寛・南博

訳 岩波書店（岩波文庫）1979年
- グーテンベルグの銀河系｜H.マクルーハン 森常治訳 みすず書房 1986年
- デザインとヴィジュアル・コミュニケーション｜ブルーノ・ムナーリ 萱野有美訳 みすず書房 2006年
- メディア伝説｜大輪盛登 時事通信社 1982年
- 活字文化の誕生｜香内三郎 晶文社 1982年
- 書物の本──西洋の書物と文化の歴史 書物の美学｜ヘルムート・プレッサー 轡田収訳 法政大学出版局（叢書・ウニベルシタス）1973年
- 日本の書物｜庄司浅水 美術出版社 1978年
- 文字の文化史｜藤枝晃 岩波書店 1971年
- 世界の文字｜中西亮 みずうみ書店 1975年
- 文字の歴史とデザイン｜九州大学出版会 1984年
- 欧文活字とタイポグラフィ｜欧文印刷研究会編 印刷学会出版部 1966年
- モダン・タイポグラフィの流れ──ヨーロッパ・アメリカ 1950s─'60s｜田中一光・向井周太郎監修 トランスアート 2002年
- 日本のタイポグラフィ──活字・写植の技術と理論｜佐藤敬之輔 紀伊國屋書店 1972年
- 明朝体の歴史｜竹村真一 思文閣出版 1986年
- 明朝活字｜矢作勝美 平凡社 1976年
- 西洋印刷文化史──グーテンベルクから500年｜S.H.スタインバーグ 高野彰訳 日本図書館協会 1985年
- 印刷文化史──印刷・造本・出版の歴史｜庄司浅水 印刷学会出版部 1957年
- 活版印刷史｜川田久長 印刷学会出版部 1981年
- ポスターの100年｜B.ヒリアー編 阿部公正訳 平凡社 1973年
- ポスターの歴史｜J.バーニコート 羽生正気訳 美術出版社 1974年
- サントリー・グランヴィルコレクション・ポスター名品展──ロートレックからホックニーまで｜展覧会図録 サントリー美術館 1990年
- 隆盛期の世界ポスター展──エッセン・ドイツポスター美術館所蔵品を中心に｜展覧会図録 大島清次監修・竹山博彦編 日本テレビ放送網 1985年
- フランスのポスター美術｜京都国立近代美術館編 講談社 1979年
- 日本のポスター史 1800's-1980's｜高見堅志郎・柏木博・中村英樹監修 名古屋銀行 1989年
- 世界芸術写真史──W.H.フォックス・タルボットからシンディ・シャーマンまで｜セゾン美術館・山岸享子編 セゾン美術館・リブロポート 1990年
- 日本写真史 1840-1949｜日本写真家協会編 平凡社 1971年
- 写真製版技術小史｜鎌田弥寿治著 共立出版株式会社 1971年

辞典・事典・年表

- デザイン小辞典｜山口正城・山崎幸雄・塚田敢・福井晃一 ダヴィッド社 1968年
- 現代デザイン事典｜美術出版編集部編 美術出版社 1969年
- デザイン事典｜日本デザイン学会編 朝倉書店 2003年
- 現代デザイン事典｜廣田長治郎他編 朝倉書店 1988年
- 現代デザイン事典｜勝井三雄・田中一光・向井周太郎

監修 平凡社 1986年版→2013年版
- ■[特集]デザイン小辞典|美術手帖編集部編 美術出版社(『美術手帖』9月号)1989年
- ■インダストリアルデザイン事典|日本インダストリアルデザイナー協会編 鹿島出版会 1990年
- ■かたち・機能のデザイン事典|編集委員長 高木隆司 丸善 2011年
- ■近代装飾事典|スチュアート・デュラント 藤田治彦訳 岩崎美術社 1991年
- ■増補版印刷事典|日本印刷学会編 印刷局朝陽会 1987年

全集・シリーズなど

- ■現代デザイン講座|全6巻 川添登・加藤秀俊・菊竹清訓監修 風土社 1969-1971年
- ■インダストリアル・デザイン|全6巻 技報堂 1956-1959年
- ■工業デザイン全集|全6巻 金原出版 1962-1965年
- ■工業デザイン全集|全8巻 日本出版サービス 1982-1990年
- ■工芸ニュース総集編|全10巻 工芸財団 1977年
- 現代商業美術全集|全24巻 アルス 1928-1930年
- 商業デザイン全集|全5巻 イブニングスター社→ダヴィッド社 1951-1953年
- ■デザイン大系|全8巻 ダヴィッド社 1954-1956年
- ■グラフィック・デザイン大系|全5巻 美術出版社 1960-1961年
- ■世界のグラフィックデザイン|全7巻 講談社 1974-1976年
- ■現代世界のグラフィックデザイン|全6巻 講談社 1988-1989年
- ■日本の広告美術 明治・大正・昭和|全3巻 東京アートディレクターズクラブ編 美術出版社 1967-1968年
- ■アール・ヌーヴォーの世界|全5巻 学習研究社 1987年
- ■アール・デコの世界|全5巻 学習研究社 1990-1991年
- ■現代の家具シリーズ|全5巻 A.D.A.EDITA Tokyo 1978-1981年

1章 デザイン史を理解するために

- ■ルドゥーからル・コルビュジエまで|E.カウフマン 白井秀和訳 中央公論美術出版 1992年
- ■博乱会の政治学|吉見俊哉 中央公論社(中公新書)1992年
- ■トーネット曲木家具|K.マンク 宿輪吉之典訳 鹿島出版会(SD選書)1985年
- ■ヴィクトリア&アルバート美術館展「ヴィクトリア朝の栄光」|展覧会図録 NHKきんきメディアプラン、ヴィクトリア&アルバート美術館 1992年
- ■シェーカー・デザイン|展覧会図録 ハンコック・シェーカー・ヴィレッジ セゾン美術館 1992年

2章 近代デザインの鼓動

- ■建築の七燈|ジョン・ラスキン 杉山真紀子訳 鹿島出版会 1997年
- ■風景の思想とモラル|近代画家論・風景編 ジョン・ラスキン 内藤史朗訳 法蔵館 2002年
- ■芸術の真実と教育|近代画家論・原理編I|ジョン・ラスキン 内藤史朗訳 法蔵館 2003年
- ■構想力の芸術思想|近代画家論・原理編II|ジョン・ラスキン 内藤史朗訳 法蔵館 2003年
- ■この最後の者にも/ごまとゆり|ジョン・ラスキン 飯塚一郎・木村正身訳 中公クラシックス 中央公論新社 2008年
- ■ウィリアム・モリス伝|フィリップ・ヘンダースン 川端康雄・志田均・永江敦訳 晶文社 1990年
- ■ウィリアム・モリス|ジリアン・ネイラー編 多田稔監修 ウィリアム・モリス研究会訳 講談社 1990年
- ■民衆の芸術|ウィリアム・モリス 中橋一夫訳 岩波書店 1953年
- ■理想の書物|ウィリアム・モリス ウィリアム・S・ピータースン編 川端康雄訳 晶文社 1992年
- ■ユートピアだより|ウィリアム・モリス 松村達雄訳 岩波書店(岩波文庫)1968年
- ■ケルムスコット・プレス図録|関川左木夫、C.フランクリン 雄松堂書店 1982年
- ■ウィリアム・モリス|ピーター・スタンスキー 草光俊雄訳 雄松堂出版 1989年
- ■ウィリアム・モリス|白石博三 彰国社(近代建築家8)1954年
- ■ウィリアム・モリス——ラディカル・デザインの思想|小野二郎 中央公論社(中公新書)1973年
- ■ウィリアム・モリスのこと|山本正三 相模書房(相模選書)1980年
- ■ウィリアム・モリスとその仲間たち|岡田隆彦編 岩崎美術社 1978年
- ■装飾芸術——ウィリアム・モリスとその周辺|小野二郎 青土社 1979年
- ■ユートピアン・クラフツマン——イギリス工芸運動の人々|ライオネル・ラバーン 小野悦子訳 晶文社 1985年
- ■アール・ヌーヴォーの世界|海野弘 造形社 1968年
- ■アール・ヌーヴォー|S.T.マドセン 高階秀爾・千足伸行訳 平凡社 1970年 美術公論社 1983年
- ■アール・ヌーヴォー|M.Amaya 斉藤稔訳 PARCO出版 1976年
- ■英国アールヌーヴォーブック——その書物デザインとイラストレーション|ラッセル・テイラー 高橋誠訳 国文社 1993年
- ■ガウディ全作品|中山公男・磯崎新他 六耀社 1978年
- ■ユーゲントシュティール|クラウス・ユルゲン・ゼンバッハ ベネディクト・クッシェン出版 1992年
- ■チャップ・ブック——近代イギリスの大衆文化|小林章夫 駸々堂 1988年
- ■紅茶を受皿で——イギリス民衆芸術覚書|小野二郎 晶文社 1981年
- ■書物と装飾——挿絵の歴史|ウォルター・クレイン 高橋誠訳 国文社 1990年
- ■ヴィクトリア朝挿絵画家列伝——ディケンズと「パンチ」誌の周辺|谷田博幸 図書出版社 1993年
- ■英国の私家版|コリン・フランクリン 大竹正次訳 アトリエ・ミウラ 1983年
- ■F.ベマト幕末日本写真集|展覧会図録 横浜開港資料館編 横浜開港資料普及協会 1987年
- ■ロートレックとボナールのパリ|展覧会図録 島田紀夫監修 アート・ライフ 1992年
- ■アルフォンス・ミュシャ装飾資料集・装飾人物集|イー

ジー・ムハ(ミュシャ)編著 島田紀夫監修 末木友和・小松原みどり訳 ドイ文化事業室 1989年
■ニューヨーク近代美術館所蔵品による20世紀アメリカのポスター|展覧会図録 J.ステュワート・ジョンソン 京都国立近代美術館 1983年
■アメリカ・イラストレーション展──黄金時代の画家たち|展覧会図録 福島県立美術館編 アメリカ・イラストレーション展カタログ委員会 1993年

3章｜デザインの実験と総合

■表現主義|H.ヴァルデン 本郷義武他訳 白水社 1983年
■時代からの逃走──ダダ創立者の日記|H.バル 土肥美夫他訳 みすず書房 1975年
■ダダ──芸術と反芸術|H.リヒター 針生一郎訳 美術出版社 1966年
■ダダと構成主義展|展覧会図録 セゾン美術館 1988年
■アール・デコ(1925年様式)の勝利と没落|G.ヴェローネージ 西澤信彌・河村正夫訳 美術出版社 1972年
■アール・デコ|B.ヒリアー 西澤信彌訳 PARCO出版 1977年
■一九二五年様式／アール・デコの世界|イヴォンヌ・ブリュナメェル 竹内次男役 岩崎美術社 1987年
■クッションから都市計画まで ヘルマン・ムテジウスとドイツ工作連盟：ドイツ近代デザインの諸相 1900-1927|展覧会図録 監修・編集 池田祐子 京都国立近代美術館 2002年
■バウハウス──ワイマール／デッサウ／ベルリン／シカゴ|ハンス・M・ウィングラー編著 バウハウス翻訳委員会訳 造型社 1969年
■バウハウス1919-1933|マグダレーナ・ドロステ なかのまりこ訳 ベネディクト・タッシェン出版 1992年
■バウハウス叢書|全14巻 第1巻 編集委員：利光功・宮島久雄・貞包博幸 中央公論美術出版 1991年
■バウハウス|ルートヴィヒ・グローテ他編 宮島久雄他訳 講談社 1971年
■バウハウス──近代デザイン運動の軌跡|G.ネイラー 利光功訳 PARCO出版 1977年
■バウハウスの人々|山脇巌 彰国社（近代建築家7）1954年
■バウハウス──歴史と理念|利光功 美術出版社 1970年
■バウハウス|杉本俊多 鹿島出版会 1979年
■バウハウス 芸術教育の革命と実験|展覧会図録 構成 編 深川雅文 川崎市市民ミュージアム 1994年
■バウハウス1919-1933|展覧会図録 編集・発行 セゾン美術館 1995年
■造形思考 上・下|パウル・クレー 土方定一・菊盛英夫・坂崎乙郎訳 新潮社 1972年
■ザ・ニューヴィジョン──ある芸術家の要約|L.モホリ＝ナギ 大森忠行訳 ダヴィッド社 1967年
■ヨハネス・イッテン 色彩論|大智浩訳 美術出版社 1971年
■ヨハネス・イッテン 造形芸術への道 展覧会図録|日本展構成・編集 山野英嗣 京都国立近代美術館 2003年
■ヨハネス・イッテン 造形芸術への道 論文集|企画・編集 岡本康明 宇都宮美術館 2005年
■色彩構成──配色による創造|ジョセフ・アルバース 白

石和也訳 ダヴィッド社 1972年
■ワイマール文化を生きた人々|ウォルター・ラカー 脇圭平・八田恭昌・初宿正典訳 ミネルヴァ書房 1980年
■ワイマル文化|ピーター・ゲイ 亀山庸一郎訳 みすず書房 1989年
■カリガリからヒトラーへ|ジークフリード・クラカウアー 丸尾定訳 みすず書房 1970年
■カンディンスキー著作集|全4巻 W.カンディスキー 西田秀穂訳 美術出版社 1979年
■デ・スティル|P.オヴリー 由水常雄訳 PARCO出版 1978年
■抽象への意思──モドリアンと〈デ・スティル〉|H.L.Cヤッフェ 赤根和生訳 朝日出版社 1984年
■エル・リシツキー革命と建築|阿部公正訳 彰国社 1983年
■ロシア・アヴァンギャルド|S.バロン他編 五十殿利治訳 リブロポート 1982年
■ロシア・アヴァンギャルド芸術|中原佑介監修 リブロポート 1983年
■ロシア・アバンギャルド|水野忠雄 PARCO出版 1985年
■ロシア・アヴァンギャルド芸術──理論と批判1902-34年|J.E.ボウルト編 川端香男里・望月哲男・西中村治訳 岩波書店 1988年
■芸術と革命 I|展覧会図録 セゾン美術館 1982年
■芸術と革命 II|展覧会図録 セゾン美術館 1987年
■イタリアのアヴァンギャルド──未来派からピランデルロへ|田之倉稔 白水社 1981年
■ヴォーグ・ファッションフォトグラフィ '19〜79|コレクション・ジャパン 1981年
■カッサンドル|アンリ・ムーロン 柴田和雄訳 オールファッション研究所 1991年
■カッサンドル──松本瑠樹：ART DECOコレクションより|展覧会図録 東京都庭園美術館編 東京都文化振興会 1991年
■ナチス・プロパガンダ絶対の宣伝|全4巻 草森紳一 番町書房 1979年
■ポスター研究2 竹尾ポスターコレクション共同研究報告 構成的ポスターの研究 バウハウスからスイス派の巨匠へ|ポスター共同研究会・多摩美術大学 中央公論美術出版 2001年
■組写真の作り方|名取洋之助 フォトライブラリー7 慶友社 1956年
■名取洋之助の時代|中西昭雄 朝日新聞社 1981年
■写真の読みかた|名取洋之助 岩波新書 1963年
■名取洋之助の仕事＝大日本|西武美術館 1978年
■名取洋之助と日本工房「1931-45」|白山眞理・堀宜雄 岩波書店 2006年
■恩地孝四郎装本の美|恩地邦郎編 三省堂 1982年
■戦争のグラフィズム回想の「FRONT」|多川精一 平凡社 1988年
■FRONT復刻版|全3期 多川精一監修 平凡社 1989-1990年
■戦争のグラフィズム回想の「FRONT」|多川精一 平凡社 1988年
■戦争のグラフィズム「FRONT」を創った人々|多川精一 平凡社（平凡社ライブラリー）2000年 上著の改訂文庫版
■焼跡のグラフィズム「FRONT」から「週刊サンニュー

ス」へ｜多川精一 平凡社新書 2005年
■戦争と宣伝技術者｜山名文夫・今泉武治・新井静一郎編 ダヴィッド社 1978年
■日本のアートディレクション｜東京アートディレクターズクラブ編 美術出版社（美術選書）1977年
■資生堂宣伝史 I 歴史 II 現代 III 花椿 資生堂 1979年
■広告の中の女たち｜島森路子 大和書房 1984年
■書物の近代｜紅野謙介 ちくまライブラリー 筑摩書房 1992年（ちくま学芸文庫 1999年）

4章｜アメリカのインダストリアル・デザイン

■現代アメリカ・デザイン史──スプーンからジェット機まで1940-1970｜A.J.プーロス 永田喬訳 岩崎美術社 1991年
■アメリカの機械時代1918-1941｜ブルックリンミュージアム監修 リチャード・ガイ・ウィルソン他 永田喬訳 鹿島出版会 1988年
■近代デザインとは何か?｜E.カウフマンJr. 生田勉訳 美術出版社 1953年
■デザインの諸問題｜G.ネルソン 長狂平訳 紀伊国屋書店 1965年
■亡命者の軌跡──アメリカに渡った芸術家たち｜展覧会図録 徳島県立近代美術館 1993年

5章｜現代のデザイン

■世界デザイン会議議事録｜世界デザイン会議運営委員会編 美術出版社 1961年
■20世紀の家具のデザイン｜クラウス・ユルゲン・ゼンバッハ、ガブリエレ・ロイトホイザー、ペーター・ゲッセル ベネディクト・タッシェン出版 1992年
■イタリアデザイン展｜イタリアデザイン協会 イタリア文化会館 1976年
■現代フィンランドデザイン｜U.H.a.セーゲルスタード 伊藤弘子訳 形象社 1962年
■現代デザインの水脈──ウルム造形大学展｜展覧会図録 武蔵野美術大学出版編集室編 武蔵野美術大学 1989年
■デザインの原点｜向井周太郎・羽原肅郎 日本能率協会 1975年
■日本のインダストリアルデザイン｜工芸財団編 丸善 1989年
■インダストリアル・デザイン──デザイン・ミュージアムへの50［日本編］｜ID7編 住まいの図書出版局 1993年
■構造の芸術あるいはデザインのトポスへ｜羽原肅郎 用美社 1990年
■デザイニング・プログラム｜K.ゲルストナー 朝倉直己訳 美術出版社 1966年
■毎日デザイン賞40年の歩み｜毎日新聞編 毎日新聞社 1973年
■型而工房から 豊口克平とデザインの半世紀｜グルッペ5・豊口克平編 美術出版社 1987年
■デザイン──柳宗理の作品と考え｜柳宗理 用美社 1983年
■柳宗理 デザイン（復刻新版）｜柳宗理 河出書房新社 2012年
■わがインダストリアルデザイン｜小杉二郎 丸善 1983年

■DOMA 秋岡芳夫 モノへの思想と関係のデザイン｜目黒区美術館編 美術出版社 2012年
■世界のトレードマークとシンボル｜亀倉雄策 河出書房新社 1965年
■デザイン随想 離陸着陸｜亀倉雄策 美術出版社 1972年
■徒然感覚｜早川良雄 用美社 1986年
■デザインになにができるか｜粟津潔 田畑書店 1969年
■日本の伝統パッケージ｜岡秀行 美術出版社 1965年
■JAAC1951→70日宣美20年｜瀬木慎一編 日宣美20年刊行委員会・日宣美解散委員会 1971年
■タイポグラフィトゥデイ｜H.シュミット編 誠文堂新光社 1980年
■日本万国博事典｜丸之内リサーチセンター 1968年
■日本博覧会史｜山本光雄 理想社 1970年
■12人のグラフィックデザイナー｜全3巻 宇野亜喜良・永井一正他 美術出版社 1969年
■アメリカのグラフィックデザイナー｜全4巻 H.ルバーリン・S.バス他 美術出版社 1969-1972年
■ヨーロッパのグラフィックデザイナー｜全4巻 ブロッマン・J.レニア他 美術出版社 1970-1971年
■1980年代のデザイン｜アルブレヒト・バンカード、カール・ミャエル・アルマー 森島勇訳 美術出版社 1990年
■ポスト・モダン原論｜磯崎新 朝日出版社 1985年
■意味論的転回──デザインの新しい基礎理論｜クラウス・クリッペンドルフ 小林昭世・川間哲夫ほか訳 エスアイビー・アクセス／星雲社 2009年

附章｜現代デザインの諸相

■ハンガリー・アヴァンギャルド MAとモホイ＝ナジ｜井口壽乃 彩流社 2000年
■エル・リシツキー 構成者のヴィジョン｜寺山祐策編 武蔵野美術大学出版局 2005年
■アヴァンギャルド宣言 中東欧のモダニズム｜井口壽乃・圀府寺司編 三元社 2005年
■ポーランドの建築・デザイン史 工芸復興からモダニズムへ｜デイヴィッド・クラウリー 井口壽乃・菅靖子訳 彩流社 2006年
■チェコ・アヴァンギャルド ブックデザインにみる文芸運動小史｜西野嘉章 平凡社 2006年
■ロシア・アヴァンギャルド小百科｜タチヤナ・ヴィクトロヴナ・コトヴィチ 桑野隆監訳 水声社 2008年
■デザイン学 思索のコンステレーション｜向井周太郎 武蔵野美術大学出版局 2009年
■視覚の実験室 モホイ＝ナジ／イン・モーション｜展覧会図録 監修 井口壽乃 アールアンテル 2011年
■図録タイポグラフィ・タイプフェイスのいま。デジタル時代の印刷文字｜女子美術大学 2004年
■日本語活字ものがたり 草創期の人と書体｜小宮山博史 誠文堂新光社 2009年
■印刷文字の生成技術 書体設計・字游工房の場合｜女子美術大学 2010年

人名索引

ア行

アールト, アルヴァー (1898-1976) ——— 144・**151**
アイヴス, フレデリック・ユージン (1856-1937) ——— 60
アイヒャー, オトル (1922-1991) ——— **154**・**155**
アウト, ヤコブス・ヨハンネス・ピーテル ——— 78・**100**-102 (1890-1963)
アウレンティ, ガエ (1927-) ——— 161
アガ, M・F (1896-1978) ——— 164
アカシ, カズオ 明石一男 (1911-2006) ——— 167
アキオカ, ヨシオ 秋岡芳夫 (1920-1997) ——— 168
アサイ, キヨシ 浅井潔 (1940-) ——— 175
アサバ, カツミ 浅葉克己 (1940-) ——— 175
アシュビー, チャールズ・ロバート ——— **30**・**31**・**32**・**36**・**48** (1863-1942)
アドラー, ダンクマー (1844-1900) ——— **135**
アベドン, リチャード (1923-2004) ——— 166
アライ, セイイチロウ 新井静一郎 (1907-1990) ——— 170
アルナー, ウァルター (1909-2006) ——— 164
アルビーニ, フランコ (1905-1977) ——— 161
アルプ, ハンス〈アルプ, ジャン〉(1887-1966) ——— **117**
アルベルス, アンニ (1899-1994) ——— **87**
アルベルス, ヨーゼフ〈アルバース, ジョーゼフ〉——— **87** (1888-1976) **88**・**89**・**91**・**116**・**142**
アワズ, キヨシ 粟津潔 (1929-2009) ——— 170・**173**・**174**
アングラー, トミー (1931-) ——— 166
アンドレ, エミール ——— 40
イームズ, チャールズ (1907-1978) ——— 144・**163**
イェンセン, ギオルグ (1866-1935) ——— 150
イガラシ, タケノブ 五十嵐威暢 (1944-) ——— 175
イシイ, モキチ 石井茂吉 (1887-1963) ——— 188
イシオカ, エイコ 石岡瑛子 (1938-2012) ——— 170・**175**
イシゴニス, アレック (1906–1988) ——— 148
イシモト, フジオ (1941-) ——— 152
イシモト, ヤスヒロ 石元泰博 (1921-2012) ——— 168
イソラ, マイジヤ (1927-2001) ——— 152
イタバシ, ヨシオ 板橋義夫 (1911-) ——— **7**
イッテン, ヨハネス (1888-1967) ——— **82**・**83**・**89**
イトウ, カツイチ 伊藤勝一 (1937-) ——— 189
イトウ, ケンジ 伊藤憲治 (1915-2001) ——— **170**
イマイズミ, タケジ 今泉武治 (1905-1995) ——— 170
イワサキ, シンジ 岩崎信治 (1930-2012) ——— 168
ヴァーグナー, オットー (1841-1918) ——— **47**・**48**
ヴァーゲンフェルト, ヴィルヘルム ——— **87**・**146**・**154** (1900-1990)
ヴァイニンガー, アンドール (1899-1986) ——— 179
ヴァセガアド, ゲルタルド (1913-2007) ——— 150
ヴァン・アレン, ウィリアム (1883-1954) ——— **95**
ヴァン・ド・ヴェルド, アンリ (1863-1957) ——— 36・44 **46**・**51**・**75**・**76**・**77**・**80**
ヴァン・ドーレン, ハロルド (1895-1957) ——— 139・**140**
ヴィエノ, ジャック (1893-1959) ——— 158
ヴィヴァレリー, カルロ (1919-) ——— 127
ヴィス, マルセル (1930-) ——— 126
ヴィユモ, ベルナール (1911-1989) ——— 158
ヴィルカラ, タピオ (1915-1985) ——— 151
ウィルス, ヤン (1891-1972) ——— 100
ウェイデフェルト, ヘンドリック・Th ——— 104・105
ウェグナー, ハンス (1914-2007) ——— **150**
ヴェスニン, アレクサンドル (1883-1945) ——— **111**・113
ウェッブ, フィリップ (1831-1915) ——— 27
ヴォイジー, チャールズF・A (1857-1941) ——— **30**・**31**
ウォーカー, エメリー (1851-1933) ——— **58**
ウォーカー, フレッド (1841-1875) ——— **66**
ウォルフ, ヘンリー (1925-2005) ——— 164・**165**
ウノ, アキラ 宇野亜喜良 (1934-) ——— **174**
ウメダ, マサノリ 梅田正徳 (1941-) ——— 173
ウルバニエッツ, マチェイ (1925-2004) ——— 153
エヴァンズ, エドムンド (1826-1905) ——— **55**・**56**
エームケ, フリッツ・ヘルムート (1878-1965) ——— **75**
エクアン, ケンジ 栄久庵憲司 (1929-) ——— 168
エクステル, アレクサンドラ (1882-1949) ——— 111
エスコリン, ヴォッコ (1930-) ——— 152
エッカースレー, トーマス (1914-1997) ——— 148
エックマン, オットー (1865-1902) ——— **44**・**51**
エルニ, ハンス (1909-) ——— **159**
エルンスト, ユップ (1905-1987) ——— 156
エレンブルグ, イリア (1891-1967) ——— 110
エンデル, アウグスト (1871-1925) ——— **44**・**77**
オオトリ, ケイスケ 大鳥圭介 (1833-1911) ——— 69
オオハシ, テルアキ 大橋晃朗 (1938-1992) ——— 173
オオハシ, タダシ 大橋正 (1916-1998) ——— 170
オカダ, サブロウスケ 岡田三郎助 ——— **128**・**129** (1869-1939)
オザンファン, アメデエ (1886-1966) ——— 93
オダノ, ナオタケ 小田野直武 (1749-1780) ——— 69
オーブリスト, ヘルマン (1863-1927) ——— 44
オルタ, ヴィクトール (1861-1947) ——— 36・**37**
オルブリヒ, ヨーゼフ・マリア ——— **47**・**48**・**49** (1867-1908) **51**・**66**・**74**・**186**
オンチ, コウシロウ 恩地孝四郎 ——— 130・**131** (1891-1955)

カ行

ガイスマー, トーマス (1932-) ——— 165
ガイヤール, ウジェーヌ (1862-1933) ——— **36**
ガウディ, アントニオ (1852-1926) ——— **51**
カウフマン, エーミール (1891-1953) ——— 15・16
カウフマンJr, エドガー (1917-1989) ——— 12・142・167
カシャーク, ラヨシュ (1887-1967) ——— **183**・**184**
カスティリオーニ, アキーレ (1918-2002) ——— **161**
カスロン, ウィリアム (1692-1766) ——— **54**
カタオカ, アキラ 片岡朗 (1947-) ——— 191
カタオカ, トシロウ 片岡敏郎 (1882-1945) ——— 128・**129**
カタヤマ, トシヒロ 片山利弘 (1928-2013) ——— 174
カツイ, ミツオ 勝井三雄 (1931-) ——— 170・**174**・176
カッサンドル, A・M (1901-1968) ——— 97・**98**・158
カツミ, マサル 勝見勝 (1909-1983) ——— 168・171

カネコ, イタル 金子至 (1920-) ——— 168
カメクラ, ユウサク 亀倉雄策 ——— 168・170・**171**
(1915-1977)
ガラモン, クロード (1480-1561) ——— **54**
カランスキー, マーヴィン (1936-) ——— 148
ガルニエ, ピエル (1928-) ——— 11
カルラ, カルロ (1881-1966) ——— **106**
カルリュ, ジャン (1900-1989) ——— 97・158
ガレ, エミール (1846-1904) ——— 38・**40**・**41**
カワ, ジュンノスケ 河潤之介 (1919-) ——— 168
カワカミ, モトミ 川上元美 (1940-) ——— 173
カワキタ, ヒデヤ 河北秀也 (1947-) ——— 175
カワサキ, タミマサ 川崎民昌 (1911-1999) ——— 170
カワハラ, ケイガ 川原慶賀 (1786-1860) ——— **68**・69
カンディンスキー, ワシリー ——— 82・**91**・107・109
(1866-1944)
ガンブル, ウィリアム ——— 70
キースラー, フリードリヒ (1890-1965) ——— 101
キエルベルグ, フリードル (1905-1993) ——— 151
キタ, トシユキ 喜多俊之 (1942-) ——— **172**・173
ギマール, エクトール (1867-1942) ——— 36・**37**・38
キムラ, ツネヒサ 木村恒久 (1928-2008) ——— 174
ギュジョロ, ハンス (1920-1965) ——— **153**・154
キヨソネ, エドアルド (1833-1898) ——— 70
ギル, ボブ (1931-) ——— **147**・148
キング, ペリー (1938-) ——— 160
クッカプロ, ユリオ (1933-) ——— 151
グラッセ, ウジェーヌ (1841-1917) ——— 42・**43**・64
グラッツエ, ヘルマン (1895-1950) ——— 154
クラマタ, シロウ 倉俣史朗 (1934-1911) ——— **172**・173
クラメル, ピエト ——— 103
グランジ, ケネス (1929-) ——— 148
グリーナウェイ, ケイト (1846-1901) ——— **56**
グリーノウ, ホレイショー (1805-1852) ——— 135
グリニャーニ, フランコ (1908-1999) ——— 125
クリムト, グスタフ (1862-1918) ——— 47・50・66・105
クリヤガワ, ケンイチ 栗谷川健一 (1911-1999) ——— **169**
グリュオー, ルネ (1909-1936) ——— 158
クルツィス, グスタフ (1895-1944) ——— 110・113・**118**
グレイ, アイリーン (1879-1976) ——— 99
グレイザー, ミルトン (1929-) ——— **166**
クレイン, ウォルター ——— 30・43・**56**・58・67
(1845-1915)
クレー, パウル (1879-1940) ——— 82・**91**・**92**
クレランド, T・M (1880-1964) ——— 164
クローエル, ヴィン (1928-) ——— 157
クロスビー, テオ (1925-1994) ——— 148
グロピウス, ヴァルター (1883-1969) ——— 8・45・**75**
76・**78**・79・**83**・84・**86**・91・97・115・141・142
クワスト, シーモワ (1931-) ——— 166
クワヤマ, ヤサブロウ 桑山弥三郎 (1938-) ——— 189
ケアホルム, ポール (1929-1980) ——— 150
ケートマン, ピーター (1916-2005) ——— **126**
ケーニヒ, フリードリヒ (1774-1833) ——— 53
ゲームス, エイブラム (1914-1996) ——— **147**・148
ケペッシュ, ジョージ (1906-2001) ——— 141
ゲルストナー, カール (1930-) ——— 10・**127**
ケンモチ, イサム 剣持勇 (1912-1971) ——— 167・**168**
コイケ, イワタコウ 小池岩太郎 (1913-1992) ——— 168

コイナー, チャールズ (1898-1989) ——— **124**
コウノ, タカシ 河野鷹思 (1906-1999) ——— **130**・170
ゴーギャン, ポール (1848-1903) ——— 41-43
コーファー, マクナイト (1890-1954) ——— **124**
コール, ヘンリー (1808-1882) ——— 18
コールデコット, ランドルフ (1846-1886) ——— 56
ゴールデン, ウィリアム (1911-1959) ——— 164
コクトー, ジャン (1889-1963) ——— 158
コスギ, ジロウ 小杉二郎 (1915-1981) ——— 167・168
ゴチャール, ヨーゼフ (1880-1945) ——— 98
コック, アントニー (1882- ?) ——— 100
コッペル, ヘニング (1918-1981) ——— 150
コブロ, カタジナ (1898-1951) ——— 110
ゴムリンガー, オイゲン (1925-) ——— 11・126
コメンダ, エルヴィン (1904-1966) ——— **155**
コラーニ, ルイジ (1928-) ——— 155・**162**・163
コラン, ジャン (1912-1982) ——— 158
コラン, ポール (1892-1985) ——— 97
コロンナ, エドワール (1862- ?) ——— 36
コロンボ, ジョエ (1930-1971) ——— 161

サ行

サーリネン, エーロ (1910-1961) ——— **144**・163
サイトウ, トヨヒト 斉藤豊人 ——— 167
サイネル, ジョーゼフ (1889-1975) ——— 138
サヴィニャック, レーモン (1907-2002) ——— **157**・158
サカサイ, ヒロシ 逆井宏 (1933-2011) ——— 168・169
ササキ, タツゾウ 佐々木達三 (1906-1998) ——— 167
サッソン, シクステン (1912-1969) ——— **149**
サッパー, リチャード (1932-) ——— **161**
サトウ, ショウゾウ 佐藤章蔵 (1907-1981) ——— 167
ザヌーソ, マルコ (1916-2001) ——— **160**・161
サリヴァン, ルイス・ヘンリー ——— 35・**135**-137
(1856-1924)
サルパネヴァ, ティモ (1926-2006) ——— 152
サンダースン, コブデン (1840-1922) ——— **58**
サンテリア, アントニオ (1880-1916) ——— **105**
ジウジアーロ, ジョルジェット (1938-) ——— 162
シェレ, ジュール (1836-1932) ——— 9・43・**62**
ジェンクス, チャールズ (1939-) ——— 162
シバ, コウカン 司馬江漢 (1747-1818) ——— 69
シバタ, ケンイチ 柴田献一 (1931-2004) ——— 168
シャーン, ベン (1898-1969) ——— 124・**166**
シャガール, マルク (1887-1985) ——— 109
ジャヌレ, ピエール (1896-1967) ——— **77**
シャマイエフ, アイヴァン (1932-) ——— 165
シャルパンティエ, アレクサンドル (1856-1909) ——— 38
ジャンソン, ニコラ (1420-1480) ——— **54**
シュヴィッタース, クルト ——— 101・**110**・111・**117**
(1887-1948)
シューマッハー, フリッツ (1869-1947) ——— 74・75
ジュールダン・フランシス (1876-1958) ——— 99
シュテツルス, グンタ (1897-1983) ——— **81**・87
シュナイト, クロード (1931-2007) ——— 90
シュミット, ヨースト (1893-1948) ——— 84・**85**
シュライヤー, ローター (1886-1966) ——— 82・84
シュルツ=ノイダム (1899-1969) ——— **119**
シュレーガー, ハンス (1898-1976) ——— 148

シュレンマー, オスカー ― 82・**91**・**115**・116
(1888-1943)
ジョーンズ, オーエン (1809-1874) ― **19**・20
ジョンストン, エドワード (1872-1944) ― 58
ジョンソン, フィリップ (1906-2005) ― 163
スー, ルイ (1875-1968) ― 99
スヴァント, リサ (1910-1983) ― 152
スーチン, ニコライ (1897-1954) ― 110
スカルパ, カルロ (1906-1978) ― 160
スカルパ, トビア&アフラ (1935- /1937-) ― 161
スギウラ, コウヘイ 杉浦康平 (1932-) ― 170・**173**
スギウラ, ヒスイ 杉浦非水 (1876-1965) ― **129**・130
スタインバーグ, ソール (1914-1999) ― **166**
スタンコンスキー, アントン (1906-1998) ― 154
スタンホープ (1753-1816) ― 53
スタンラン, アレクサンドル (1859-1923) ― **63**・64
ステパーノヴァ, ワルワーラ (1894-1958) ― 111
ステンベルグ, ウラジーミル&ゲオルギー ― 113
(1899-1982/1900-1933)
ストーチ, オットー (1913-1999) ― 164
ストーン, エドワード・ダレル (1902-1978) ― **134**
ストシェミンスキー, ワジスワフ (1893-1952) ― 110
ストリート, ジョージ・エドムンド (1824-1881) ― 25
スペンサー, ハーバート (1924-2002) ― 148
セイケ, キヨシ 清家清 (1918-2005) ― 168
セヴェリーニ, ジーノ (1883-1966) ― 100
ゼーネフェルダー, アロイス (1771-1834) ― 55
ソヴァージュ, アンリ (1873-1932) ― 40
ソーン, ロバート (? -1820) ― 54
ソットサスJr, エットーレ ― 160・162・163
(1917-2007)
ソネ, ヤスミ 曽根靖史 (1932-) ― 168

タ行

ダービー 3世, エイブラハム (1750-1791) ― 16
タイゲ, カレル (1900-1951) ― **185**
ダイン, ジェームズ (1947-) ― **148**・149
タウト, ブルーノ (1880-1938) ― 46・**75**-77
タカシマ, トクゾウ 高島得三 (北海) (1850-1931) ― 38
タカダ, ノブヒコ 高田修地 (1935-2011) ― **173**
タカハシ, キンキチ 高橋錦吉 (1911-1980) ― 170
ダゲール, ルイ・ジャック・マンデ (1799-1851) ― 59
タケヒサ, ユメジ 竹久夢二 (1884-1934) ― **130**
タダ, ホクウ 多田北烏 (1889-1948) ― **129**・130
タトリン, ウラジーミル (1885-1953) ― 106・**108**・113
タナカ, イッコウ 田中一光 (1930-2002) ― 174・**175**
ダリージ, リカルド (1931-) ― 161
タルボット, ウィリアム・H・F (1800-1877) ― 59・**61**
チェシカ, カール・オットー (1878-1960) ― **67**
チェシレヴィッチ, ロマン (1930-1996) ― 153
チェルニホフ, ヤコフ (1889-1951?) ― 113
チヒョルト, ヤン (1902-1974) ― 117・120・**121**
ツアップ, ヘルマン (1918-) ― 154
ツァラ, トリスタン (1896-1963) ― 101
ツワルト, ピエト (1885-1977) ― 120・**121**
デ・クレルク, ミハエル (1884-1923) ― 103・**104**
ディアコーザ, ダンテ (1905-1996) ― 162
ティーグ, ウォルター・ドーウィン ― 138・**139**

(1883-1960)
デイヴィス, ポール (1938-) ― **166**
ティファニー, ルイス・C (1848-1933) ― 35
デスキー, ドナルド (1894-1989) ― **95**・139
テニエル, ジョン (1820-1914) ― 55
デペーロ, フォルトゥナート (1892-1960) ― 105
デュシャン, マルセル (1887-1968) ― 176
デュナン, ジャン (1877-1942) ― **95**・99
デュフィ, ラウル (1877-1953) ― 97
デルピール, ロベール ― 158
テルフォード, トーマス (1757-1834) ― 16・**17**・21
ド・フール, ジョルジュ (1868-1928) ― 36
ド・モーガン, ウィリアム (1839-1917) ― **40**
ドイル, リチャード (1824-1883) ― 55
トゥールーズ=ロートレック, アンリ・ド ― 41・**42**・43
(1864-1901) 62・**63**
トーネット, ミヒャエル (1796-1871) ― 22
ドーフスマン, ルー (1918-2008) ― 164
ドーム, オーギュスト&アントナン ― 40・**41**
(1853-1909/1864-1930)
トーロップ, ヤン (1858-1928) ― 32・105
トマチェフスキー, ヘンリク (1914-2005) ― **152**・153
トムラ, ヒロシ 戸村浩 (1938-) ― 173
トヨグチ, カッペイ 豊口克平 (1905-1991) ― 168
トリノウミ, オサム 鳥海修 (1955-) ― 191
ドルナー, アレクサンダー (1893-1957) ― 146
ドレフュス, ヘンリー (1904-1972) ― **140**・146
ドレッサー, クルストファー (1834-1904) ― 31
ドローネー, ソニア (1885-1979) ― **97**・99
ドローネー, ロベール (1885-1941) ― **97**・99

ナ行

ナウマン, フリードリヒ (1860-1919) ― 79・**179**
ナガイ, カズマサ 永井一正 (1929-) ― 174・**175**
ナカガキ, ノブオ 中垣信夫 (1938-) ― **173**
ナカジマ, ギョウザン 中島仰山 ― **70**
ナタン, ジャック (1910-2001) ― 158
ナトリ, ヨウノスケ 名取洋之助 ― 131・**132**
(1910-1962)
ニイジマ, ミノル 新島実 (1948-) ― 175
ニールセン, イェンス (1937-1992) ― 151
ニエプス, ヨーゼフ・ニセフォール ― **59**・60
(1765-1833)
ニコルソン, ウィリアム (1872-1949)
▶ベガースタッフ兄弟
ニッチェ, エリック (1908-1998) ― 165
ニッツォーリ, マルチェロ (1887-1969) ― **160**
ヌルミスニエミ, アンティ (1927-) ― 151
ネフ, クルト (1926-2006) ― 158
ネルソン, ジョージ (1908-1986) ― **144**・163
ノイス, エリオット (1910-1977) ― 163・**164**
ノイブルク, ハンス (1904-1983) ― 127
ノイラート, オットー&マリア (1882-1945/) ― **121**
ノグチ, イサム (1904-1988) ― **168**・169

ハ行

バー, アルフレッド・H (1902-1981) ― 146

バーティン・ウィル（1908-1972）―― 164
ハートフィールド, ジョン（1891-1968）―― 118
バーン＝ジョーンズ, エドワード ―― **25**・**27**・**29**・**57**・**58**
（1833-1898）
バイヤー, ヘルベルト〈バイヤー, ハーバート〉―― 84
（1900-1985） **85**・**87**-89・**91**・**116**・**120**・**121**
124・**142**・**146**
パイル, ハワード（1853-1911）―― 66
ハイン, ピート（1905-1996）―― 150
ハウスマン, ラウル（1886-1971）―― **108**・**109**
パウルソン, グレゴール&ニルス（1889-1964）―― 150
バクスト, レオン（1866-1924）―― **94**, 96
バクストン, ジョーゼフ（1801-1865）―― **18**・**21**
ハシグチ, ゴヨウ 橋口五葉（1880-1921）―― **128**
バス, ソール（1920-1996）―― 165
ハスイケ, マキオ 蓮池槇郎（1938- ）―― 173
バスカヴィル, ジョン（1705-1775）―― **54**
ハッセルブラッド, ヴィクトル（1906-1978）―― **149**
ハットリ, セッサイ 服部雪斎 ―― 70
バッラ, ジャコモ（1871-1958）―― 105
ハヌシュ, キラ（1963- ）―― 11
ハマグチ, リュウイチ 浜口隆一（1916-1995）―― 168
ハヤカワ, ヨシオ 早川良雄（1917-2009）―― **170**
ハヤサキ, オサム 早崎治（1933-1993）―― 171
ハラ, ヒロム 原弘（1903-1986）―― **132**・**170**・**188**
パラゾー, ピーター（1916-2005）―― 165
パリッシュ, マックスフィールド ―― **65**・**66**
（1870-1966）
ハルター, レギネ（1950- ）―― 184
バルナック, オスカー（1879-1936）―― **154**
バロック, ウィリアム（1813-1867）―― 53
パンコク, ベルンハルト（1872-1943）―― 45
ピアジオ, エンリコ（1905-1965）―― **161**・**162**
ビアズリー, オーブリー（1902-1898）―― **32**・**43**・**56**・**57**
ヒーシンガー, キャサリン・B（1943- ）―― 176
ピカソ, パブロ（1881-1973）―― **94**
ピック, フランク（1878-1941）―― 147
ピニンファリーナ, ジョヴァンニ・バッティスタ ―― **161**・**162**
（1895-1966）
ビューイック, トマス（1753-1828）―― 55
ビューロ＝ヒューベ, トゥールン ―― **150**・**151**
（1927-2004）
ビル, マックス ―― **10**・**12**・**153**・**155**・**158**
（1908-1994）
ビング, サミュエル ―― **35**-**37**・**40**・**41**・**43**
（1838-1905）
ピントーリ, ジョヴァンニ ―― **124**・**125**・**160**
（1912-1999）
ファイニンガー, リオネル ―― **78**・**82**・**91**・**115**・**142**
（1871-1956）
ファン・エーステレン, コルネリス ―― **100**・**101**
（1898- ? ）
ファン・ドゥースブルフ, テオ ―― **84**・**100**
（1883-1931） **101**・**102**・**110**・**117**
ファン・ホフ, ロベルト（1887-1979）―― 100
ファントンヘルロー, ゲオルゲ（1886-1965）―― 100
フィクス＝マッソウ, ピエール（1905-1994）―― **120**
フィシャー, カイ（1893-1965）―― 150
フィッシャー, フェリエス（1944- ）―― 176

フィンステルリン, ヘルマン（1887-1973）―― 104
ブヴァル, モーリス ―― **39**
フーバー, マックス（1920-1992）―― 161
フェール, ポール ―― **96**
フォード, ヘンリー（1863-1947）―― **137**
フォーブス, コーリン（1928- ）―― 148
フォロ, ポール（1877-1941）―― 99
フォロン, ジャン＝ミッシェル（1934-2005）―― **160**
フクダ, シゲオ 福田繁雄（1932-2009）―― **174**
フジモト, ミチオ 藤本倫夫（1907-1983）―― 170
フッシャール, ヴィルモス（1884-1960）―― 100
フナコシ, サブロウ 船越三郎（1931-2010）―― 173
フラー, バックミンスター（1895-1983）―― **143**
プライド, ジェームズ（1866-1941）
▶ベガースタッフ兄弟
ブラック, ジョルジュ（1882-1963）―― 94
ブラッドリー, ウィリアム・H（1868-1962）―― **64**・**66**
フランク, カイ（1911-1989）―― **151**
ブランクーシ, コンスタンチン（1876-1957）―― 176
フランソワ, アンドレ（1915-2005）―― **157**・**158**
ブラント, マリアンネ（1893-1983）―― **81**・**86**
ブランポリーニ, エンリコ（1894-1956）―― 105
プリッチャード, トマス・ファーノルス ―― 16
（1723-1777）
ブリュスター, ダニエル（1781-1868）―― 61
フルティガー, アドリアン（1928- ）―― 159
ブルマー, アルツ（1891-1951）―― 151
ブルム, ユルゲン（1930- ）―― **11**
ブルン, ドナルド（1909-1999）―― 159
プレ, エティエンヌ＝ルイ（1728-1799）―― **14**・**15**
ブレイク, ロバート（1930- ）―― 156
フレッチャー, アラン（1931-2006）―― 148
ブロイヤー, マルセル ―― **81**・**86**・**87**・**89**・**91**
（1902-1981） **97**・**142**・**179**
ブロードビッチ, アレクセイ（1898-1971）―― **123**・**164**
プロコペ, ウーラ（1921-1968）―― 151
ベアト, フェリックス（C.1830-1906）―― **60**・**61**
ベイリー, ステファン（1951- ）―― 149
ペヴスナー, ニコラウス（1902-1983）―― 8
ベーレンス, ペーター ―― **45**・**46**・**49**・**72**
（1868-1940） **73**-**75**・**77**・**79**・**186**
ベガースタッフ兄弟 ―― **64**・**66**・**67**
ヘニングセン, ポール（1894-1967）―― 150
ペプケ, ウォルター（1893-1960）―― 123
ベリーニ, マリオ（1935- ）―― **160**・**161**
ベルガー, オッティ（1898-1944）―― 179
ベル・ゲッデス, ノーマン ―― **138**・**139**・**163**
（1893-1958）
ベルソーン＝メリン, シグネ（1925- ）―― **149**・**150**
ペルツィッヒ, ハンス（1869-1936）―― 104
ヘルデーク, ヴァルター（1908-1995）―― 159
ベルトイアー, ハーリー（1915-1978）―― 163
ベルトーニ, フラミニオ（1903-1964）―― **146**・**157**
ベルラーヘ, ヘンドリック・ペートルス ―― **102**・**103**・**105**
（1856-1934）
ベルンハルト, ルチアン（1883-1972）―― **67**・**68**
ペン, アーヴィング（1917-2009）―― 166
ペンフィールド, エドワード（1886-1925）―― 66
ホイートストーン, チャールズ（1802-1875）―― 61

ボイセン, カイ (1881-1958) ———————— 150
ポーグラー, テオドール (1897-1968) ———— **81**
ホールヴァイン, ルードヴィヒ (1874-1949) —— **67**
ホソエ, イサオ 細江勲 (1942-) ————— 173
ホソヤ, ガン 細谷巌 (1935-) —————— **174**
ボッチオーニ, ウンベルト (1882-1916) — 105・**114**
ポト, カール (1906-1985) ————————— 154
ボドニ, ジャンバティスタ (1740-1813) ——— **54**
ボナール, ピエール (1867-1947) — **9**・41・**42**・**62**
ボネット, ロドリフォ (1929-1991) ————— 161
ホフマン, ヨーゼフ (1870-1956) - 47・48・**49**・**50**・97
ポポーヴァ, リュボーフィ (1889-1924) — **111**-113
ポルシェ, フェルディナント (1875-1951) —— **155**
ポルトニュク, シャンドル (1893-1976) ——— 179
ポワレ, ポール (1879-1944) ——————— **95**・**97**
ポンティ, ジオ (1891-1979) ——————— **160**

マ行

マーカス, ジョージ・H (? -   ) ————— 176
マール, アンドレ (1887-1932) ———— 93・**94**・99
マイゼンバッハ, ゲオルグ (1841-1892) ——— 60
マイブリッジ, イードウェアード (1830-1904) — **60**
マイヤー, アドルフ (1881-1929) —————— 84
マイヤー, ハンネス (1889-1954) ——— 79・**90**・91
マイヤー=グレーフェ, ユリウス (1867-1935) — 44・**46**
マクドナルド, マーガレット&フランシス ——— 32
(1865-1933/1874-1921)
マグネッセン, エリック (1884-1961) ——— 150
マジストレッティ, ヴィコ (1920-2006) — **160**・161
マジョレル, ルイ (1859-1929) —————— 38・**40**
マター, ハーバート〈マター, ヘルベルト〉— **119**
(1907-1984)
マッキントッシュ, チャールズ・レニー — 32・**33**・**34**・48
(1868-1928)
マックス, ピーター (1939-) —————— 166
マックネア, ヘンリー ———————————— 32
マックマードー, アーサー・H (1851-1942) — 30・**31**・43
マットソン, ブルーノ (1907-1988) ———— 149
マツナガ, ナオキ 松永直樹 (1936-) —— 173
マネ, エドワール (1832-1883) ——————— 62
マノ, ゼンイチ 真野善一 (1916-2003) —— 167
マヤコフスキー, ウラジーミル (1893-1930) — 107・**110**
マリ, エンゾ (1932-) ————————— 161
マリネッティ, トマーソ (1876-1944) — 105・114・**115**
マルクス, ゲルハルト (1889-1981) ————— 82
マルクス, ロジェ ————————————— 43
マルドナード, トーマス (1922-) — 13・**85**・**157**・**185**
マレ=ステヴァン, ロベール (1886-1945) —— 99
マレー, エティエンヌ=ジュール (1830-1904) —— 60
マレーヴィチ, カジミール — **106**-110・112・113
(1878-1935)
マンジャロッティ, アンジェロ (1921-) —— 161
マンフォード, ルイス (1895-1990) ——— 136・**141**
ミース・ファン・デル・ローエ, ルートヴィヒ — 45・**78**・**79**
(1886-1969)   **90**・**91**・110・142・163
ミーディンガー, マックス (1910-1980) —— 159
ミューラー=ブロックマン, ヨーゼフ ———— 125
(1914-1996)   **126**・127

ミュシャ, アルフォンス ———— 38・**42**・43・**63**・64
(1860-1939)
ミランダ, サンチャゴ (1947-) ————— 160
ミレイ, ジョン・エヴァレット (1829-1896) — **64**・66
ムッへ, ゲオルゲ (1895-1987) ————— 82・84
ムテージウス, ヘルマン ——— 31・**73**・74・**76**・77
(1861-1927)
ムナリ, ブルーノ (1907-1998) ————— 125・**161**
ムラコシ, ジョウ 村越襄 (1925-1996) ——— 171
ムラヤマ, トモヨシ 村山知義 (1901-1977) — 112・**130**
メイエルホリド, フセヴォーロト (1874-1940) — 112
メイヤー, グレース (1918-2008) ————— 150
メリニコフ, コンスタンチン (1890-1974) —— 113
メンディーニ, アレッサンドロ (1931-) —— 160
メンデルゾーン, エーリヒ (1887-1953) —— 104
モーエンセン, ボーゲ (1914-1972) ——— **150**
モーザー, コロマン (1868-1918) ———— 48・**67**
モイラー, ベルント (1934-2011) ————— 184
モトキ, ショウゾウ 本木昌造 (1824-1875) —— 70
モホリ=ナギ, ラースロー〈モホリ(リ)=ナジ〉— **13**
(1895-1946)   82・84・**86**-**89**・91・**92**・101
  116・120・**141**・142・179・**180**・183・184
モリサワ, ノブオ 森澤信夫 (1901-2000) —— 188
モリス, ウィリアム ——— 20・**24**・25・**26**-32・36・**57**
(1834-1896)   58・**78**-80・**93**・178・182・185
モリソン, スタンリー (1889-1967) ———— 148
モルナール, ファルカス (1897-1945) ——— 179
モンドリアン, ピエト ——— 99・100・102・**103**・117
(1872-1944)

ヤ行

ヤコブセン, アルネ (1902-1971) ————— **150**
ヤナーク, パヴェル (1882-1956) ———— 98・185
ヤナギ, ムネミチ (ソーリ) 柳宗理 ——— **167**・168
(1915-2011)
ヤナセ, マサム 柳瀬正夢 (1900-1945) —— 130
ヤマシロ, リュウイチ 山城隆一 (1920-1997) — **170**
ヤマナ, アヤオ 山名文夫 ——————— 130・**132**・170
(1897-1980)
ヤマナカ, シゲオ 山中成夫 (1936-) —— 173
ヤマワキ, イワオ 山脇巌 (1898-1987) —— **90**
ユウジョウボウ, ノブアキ 祐乗坊宣明 ——— 170
(1913-2000)
ユール, フィン (1912-1989) —————— 150
ヨコオ, タダノリ 横尾忠則 (1936-) —— 174・**175**
ヨコヤマ, ナオト 横山尚人 (1937-) —— 173
ヨシモト, ナオキ 吉本直貴 (1940-) —— 173

ラ行

ラーケ, ペーター (1928-) —————— 154
ラーテナウ, エーミル (1838-1915) ———— 72
ラーベン, トルーデ・ペトリ (1906-1968) — 154
ライト, フランク・ロイド ————— 103・105・**136**・137
(1867-1959)
ライト, ラッセル (1904-1976) ————— 139・**140**
ラスキン, ジョン ——————— 20・24・**25**・27・**57**
(1819-1900)   79・175・182・**185**

ラスティーグ, アルヴィン（1915-1955）——— **165**
ラティア, アルミ（1912-1979）——————— 152
ラドフキー, ニコライ（1881-1941）————— 113
ラム, ローラ（1928- ）————————— 161
ラムス, ディーター（1932- ）—————— **153**
ラリック, ルネ（1860-1945）——— 38・**39**・**94**・95
ランソン, ポール（1862-1909）————————— 41
ランド, ポール（1914-1996）——— 163・**164**・170
リード, ハーバート（1893-1968）———— 8・9・147
リートフェルト, ヘリット・トーマス ——— **100**・**102**・117
（1888-1964）
リーマーシュミット, リヒャルト ———— **45**・**74**・77
（1868-1957）
リオーニ, レオ（1910-1999）————————— 164
リシツキー, エル ——— 100・101・105・108・**109**
（1890-1941）　　**110**・111・113・**117**・**118**・**183**・184
リヒター, ハンス（1888-1976）————————— 100
リュルマン, エミール=ジャック（1879-1933）——— 99
リンディンガー, ヘルベルト（1933- ）————— 153
リンドベルグ, スティグ（1916-1982）—————— 149
ル・コルビュジエ ——————— 15・45・51・**77**・78
（1887-1965）　　　93・**94**・95・96・99・136・157
ルーダー, エーミール（1914-1970）———— 125・**126**
ルートヴィヒ, エルンスト ————— 45・48・49・72
ルーポ, シャルル（1892-1960）————————— 97・**98**
ルグラン, ピエール（1889-1929）———————— 99
ルドゥー, クロード=ニコラ（1736-1806）——— **15**・16
ルバリン, ハーブ（1918-1981）————————— 164
レオニードフ, イヴァーン・イリーチ ————— 16・113
（1902-1959）
レサビー, ウィリアム・リチャード（1857-1931）——— 31
レジェ, フェルナン（1881-1955）———————— 97・99
レニッツァ, ヤン（1928-2001）———————— **152**・153
レンナー, パウル（1878-1956）————————— 120
ロイピン, ヘルベルト（1916-1999）———————— **159**
ロエリスト, ハンス（1932- ）————————— 154
ローウィ, レイモンド ——— 132・138・**139**・164・167
（1893-1986）
ロース, アドルフ（1870-1933）————— **50**・51・93
ローゼ, リヒャルト・P（1902-1989）———— **10**・127
ロート, ディーター（1930-1998）———————— 126
ローヘルハルト, ハインリヒ（1911-1979）————— 154
ロセッティ, ダンテ・ガブリエル（1828-1882）——— 25
ロックウェル, ノーマン（1894-1978）—————— 166
ロトチェンコ, アレキサンドル ——— 107・111・**112**・132
（1891-1956）
ロベール, ニコラ・ルイ（1761-1828）——————— 52
ロラー, アルフレッド（1864-1935）————— 48・67

ワ行

ワイエス, N・C（1882-1945）————————— 66
ワカバヤシ, ヒロ（1930- ）————————— 166
ワダ, マコト 和田誠（1936- ）——— 170・174・**175**
ワタナベ, リキ 渡辺力（1911-2013）———— 167・**168**
ワタノ, シゲル 綿野茂（1937- ）———————— 157

増補新装[カラー版] 世界デザイン史

❖

発行	1995年2月10日　初版
	2011年2月10日　第23版
	2012年3月10日　増補新装　初版
	2023年4月10日　増補新装　第9版
	＊増補新装に際し、附章を加えた。

監修	阿部公正
発行人	山下和樹
編集	雲野良平＋新集社
増補新装版編集	田邊直子＋石田純子
デザイン	中垣信夫＋三橋薫＋川瀬亜美＋北田雄一郎[中垣デザイン事務所]
印刷・製本	共同印刷株式会社
発行	カルチュア・コンビニエンス・クラブ株式会社
	美術出版社書籍編集部
発売	株式会社美術出版社
	〒141-8203
	東京都品川区上大崎3-1-1　目黒セントラルスクエア5F
	電話：03-6809-0318（代表）　03-5280-7442（編集）
	https://www.bijutsu.press

ISBN 978-4-568-40084-7 C3070
©Bijutsu Shuppan-sha co., Ltd. 2023　禁無断転載
Printed in Japan

執筆者紹介　　阿部公正〈あべ・きみまさ〉[元・沖縄県立芸術大学学長]
[50音順]
　　　　　　　神田昭夫〈かんだ・あきお〉[元・長岡造形大学教授]
　　　　　　　高見堅志郎〈たかみ・けんしろう〉[元・武蔵野美術大学教授]
　　　　　　　羽原肅郎〈はばら・しゅくろう〉[デザイン評論家]
　　　　　　　向井周太郎〈むかい・しゅうたろう〉[武蔵野美術大学名誉教授]
　　　　　　　森啓〈もり・けい〉[元・日本大学大学院芸術学研究科講師]